项目资助

国家社会科学基金教育学一般课题"中国建设性后现代教育原理与方法研究"(项目号：BAA140013)

建设性后现代教育原理与方法

温恒福 喻聪舟 / 著

中国社会科学出版社

图书在版编目（CIP）数据

建设性后现代教育原理与方法 / 温恒福，喻聪舟著. —北京：中国社会科学出版社，2022.6

ISBN 978-7-5203-9966-1

Ⅰ. ①建… Ⅱ. ①温…②喻… Ⅲ. ①现代教育—教育研究 Ⅳ. ①G40-06

中国版本图书馆 CIP 数据核字（2022）第 050737 号

出 版 人	赵剑英
责任编辑	赵　丽
责任校对	夏慧萍
责任印制	王　超

出　　版	中国社会科学出版社
社　　址	北京鼓楼西大街甲 158 号
邮　　编	100720
网　　址	http://www.csspw.cn
发 行 部	010-84083685
门 市 部	010-84029450
经　　销	新华书店及其他书店
印　　刷	北京明恒达印务有限公司
装　　订	廊坊市广阳区广增装订厂
版　　次	2022 年 6 月第 1 版
印　　次	2022 年 6 月第 1 次印刷
开　　本	710×1000　1/16
印　　张	15.5
字　　数	236 千字
定　　价	86.00 元

凡购买中国社会科学出版社图书，如有质量问题请与本社营销中心联系调换
电话：010-84083683
版权所有　侵权必究

目 录

绪 论 …………………………………………………………… (1)
 第一节 建设性后现代教育的基本含义 …………………… (1)
 第二节 时代呼唤建设性后现代教育 ……………………… (4)
 第三节 已有研究综述 ……………………………………… (13)

第一章 怀特海有机哲学基本理论 ………………………… (28)
 第一节 有机哲学体系概述 ………………………………… (28)
 第二节 有机哲学的重要观念与原理 ……………………… (31)

第二章 建设性后现代思想及其方法论启示 ……………… (67)
 第一节 建设性后现代思潮的基本观点 …………………… (67)
 第二节 建设性后现代哲学的方法论及对教育理论
    建构的启示 ………………………………………… (81)

第三章 现代教育与解构性后现代教育的批判性反思 …… (96)
 第一节 现代教育危机的反思 ……………………………… (96)
 第二节 解构性后现代理念带来的教育危机的反思 ……… (104)
 第三节 新时代中国教育发展呼唤超越现代教育与解构性
    后现代教育的新可能 ……………………………… (110)

第四章 建设性后现代教育的基本追求与基本教育思维 … (115)
 第一节 建设性后现代教育的基本立场 …………………… (115)

第二节 建设性后现代教育的思维方式 …………………（120）

第五章 建设性后现代教育倡导以"信息—生态"文明引领教育现代化 …………………（133）
第一节 建设性后现代倡导以"信息—生态"文明引领现代化的发展 …………………（133）
第二节 以"信息—生态"文明理念引领新时代中国教育现代化的发展 …………………（141）

第六章 建设性后现代课程观 …………………（144）
第一节 建设性后现代教育以对现代知识教育的批判性继承为基础 …………………（145）
第二节 建设性后现代思想家强调以智慧教育超越现代知识教育 …………………（151）
第三节 建设性后现代课程以培养创新性为最高追求 …………（162）
第四节 建构"掌握知识—运用知识—创新知识"节奏性建设性后现代课程体系 …………………（167）

第七章 建设性后现代教学观 …………………（171）
第一节 现代教学观与解构性教学观的审视 …………（171）
第二节 探索"教"与"学"有机融合的建设性后现代教学 …………………（176）
第三节 "信息—生态"文明背景下建设性后现代教学的具体落实 …………………（185）

第八章 建设性后现代教育治理观 …………………（196）
第一节 现代教育管理模式的弊端正在逐渐显现 …………（196）
第二节 解构性后现代思想对现代管理的批判性反思 …………（202）
第三节 建设性后现代教育治理的基本原则 …………（210）
第四节 实现建设性后现代教育治理的基本路径 …………（215）

**结　语　以建设性后现代教育探寻实现中华民族伟大复兴的
　　　　新可能** ………………………………………………（233）

参考文献 ……………………………………………………（236）

绪 论

第一节 建设性后现代教育的基本含义

讨论建设性后现代教育理论首先应当对建设性后现代理论的基本特征与建设性后现代教育的基本含义进行简要的概括，在此基础上才能更好地对建设性后现代教育理论的建构进行讨论。

一 建设性后现代教育的基本含义

按照余谋昌先生的看法，后现代"主要有两种派别，一是以法国的福柯、德里达、拉康为代表的后现代主义……称为解构性后现代主义。二是以美国的大卫·雷·格里芬、大卫·伯姆等人倡导的富于建设性后现代主义。"[①] 解构性后现代思想家破而不立，注重对现代性存在问题的批判；建设性后现代思想家注重以更加辩证、更加温和的态度对待现代性的问题，在批判现代性的基础上，更加重视提出建设性的改进措施。前者又被称为"后现代主义的解构性向度""否定性后现代主义""激进后现代主义"，后者还被称为"修正的后现代主义""后现代主义的建设性向度""肯定后现代主义"和"重构性后现代"，不过国内自从王治河先生等人开始将建设性后现代思想引入后就一直使用"建设性的后现代哲学"和"后现代主义的建设性向度"这一概念，而没有使用"重构性"这样的定语。[②]

---

① 余谋昌：《生态哲学》，陕西人民教育出版社2000年版，第39页。
② 王治河：《论后现代主义的三种形态》，《国外社会科学》1995年第1期。

建设性后现代教育作为一个概念，是建设性后现代教育思想与建设性后现代教育实践的统称，是建设性后现代主义哲学在教育领域中的运用，是运用建设性后现代哲学研究教育问题的结晶。具体地说，建设性后现代教育是从人类文明发展与更替的维度，以怀特海的机体哲学和约翰·B.科布和大卫·雷·格里芬等人创建的建设性后现代哲学以及其他先进哲学为方法论，反思现代性和工业文明影响下的教育弊端与问题，积极探索和建设与后现代性、后工业社会和生态文明等更先进文明相一致的教育形态，努力创造更加先进的教育文明的教育思想与实践。正像后现代文化早就存在于现代文化的反思之中一样，建设性后现代教育不论在西方还是在东方，早就存在于对现代教育的反思与改革中，并随着现代教育弊病的暴露和教育改革的深入与推广而日益受到人们的关注。就像凡是关心现代性的人，一定关注后现代性一样，凡是注重教育现代化变革的人都会对建设性后现代教育感兴趣，都会有意无意地接受建设性后现代教育思想的影响。判断一种思想或实践是否是建设性后现代教育的标准主要有三个：第一，是否从现代性和现代文明的维度对教育的现代性进行反思、批判与超越；第二，是否具有建设一个更加美好的后现代教育世界的追求与措施；第三，是否与建设性后现代哲学具有学理上的一致性。格里芬明确地告诉我们："如果说后现代主义这一词汇在使用时可以从不同方面找到共同之处的话，那就是，它是指一种广泛的情绪而不是任何共同的教条——即一种认为人类可以而且必须超越现代性的情绪"。[1] 符合标准一可以确定其后现代的性质；标准二则是建设性后现代教育与解构性后现代教育的主要区别；标准三则反映了建设性后现代教育与建设性后现代哲学在学术范式上的一致性，以及建设性后现代教育主动需求建设性后现代哲学的指导，并努力在教育哲学层次上开展研究和积极在教育实践中提炼建设性后现代思想与哲学的发展特征与路径。

---

[1] [美] 大卫·雷·格里芬：《后现代科学——科学魅力的再现》，马季方译，中央编译出版社1995年版，第20页。

二 建设性后现代教育的基本要求

建设性后现代教育的建构与发展，第一，要遵循建设性后现代哲学的基本原则与方法，要运用其基本精神、基本原理和基本方法分析研究教育问题，提炼教育理念与观点，设计相应的课程与教学，建构建设性后现代教育理论体系，离开这一点就不是也不可能建构建设性后现代教育，至少不是本书所指的建设性后现代教育。第二，要以建设性后现代主义代表人物的教育思想和公开声称自己建设性后现代立场的教育专家的教育观点为重要支点与核心材料，开展建设性后现代教育思想与理论研究。因为一个正常人的哲学理论与教育思想是一致的，建设性后现代主义者自己的观点应该是最正宗的建设性后现代教育。例如，怀特海教育思想就是建设性后现代教育的宝贵资源。第三，要广泛吸收历史上符合建设性后现代理念与原则的教育思想与教育经验作为建设性后现代发展成长的营养。第四，要处理好建设性后现代哲学和建设性后现代教育的中国化问题，依据中国的文化环境、时代背景和具体问题开展研究。第五，要从建设性后现代的立场出发对教育发展与改革实践中的经验与问题进行深入系统的解剖分析，及时发现和倡导建设性后现代的教育实践，建设性后现代教育研究深深地扎根于具有中国特色的社会主义教育改革的实践之中。第六，开展建设性后现代视野下的教育优秀传统研究，重新发现教育传统中的精华，特别是中华优秀教育传统的再发现，走出一条格里芬先生倡导的现代真理和价值观与前现代真理和价值观的创造性的结合的建设性后现代真理探索之路。

建设性后现代教育研究的目的是从文明发展与更替的维度揭示现代教育的问题与危害，批判其弊端与错误，汲取前现代和现代教育的精华，提出建设性后现代教育的观点与思想，建构建设性后现代教育理论，促进教育改革，推进建设性后现代教育实践的开展，建设更加科学更加高效更加人性化更加先进的当代教育体系。简言之就是创建建设性后现代教育理论，促进后现代教育改革与实践，建设更加美好的后现代教育世界。首先，建设性后现代教育坚信以现代性为精神内核的现代教育理论已经不能完全适应社会变化和指导教育改革与实践的需求，应该及早开展教育思想中的观念冒险，探索和创建后现代教育理论；其次，对现代教育实践中的现代性危害应该给予高度的重视，并努力避免和革除，逐渐增加教育的后现代性，积极推进后现代教育改革与创新；最后，后现代教育世界是一个以后现代性为主导价值观，融合前现代、现代与后现代性为一体的更加公平、更加人性化、更加科学、更加有效、更加先进、更加美好的教育世界。这个教育世界与信息化、全球化、人性化、多元化和可持续发展的社会需求，以及后工业社会和生态文明相互适应与促进的，是先进生产力、先进文化和先进政治理念对教育的新要求，是当代先进教育思想与教育实践发展的应有愿景。对中国来说，增加教育中的后现代性，推进融合优秀教育传统和现代教育精华与后现代教育思想的后现代教育改革，是继承传统、借鉴教育现代化和社会现代化经验与教训，超越西方教育现代化，建设具有中国特色社会主义先进教育的另一种思路与表达。

第二节　时代呼唤建设性后现代教育

建设性后现代思想的理论优点能够为教育发展提供有益借鉴，同时与中国梦的实现具有一致性，能够为新时代中国教育的发展提供有益的思想资源。

一　建设性后现代理论是超越现代性弊端的新进理论

正如恩格斯所言哲学是"自觉到的时代精神的精华"，每个时代的哲学都深刻地打上了这一时代的烙印，怀特海有机哲学（过程哲学）在18世纪后期到19世纪初期提出，这一时期的哲学家普遍对近代认识论哲学尤其是德国古典哲学的弊端开始有所警觉，第一次世界大战所带来的恶果使思想家们开始对现代性过盛所带来的危机开始有所反思。同时这一时期解构性后现代思潮尚在酝酿中，并未完全展现。因而这一时期许多优秀的哲学思想既有对现代性弊端的觉解，又并没有走向解构性后现代那种过度的极端，其思想理论散发着独特的哲学魅力。这一时期的哲学家如马克思、恩格斯①、胡塞尔、② 海德格尔③等人的哲学思想都深刻地反映了这一特点，同样建立于这一时期的怀特海有机哲学也同样具备这种兼容并蓄且不走极端的思想特点。贺麟先生称怀特海哲学"兼容并包、不偏不倚、少门户之见""令人印象深刻"。④ 按照余谋昌先生的看法，后现代"主要有两种派别，一是以法国的福柯、德里达、拉康为代表的后现代主义……称为解构性后现代主义。二是以美国的大卫·格里芬、大卫·伯姆等人倡导的富于建设性后现代主义。"⑤ 解构性后现代思想家破而不立，注重对现代性存在问题的批判；建设性后现代思想家注重以更加辩证、更加温和的态度对待现代性的问题，在批判现代性的基础上，更加重视提出建设性的改进措施。因而约翰·杜威认为怀特海哲学的方法"肯定会使哲学脱离走入死路的旁道",⑥ 以怀特海有机哲学为理论基础的建设性思想能够为解决现代性危机提供出路的同时又能够避免陷入解构性后现代那样过于极端、激进的境地。因而从理论自身的特点上看，建设性后现代理论能够为教育发展提供有益借鉴。

二　新的历史方位呼唤新的理论资源

数百年来实现现代化的呼声一直回荡在历史长河之中，实现人民幸福和民族复兴的夙愿深深地根植在中华儿女的中国梦之中，无数思想家、启蒙家、革命家为此皓首穷经、上下求索，围绕这一问题展开的中学西学、传统现代后现代、激进与保守、政治经济文化教育各种思潮、各种争论、各方面问题缠绕在一起，使这一文明变得越发复杂。进入新时代中国正发生着全方位的深刻变革，对中国的发展提出了现代要求，也相应地给中国教育理论的建设提出了新的挑战，为适应这些新变化带

---

① 马克思、恩格斯的重要著作很多集中在19世纪后半期，如《德意志意识形态》（1845—1846）、《共产党宣言》（1848）、《政治经济学批判导言》（1857）、《资本论》（1867—1894）。

② 维特根斯坦《逻辑研究》创作于1900—1901年；胡塞尔《关于纯粹现象学和现象学的观念》第一卷出版于1913年，《欧洲的科学危机与先验现象学》最早出版于1936年。

③ 海尔格尔《存在与时间》完成于1926年。

④ 贺麟：《现代西方哲学讲演集》，上海人民出版社2012年版，第114页。

⑤ 余谋昌：《生态哲学》，陕西人民教育出版社2000年版，第39页。

⑥ [美]约翰·杜威：《人的问题》，傅统先、邱椿译，上海人民出版社2006年版，第364页。

来的新发展、新挑战，需要建构与新时代发展状况相适应的新时代教育理论。

从世界发展状况看，改革开放40多年来中国经历了飞速的发展，中国的现代化发展对世界的发展具有越来越重要的影响，吉姆·罗杰斯在2009年提到"中国的变化方向非常正确未来将是'中国时代'"[①]的观点，无论西方对中国几十年来的高速发展是"捧杀"还是"看衰"，世界聚焦中国的发展、聚焦中国的时代已经是不争的事实，在新的历史方位下看，中国发展的过程实质上是逐步实现民族复兴的中国梦的过程以及与之相伴的中国步入世界舞台中央的过程，这一过程中中国的发展、崛起不可避免地将会面临诸多从未面临过的新历史局面，产生许多前所未有的新历史机遇，新时代带来的新局面、新机遇呼唤与之相适应的新的教育理论。

从中国国内的社会发展看，截至2015年，中国人均寿命已经达到76.36岁，人均受教育年龄达到13年。中国基本实现了小康社会的建设，人民基本实现安居乐业。新时代中国正处于基本实现小康社会，并逐步实现全面建设小康社会的伟大历史阶段，当前阶段中国人民整体实现了物质状况前所未有的富足，近14亿人口的温饱问题有所保障的同时，医疗、教育、住房问题基本得到解决，因而新时代中国的教育现代化关注精神与物质的双向富足。党的十九大报告所指出的新时代中国现代化建设的"初心和使命"就是"为中国人民谋幸福，为中华民族谋复兴"，[②]在人民安居乐业的基础上，进一步满足人民对美好生活的向往，实现人民的幸福感、满足人民的获得感将成为新时代中国特色社会主义发展根本指向，而人民对美好生活的向往离不开教育的引导，人民幸福感、获得感的实现与教育息息相关，这无疑为新时代的教育发展提出了新的要求与新的挑战，新的发展与新的挑战呼唤新的理论。而正如恩格斯所言"一个民族要想站在科学的最高峰，就一刻也不能没有理论思维。"[③] 同样

[①] 君子：《罗杰斯：中国的变化方向非常正确 未来将是"中国时代"》，《中国经贸》2009年第10期。

[②] 习近平：《决胜全面建成小康社会 夺取新时代中国特色社会主义伟大胜利——在中国共产党第十九届全国代表大会上的报告》，人民出版社2017年版，第10页。

[③] 《马克思恩格斯选集》第3卷，人民出版社2012年版，第875页。

实现新时代教育强国的建设也离不开教育理论的建构，因此新时代教育的发展需要汲取新的理论资源，以探究中国教育发展的新可能，因此借鉴建设性后现代思想的理论资源探寻中国教育发展的新可能符合新时代教育发展的需要。

三　建设性后现代思想能够为促进中国梦的实现提供有益资源

以国家富强、民族复兴、人民幸福、社会和谐与生态良好为主要内容中国梦是我们的繁荣发展梦、美好生活梦和开拓创新梦，是我们追求先进文明的澎湃激情与深刻理性的结晶。在释梦、追梦和圆梦的过程中，我们既要继承与发扬优秀的民族传统，又需要借鉴发达国家现代化的宝贵经验，同时更要积极主动地吸收后现代文明的丰富营养。

（一）中国梦是现代梦，也是后现代梦

从整体上讲，中国将长期处于社会主义初级阶段，实现现代化将是社会发展的重要主题，正如党的十八大报告所说："我国仍处于并将长期处于社会主义初级阶段的基本国情没有变，人民日益增长的物质文化需要同落后的社会生产之间的矛盾这一社会主要矛盾没有变，中国是世界最大发展中国家的国际地位没有变。在任何情况下都要牢牢把握社会主义初级阶段这个最大国情，推进任何方面的改革发展都要牢牢立足社会主义初级阶段这个最大实际"。在社会主义初级阶段的国情下提高国家的现代化水平是编织和实现中国梦的合理选择。但是现代化不是西方现代性在中国的重复上演，而是一个追求现代先进文明的过程。在这一过程中，立足于中国社会主义初级阶段实际，批判和超越西方现代性，积极主动地研究和吸收以最新科学成果、信息技术和生态理念为知识与技术基础的后现代文明是实现中国梦的重要保证。正如北京大学著名哲学家汤一介先生所说："在中国已经发生广泛影响的'国学热'和建构性的后现代主义这两股思潮的有机结合如果能在中国社会中深入开展，并得到新的发展，也许中国可以比较顺利地完成'第一次启蒙'的任务，实现现代化，而且会较快地进入以'第二次启蒙'为标帜的后现代社会。如果真能如此，当前中华民族文化的复兴所取得的成果,在人类社会发展史上将是意义重大的"。① 从目标与手段的角度讲,以和平的方式实现"国家富强、民族复兴、人民幸福、社会和谐与生态良好"的中国梦与"后现代是人与人,人与自然和谐相处的时代。这个时代将保留现代性某些积极性的东西,但超越其二元论、人类中心主义、男权主义,以建构一个所有生命共同福祉都得到重视和关心的后现代世界"② 的目标是一致的。从这个角度讲,建设性后现代不是对现代化的反对,而是现代化的升级版。从中国文化中蕴含着许多建设性后现代文化要素的角度来讲,如果注重整体、和谐、中庸和共同责任等后现代理念的中国实现了大发展,也会进一步证明建设性后现代思想的生命力,所以,中国梦里也蕴含着建设性后现代的期待。从最根本的科学技术基础与生产力发展的角度来讲,以量子力学、相对论、复杂理论和计算机技术、电子技术、通信技术、空天技术、海洋技术、新材料、新能源、新生产方式等智能化信息技术与生态技术为基础,顺应了全球化、信息化、生态化、个性化大趋势与人类和谐共存持续发展愿望的建设性后现代性的增长与发展是历史的大趋势,不管是将后现代理解为对现代的否定与超越,还是理解为一种"超级现代"和"后现代的现代主义"③,也不管人们承认不承认它的存在,现代性日益被后现代性取代都是必然发生的事情,中国梦是发展梦、是先进梦、是对未来社会的畅想,是依靠先进生产力与文化力量编织与实现的壮丽蓝图,在这一过程中,必然伴随着后现代智慧与力量的壮大与发展。

(二)建设性后现代主义是实现中国梦的正能量

由于在如何对待现代性这一根本问题上产生的严重分歧,出现了两种不同的后现代流派:一种是以利奥塔、德里达、博德里拉、德勒兹、福柯等为代表的否定性后现代,也称为激进后现代或解构性后现代;另一种是以怀特海、哈茨霍恩、小约翰·科布、大卫·雷·格里芬、杰伊

---

① 汤一介:《启蒙在中国的艰难历程》,《北京大学学报》(哲学社会科学版)2012年第2期。
② 王治河、樊美筠:《第二次启蒙》,北京大学出版社2011年版,第4页。
③ [美]大卫·雷·格里芬:《怀特海的另类后现代哲学》,周邦宪译,北京大学出版社2013年版,第19页。

·麦克丹尼尔菲、王治河等为代表的建设性后现代，也称为肯定性后现代。这两种后现代在对待现代性的基本态度、方式方法与根本目的上具有明显的不同。否定性后现代对现代性是全面否定的态度，以对立、批判和摧毁为手段，以"破"和"终结"为目的，其基本特点是全面与绝对的否定、彻底的批判与决裂。为了"怕自己在批判对手的同时又重犯对手的错误。"①丝毫不给自己留后路，大有同归于尽的气概。这种绝对否定做法虽然能够引起人们的高度重视，但与事实不符，是一种只破不立偏激倾向明显的不完整的后现代主义。建设性后现代不仅反思与批判现代性的缺点与局限，更注意吸收现代性的积极因素，不是为了破坏而批判，而是为了超越而深刻反思，其宗旨是超越现代性主导的现代文明建设一种更加先进的由后现代性主导的后现代文明，建设性后现代主义相对于否定性后现代主义来说是一种中肯的有魅力的完整的后现代主义。由于否定性后现代的极端性和不完整性，它虽然具有让人警醒的重要价值，但不足以代表真正的后现代思想与追求，后现代的生命力与希望在于建设性后现代主义，对中国梦具有重要营养与积极作用的后现代资源也是建设性后现代主义。

第一，建设性后现代主义蕴含着积极进取的精神能量。建设性后现代主义认为："精神能量的首要性是第一原则。所有社会能量——经济的，政治的和文化的能量——都是以精神性为基础的。精神能量和社会组织形式构成了一个独立的整体。精神能量是使一个社会合法化或变革一个社会的最深刻的根源"②。建设性后现代本身具有的建设性、创造性、批判性、开放性、积极性、关系性、过程性、生成性、辩证性、整体性、多元性、时代性、生态性和对世界的关心与爱护、对人类未来的担心与操心等情怀与精神都是这种促进社会发展的重要精神能量。第二，建设性后现代主义与中国文化具有天然的亲近感。它反对二元对立信奉有机论、反对理性霸权主张理性与情感和意义并重、反对走极端倡导积极的

---

① [美]大卫·雷·格里芬：《后现代科学——科学魅力的再现》，马季方译，中央编译出版社1995年版，第2页。

② [美]大卫·雷·格里芬：《后现代精神》，王成兵译，中央编译出版社2011年版，第82页。

中庸与和谐关系等特征与中国传统的"天人合一""和为贵""道中庸"和"情本体"具有一定的相似性，中国人学习起来比较容易，正因如此，建设性后现代思想更有可能成为中国圆梦的积极力量。第三，建设性后现代主义有助于中国特色社会主义理论的丰富与创新。如果说工业化与资本主义天然地绑在了一起，那么后工业社会、信息社会与生态文明是否与社会主义更亲近？至少存在这种可能性，中国特色社会主义在继承传统、借鉴现代资本主义发展经验的基础上，如果能够在防止现代性危害和发展后现代性方面取得业绩，将会为社会主义事业做出重大贡献。第四，建设性后现代有助于调动最广泛的建设与发展力量。中国梦是传统的基因的生长壮大，是传统之花的美丽绽放；中国梦是现代化的结晶，离不开现代力量的支撑；中国梦更是与时俱进地运用新思想、新科学、新技术于经济建设、政治建设、文化建设、社会建设和生态文明建设，创建和谐社会与持续发展新世界的新探索，少不了后现代力量的参与和保障。中国建设性后现代主义主张将三者有机地统一于中国梦的追求与实现过程中。

（三）建设性后现代主义为实现中国梦增添智慧

克利福德·科布曾说："后现代思维方式提供了一个思考中国社会未来的思路。"[①] 这句话用在中国梦的实现上，可以具体化为，建设性后现代主义可以增加我们的圆梦智慧。第一，建设性后现代明确提出的建设后现代社会的目标为我们打开了另一扇窗，拓展了我们的想象力。中国自1964年提出实现工业、农业、科学技术和国防四个现代化的奋斗目标至今，一直在为实现现代化而奋斗，可是我们现代化的榜样——西方发达国家早就开始了新的"后现代"历程。如果我们在现代化进程中对西方的后现代性置之不理，那么，就会对发达国家近期的许多宝贵经验与成果视而不见，学不到真正先进的内容；如果我们只关注国外的后现代发展，而没有自己的后现代意识与发展策略，那么就难以充分利用信息化、生态化、全球化、智能化等新的发展机遇。所以，"建设性后现代社会"这一发展目标拓宽了我们的视野，提高了我们思考中国梦的想象力，

[①] 王治河：《后现代主义的实践意义——克利福德科布访谈录》，《马克思主义与现实》2005年第2期。

为我们打开了一扇看世界、望未来的新窗。第二，建设性后现代主义对中国特色社会主义文化建设具有难得的参考价值。后现代理论虽然发源于西方的资本主义，但它的基础与生产力并不是必然地与资本主义结合在一起，它对西方中心主义的批判、对社会主义的开放、对世界发展多元化、对他者的尊重、对和谐世界的追求，特别是将创造性作为世界的终极本性等观点与做法都对中国特色社会主义文化建设具有宝贵的支持价值。从另一个角度讲，作为实现中国梦必要内容的中国特色社会主义文化，如果忽视了对已经成为时代发展潮流的后现代问题的研究与重视也是不应该的，甚至是不可能的。第三，建设性后现代的主要理论基础——怀特海的过程哲学又称有机哲学对我们进一步解放思想具有重要启示，并为我们提供了可供选择的有价值的方法论。怀特海哲学是20世纪少有的极其珍贵的形而上学体系，它具有广泛的解释性、深刻的启发性与先进的方法论意义。过程哲学"致力于构建某种内在一致的、合乎逻辑的且具有必然性的普遍观念体系，根据这一体系，我们经验中的每个要素都能得到解释。"[①] 它的许多范畴与观点都有助于我们理解和把握实现中国梦过程中纷繁复杂的现象与问题，特别是它的机体存在论、过程本体论、创造本性论、整体效能论、积极中庸论、有机整合改革论与和谐共生论等方法论对实现中国梦具有较大的启发与指导价值。第四，建设性后现代主义倡导的"第二次启蒙"激发了我们的思考，拓展了梦想的空间，并为我们筑梦指出了新的目标、途径与策略。中国建设性后现代主义认为以倡导现代性为主要内容的"第一次启蒙"在中国历史上取得了怎么评价都不过分的卓越成就，但随着时代的发展和现代性问题的日益严重，应该超越"第一次启蒙"，与时俱进地开展以建设性后现代性为主要内容的"第二次启蒙"。不仅要民主，而且要追求"道义民主"；不仅要科学，而且要"厚道科学"；不仅要自由，而且要追求负责任的"深度自由"；不仅要法治，而且要建设更人道的"有情法"；不仅要提高正当的竞争能力，更要修炼"尊重他者，尊重差别""包容性发展"的品德；不仅要关心自己和人类，还要体谅和关心他者、整体、自然和整个

---

① [英]怀特海：《过程与实在——宇宙论研究》，杨富斌译，中国人民大学出版社2012年版，第3页。

地球，使人性更加完善更加美好，使社会与世界更加进步、和谐与文明。第五，返魅的新科学与新技术将催生出实现中国梦的大量新策略与新方法。建设性后现代是与时俱进的思想，它紧紧地将自己的根扎在被经验和理性检验的先进科学与技术的成就基础之上，致力于纠正后现代对科学的偏见。以有机论和泛经验论为基础的后现代科学与技术认为科学不仅研究"实在事物的物质的客观的方面"，也可以处理主观问题；不仅要研究物质的构成、结构与性质，更要研究机体"事件"的生成、变化与意义，还要深入研究事物之间的内在联系；科学结论的验证不仅可以通过实证检验方法来完成，也可以用反复的经验和理性来加以证明。建设性后现代的科学观不仅扩大了我们的科学理解，而且为科学技术的研发提供了新的思路与灵感。

（四）现代化与后现代化和谐共进能够更圆满地实现中国梦

"人类在 20 世纪犯过许多错误，其中一个重大错误就是对这个世纪发生的巨大变革缺乏预见与思想准备。"① 我们在 21 世纪实现中国梦的重要历史时期，为了不犯在 20 世纪对现代性遇见与准备不足的"重大错误"，应该及早地提高现代化进程中的后现代意识，让现代性与后现代性共同为中国梦的实现贡献力量。其实，我们目前的社会是一个集工业化和信息化与生态化等后工业化于一体的复合型社会，要解决的问题既有建设高质量工业及其相关社会与人的素质问题，也有推进全球化、网络化、智能化、生态化与社会和人的持续发展与幸福问题，这些问题主要是后现代化的问题。特别要解决由机械的现代化造成的资源告急、环境污染严重、生态遭到严重破坏、战争与恐怖袭击时常发生，人类的生存、发展和幸福全面受到威胁的重大问题。所有这些问题，如果局限在现代性的范围内是不可能得到解决的，必须超越机械的现代性，寻求有机的后现代性思维、模式、策略与方法。例如，建设性后现代认为人与社会、人与自然如同人的自身一样，都是一个不可分开的有机整体，反对"人类中心论"等观点为我们开展"生态文明建设"，建设和谐社会提供了必不可缺少的哲学基础。又如，建设性后现代主义对创造性的崇尚、对过程与关系的强调、对多样性的鼓励与包容、对霸权的鄙视与对和平发展的

---

① 罗荣渠：《现代化新论：世界与中国的现代化进程》，商务印书馆 2004 年版，第 431 页。

信仰,对自然与科学魅力的发现,以及对各方利益的兼顾与重视等是中国梦中的积极价值观与有效的实现策略。总的来讲,后现代性中具有培育和编织中国梦的宝贵资源与丰富营养,后现代意识是实现中国梦的先进意识,后现代力量是实现中国梦的正能量,后现代性与后现代化将极大地拓展我们的梦想空间,将为中国梦增添更加丰富、美丽与幸福的意境与品位。

正是因为建设性后现代思想自身所具备的理论优点,以及其能够为中国梦的实现提供有益的资源,因此立足于新时代背景下的"在其所在"以建设性后现代的眼光去审视中国教育发展的新可能符合时代发展的需要,新时代中国教育的发展呼唤对建设性后现代教育发展的可能的探索。

第三节 已有研究综述

建设性后现代思想是以怀特海有机哲学为基础建构的思想体系,有机哲学的思想对建设性后现代思想的形成有重要影响,因此对建设性后现代教育已有研究的回顾也应当从这两个维度分别展开。

一 怀特海有机哲学的教育启示研究

怀特海作为一个兼容并包的思想家,其本身有着对教育问题的看法,因而对怀特海教育思想的研究应当成为怀特海有机哲学的教育启示研究的重要构成。同时哲学是教育学的重要理论基础,怀特海的有机哲学是在哲学史上有一定影响且极富思想深度、极具原创性的哲学思想,因而从怀特海有机哲学思想出发,分析其教育含义也是理解怀特海有机哲学的教育启示的一个重要维度。

从怀特海有机哲学的教育启示研究的整体分布看,在中国知网中按主题搜索"怀特海教育"共搜到中文文献205条,其中最早的文章为1963年敬思翻译的韦格纳的《怀特海学说中包含的学校和社会哲学》,[①]

---

① [美]韦格纳:《怀特海学说中包含的学校和社会哲学》,敬思译,《现代外国哲学社会科学文摘》1963年第2期。

最早的国内学者讨论怀特海教育思想的文章为 1985 年吴志宏在《华东师范大学学报》（教育科学版）上发表的《怀特海教育思想述评》。[①] 此后分别在 1994 年、1998 年、1999 年、2002 年不连续地各有一篇以"怀特海教育"为主题的论文发表，从 2004 年开始这一主题的论文数量开始超过 5 篇（2004 年达到 8 篇），并在此后每年这一主题的文章数量都达到了 5 篇以上。在 2006 年这一主题的文章数量开始超过 10 篇，并且从 2011 年到 2018 年仅在 2013 年（8 篇）一年这一主题的论文数量在 10 篇以下，而 2017 年共发表了 24 篇这一主题的文章，数目为这些年的峰值。其趋势如图 0—1 所示。

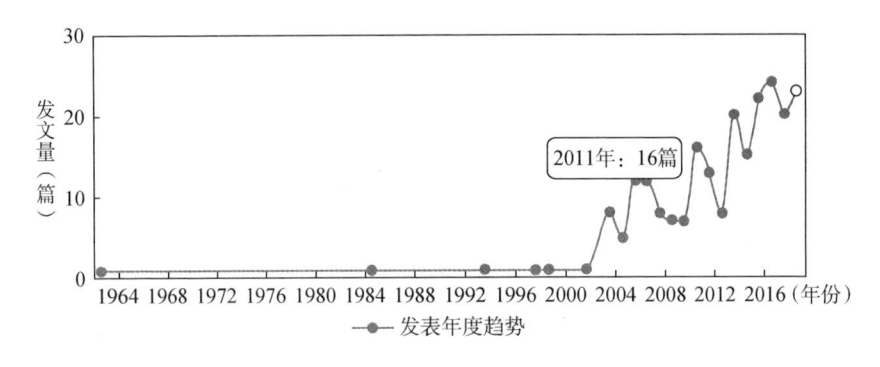

图 0—1

进一步分析，在这 205 篇论文中共有硕博士学位论文 54 篇，所占比例高达 26.34%，非常惊人。其中最早出现的以"怀特海教育"为主题的硕博论文为 1999 年北京师范大学吴海明博士的博士学位论文《继承与创新——英国新教育运动的历史研究》，[②] 从文章名字上看与怀特海教育关联不大。论文名字中最早出现的"怀特海教育"的论文为 2006 年浙江师范大学周应中的硕士学位论文《怀特海自由教育思想研究》[③] 与同年华南

---

① 吴志宏：《怀特海教育思想述评》，《华东师范大学学报》（教育科学版）1985 年第 4 期。

② 吴明海：《继承与创新——英国新教育运动的历史研究》，博士学位论文，北京师范大学，1999 年。

③ 周应中：《怀特海自由教育思想研究》，硕士学位论文，浙江师范大学，2006 年。

师范大学卢建筠的博士学位论文《教育思维方式转向之透视研究——从实体性思维到生成性思维》,① 从具体的时间分布上看,除 2009 年外,从 2005 年到 2018 年每年至少有一篇以"怀特海教育"为主题的硕博学位论文,其中 2016 年开始每年这一主题的论文开始超过 5 篇,其中 2016 年共有 9 篇以"怀特海教育"为主题的论文,达到这些年的峰值,其具体分布如图 0—2 所示。

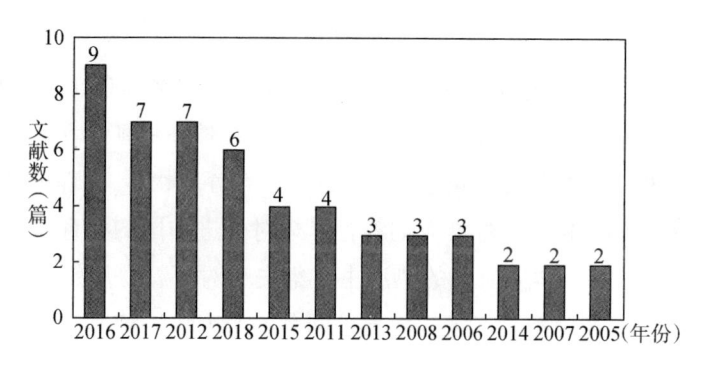

图 0—2

怀特海作为一个"七张面孔的思想家",不仅留下了极具价值的过程哲学,同时作为一个教育家,他的教育思想也为教育发展提供了一定的启发,学界对怀特海哲学的教育启示和怀特海教育思想的研究,主要包括如下内容:

（一）有机哲学教育思想研究

中国学界对怀特海教育思想关注由来已久,根据曾茂林的追溯早在 1926 年谢幼伟先生就撰写了《怀特海论教育》。② 怀特海的主要教育思想集中在《教育的目的》一书,学界以该书中的观点为核心,对怀特海的教育思想进行了深刻、细致的阐释。

第一,有论者分析了怀特海教育思想的总体特点。小约翰·科布先生认为怀特海的教育理念"最主要的就是以学生为主体的过程理念",教

---

① 卢建筠:《教育思维方式转向之透视研究——从实体性思维到生成性思维》,博士学位论文,华南师范大学,2006 年。
② 曾茂林:《过程教育研究在中国 86 年知识增长轨迹》,《教育学术月刊》2012 年第 10 期。

育应当以学生为本、从学生出发。① 曲跃厚等概括了怀特海对现代教育的超越的总体要求,包括"超越僵化观念、克服二元对立、注重过程教育、把握教育艺术",② 对从总体上把握怀特海的教育思想的整体特征非常有启发。费劳德基于怀特海的教育思想提出"在好奇心的旅程上,在问题共同体中,在通过发现的历险和概括的洞察力解决问题的历程中,引导和培育学生"的教育理念。③ 熊华军教授研究了怀特海过程教育,认为怀特海非常重视在教育中个体生成的最终目的体现为"智慧人",关注个体的"生命与意义""社会与实践""灵魂与境界"的完美和谐统一。④

第二,怀特海在《教育的目的》一书中提出了很多具有创建性的观点,研究者在对怀特海思想整体挖掘的基础上,深入对怀特海教育思想中的具体观点、原理"进行了深刻论述,并结合中国教育现状,"对理论的实际价值进行了深刻的分析,使怀特海的教育思想对推进中国的教育教学改革起到积极意义。⑤ 其中学界研究的热点主要集中在对怀特海思想的教育目的观、教育节奏、智慧教育、大学教育等问题的研究,怀特海对上述问题的看法得到学界较为充分的阐释。相关主题主要文章如表0—1所示。

表0—1

主题	论文名
教育目的观	张青琳:《教育的唯一主题即生活——怀特海〈教育的目的〉解读》,《高校教育管理》2009年第5期
教育目的观	周姣术、朱华:《怀特海的教育目的观对当代教育教学的启示》,《湖南第一师范学院学报》2018年第4期
教育目的观	阳黔花、杨芳《怀特海论教育的目的》,《贵州师范大学学报》(社会科学版)2012年第1期

---

① [美]小约翰·科布:《过程教育》,马晓梅译,《湛江师范学院学报》2011年第2期。
② 曲跃厚、王治河:《走向一种后现代教育哲学——怀特海的过程教育哲学》,《哲学研究》2004年第5期。
③ [美]费劳德:《一种怀特海主义的教育理论——兼论中国教育改革》,李大强译,《华中科技大学学报》(社会科学版)2005年第5期。
④ 熊华军:《个体生成:怀特海的过程教育哲学之意蕴》,《复旦教育论坛》2006年第6期。
⑤ 曾茂林:《过程教育研究在中国86年知识增长轨迹》,《教育学术月刊》2012年第10期。

续表

主题	论文名
教育目的观	黄明亮、孙河川：《怀特海〈教育的目的〉的意蕴及启示》，《辽宁教育》2017 年第 19 期
教育目的观	陈超：《赫尔巴特与怀特海教育目的观之比较》，《教育探索》2016 年第 12 期
教育节奏	冯璇坤、刘春雷：《幼小衔接阶段教育的节奏与目的——复归"童年期幸福"》，《教育学术月刊》2019 年第 2 期
教育节奏	刘婷婷：《智力发展的"浪漫阶段"及其对当前教育的启示——基于怀特海教育节奏思想的探析》，《现代教育科学》2018 年第 2 期
教育节奏	李丹、杨丽：《怀特海的教育节奏思想与"屯""蒙"思想：契合与融通》，《教育探索》2016 年第 7 期
教育节奏	许锋华、岳伟：《浪漫、精确与综合——怀特海教育节奏思想探析》，《扬州大学学报》（高教研究版）2009 年第 5 期
教育节奏	阳黔花：《怀特海教育节奏论思想及其对我国素质教育的启示》，《兰州学刊》2006 年第 9 期
教育节奏	朱光明、赵亚飞：《怀特海教育节奏思想对我国教育的启示》，《高教研究与实践》，2016 年第 4 期。
智慧教育	肖士英：《走向智慧教育观的新境界：怀特海智慧教育观的审视与超越》，《华东师范大学学报》（教育科学版）2015 年第 4 期
智慧教育	廖晓翔：《智慧教育：怀特海教育思想解读》，《教育导刊》2004 年第 5 期
智慧教育	韩佳莉、李庆庆：《论怀特海的智慧教育思想——读〈教育的目的〉有感》，《教育科学论坛》2017 年第 28 期
智慧教育	陈静：《基于怀特海教育思想的智慧教学模式》，《教学与管理》2014 年第 16 期
智慧教育	张晶、葛燕男：《智慧教育背景下大学专业教育的内在价值——基于怀特海的智慧教育观》，《沈阳大学学报》（社会科学版）2019 年第 1 期
大学思想	杨丽、温恒福：《怀特海大学教育思想对我国大学改革的启示》，《教育学报》2010 年第 6 期
大学思想	温恒福、杨丽：《论"45341"大学高效能课堂教学模式——基于怀特海大学教育思想的教学改革》，《黑龙江高教研究》2012 年第 2 期

续表

主题	论文名
大学思想	李本友、王洪席:《怀特海教育观及其对我国大学教育的启示》,《高教探索》2011 年第 1 期
大学思想	张晓瑜:《想象·创造·责任——怀特海大学教育思想及其当代启示》,《高教探索》2010 年第 3 期
大学思想	陈静、杨丽:《怀特海的大学教育思想对我国大学教师评价改革的启示》,《中国劳动关系学院学报》2016 年第 6 期
大学思想	黄福涛:《浅析怀特海的高等教育思想》,《河南教育学院学报(哲学社会科学版)》1994 年第 2 期
大学思想	朱鹏举:《怀特海高等教育思想述评》,《河北学刊》2012 年第 3 期

除上述研究主题外,还有论者分别从如下角度阐释了怀特海教育思想。比如怀特海的职业教育、技术教育思想也在一定程度上受到学界关注。有论者提出,怀特海并没有简单地将职业教育置于普通教育的对立面,或是在就业教育、生计教育的意义上去简单地理解职业教育,而是将其视为学生"全面、平衡发展所不可缺少的因素",[1] 怀特海的这种技术教育的思想无疑非常具有前瞻性的,对理解劳动教育在人的全面发展中的作用也具有启发意义的。汪文勇关注到怀特海职业教育思想中对文化素养教育的强调,认为这一观点"对于当前我国弘扬和培养工匠精神具有非常重要的启示意义"。[2] 怀特海作为一名有重要影响力的数学家,研究其数学教育思想无疑对推动数学教育发展具有重要意义。有论者研究了怀特海数学教育思想,提出数学教育在关注知识教育的基础上还应当关注对学生数学兴趣的启发、对学生数学素养、数学思维的培养,并在课程设计上增添适应时代的教育内容。[3] 也有论者研究了怀特海的艺术教育思想,认为怀特海基于自我发展的艺术教育观对推进中国艺术教育

---

[1] 梁卿:《怀特海的技术教育思想及其现实意义》,《职业教育研究》2007 年第 8 期。

[2] 汪文勇:《怀特海的技术教育思想及其对工匠精神培养的启示》,《黑龙江教育学院学报》2018 年第 8 期。

[3] 肖红:《怀特海数学教育思想探析》,《江苏社会科学》2006 年第 S1 期。

具有积极意义。① 总体而言，与怀特海的大学教育思想、智慧教育思想、教育节奏思想相比，学界对怀特海教育思想中的古典教育思想、数学教育思想、艺术教育思想研究有所不足，需要进一步进行深入研究。同时与《教育的目的》一书中的教育思想相比，怀特海其他著作中亦有对教育问题的深刻探讨，目前学界尚缺少对这些著作中的教育思想的进一步挖掘、研究，这些问题值得研究者进一步深入进行研究。

（二）有机哲学对现代教育的批判研究

怀特海作为建设性后现代思想的源头，其思想中包含着对现代性弊端的深刻洞见，因而有论者借鉴怀特海思想对现代教育存在的问题提出了深刻且富于建设性批判，在指出现代教育存在问题的同时，借鉴怀特海思想提出了超越这些问题的可能路向，对中国教育现代化发展具有积极启发。

首先，怀特海教育思想批判了现代教育过于重视知识教育的倾向，并提出了复归智慧教育的要求。怀特海认为现代教育对知识的过分重视"标志着在漫长的时间里教育的失败"，②并基于对知识教育弊端的批判提出了智慧教育的思想，成为怀特海教育思想研究的热点之一。有论者指出怀特海认为"空泛的知识教育不仅无益"甚至可能带来危害，因而"智慧教育高于知识教育"。③ 黄铭教授指出怀特海批判现代教育对抽象知识的过度重视造成学科间的割裂，提倡恢复割裂的学科之间的有机关联，以回归现在生活的教育重构教育中的直接经验。④ 肖士英提出怀特海从着眼于"生活的整体性""当下的运用性""想象力的丰富性"几个维度来实现智慧教育对知识教育的超越。⑤ 论者从不同维度关

---

① 江苏省艺术教育现代化课题组：《怀特海艺术教育思想的浅析和借鉴》，《外国中小学教育》1998年第4期。

② [英]怀特海：《教育的目的》，徐汝舟译，生活·读书·新知三联书店2002年版，第43页。

③ 付殿英：《遥远而有震撼的回音——怀特海的教育思想及其深远意义》，《外国教育研究》2004年第12期。

④ 黄铭：《论怀特海的教育哲学》，《浙江大学学报》（人文社会科学版）2004年第2期。

⑤ 肖士英：《走向智慧教育观的新境界：怀特海智慧教育观的审视与超越》，《华东师范大学学报》（教育科学版）2015年第4期。

注到了怀特海智慧教育的思想，并对智慧教育的理解达成一定的共识，认为智慧教育思想的提出是基于对知识教育的弊端的批判，与空泛的知识教育相比智慧教育更加强调对学生运用知识的能力的培养。但论者对怀特海智慧教育的讨论尚主要处在就教育谈教育的层面，并未深入触及怀特海在有机哲学中对智慧的理解，并且未将怀特海的智慧教育思想与他的整体教育思想结合起来，因而过于重视智慧教育对知识教育的批判，对两者之间的联系关注不够，关于这方面的研究有待今后进一步加强。

其次，论者从怀特海对现代教育过分重视专业教育、就业教育、分科教育问题的角度对现代教育提出批判。怀特海反对专业教育与通识教育之间的二元对立，对现代教育过于重视专业教育、过分强调分科教育的趋势保持警醒，他强调"我们要造就的是既有文化又有专门知识的人才"，[①] 非常重视专业教育与通识教育的均衡，强调教育应当涵盖体力的和智力的、文史的和科学的、理论的和实际的、文学的和技术方面内容，应该注意教育中美育和智育之间的平衡发展。[②] 有论者认为，怀特海这种重视学生自我发展、反对学生片面发展的观点与马克思全面发展的思想具有契合性，并且怀特海"对智育及技术教育做出了过程性解释，为我们提供了更好地理解马克思的可能性路径"。[③] 从这一角度看，怀特海的批判分科教育，强调培养健全的人的教育理念，与欧洲教育史上关注培养健全的人自由教育思想具有一脉相承性，并且与马克思的全面发展思想具有契合性，这一特点使怀特海教育思想能成为促进中国教育发展的重要理论资源。

最后，也有论者借鉴怀特海思想从其他维度对现代教育存在的弊端提出了批判。小约翰·科布先生从怀特海思想出发，认为现代西方大学发展存在过于重视价值无涉以及过于严重的功利主义倾向，并提出应当建构"关注世界命运、服务人类共同福祉"的怀特海式大学，超越现代大学教育

---

① ［英］怀特海：《教育的目的》，徐汝舟译，生活·读书·新知三联书店2002年版，第1页。

② 韦格纳：《怀特海学说中包含的学校和社会哲学》，敬思译，《现代外国哲学社会科学文摘》1963年第2期。

③ 杨倩：《从人的全面发展看怀特海教育哲学》，《马克思主义哲学论丛》2018年第1期。

的弊端。① 也有论者借鉴怀特海教育思想对当代教育中"灌输式的教学方式"提出批判，并提倡应当将教学过程还原为"教师与学生情感融合、知识碰撞和人格交融的双向过程"。② 卢建筠借鉴怀特海思想对教育中的实体思维提出批判，并提倡以怀特海哲学的生成思维理解教育特征。③

（三）有机哲学的教育意蕴研究

上文所分析的对怀特海教育思想研究，是对怀特海在《教育的目的》等著作中直接谈到的教育思想的研究，而怀特海有机（过程）哲学的教育意蕴的研究则是从怀特海有机哲学思想出发，通过对有机哲学的阐释分析其对中国教育的启示。前者是对怀特海教育思想的直接阐释，后者则是基于怀特海哲学思想对其教育意蕴的再加工。怀特海有机哲学具有深刻的哲学含义，论者多从有机哲学提倡的关系思维、过程思维角度去审视教育，提出了很多富有原创性的教育观点。

首先，研究者从有机哲学的视角出发，对教育进行整体性的考虑，分析了从有机哲学视角理解教育的整体性特点。曲跃厚教授等提出从怀特海的过程哲学角度看待教育就是以"变化的；万物内在联系的；推崇历险与创造；重视享受与艺术"的观点思考教育问题。④ 台湾学者俞懿娴教授以有机哲学的"整体有机"立场为出发点，提出教育发展应当培养全方位品格的人，促成学生情绪、欲望、品味、举止、人格的全方位成长。⑤ 杨丽教授、温恒福教授基于怀特海的认识论提出教育理论的建构应当"强调理论的整体性；在认识探究上'是其所是'与'在其所在'都要研究；追求事实与意义的价值性统一；质的研究与量的研究并重；推崇进行观念的冒险"等几方面的建议，⑥ 对教育现代化理论的建构提供了认识论视角的启发。

---

① 成长春：《21世纪的怀特海式大学——科布博士访谈录》，《全球教育展望》2007年第1期。
② 黄明亮、孙河川：《怀特海〈教育的目的〉的意蕴及启示》，《辽宁教育》2017年第19期。
③ 卢建筠：《怀特海的生成性教育思想之探索》，《现代教育论丛》2006年第2期。
④ 曲跃厚、王治河：《走向一种后现代教育哲学——怀特海的过程教育哲学》，《哲学研究》2004年第5期。
⑤ 俞懿娴：《怀特海与后现代教育》，《唐都学刊》2014年第2期。
⑥ 杨丽、温恒福：《怀特海的认识论及其对中国教育学发展的启示》，《教育研究》2013年第8期。

其次，任何教育改革最终都应当落实到课程与教学的具体变革，因而从过程哲学出发思考中国课程与教学的变革是相关研究的热点问题。从课程角度看，杨丽教授等根据怀特海有机哲学思想提出了"兼顾文化与专业学习，统筹科学教育、技术教育与人文教育，课程设置合理运用必要优先和专注集中原则，以及重视教育节奏的发展"等原则。[①] 王洪席、靳玉乐教授基于过程哲学的思路认为中国课改应当关注课程的改革的过程性、课程内容的关系性、课程设计的整合性与课程实施的创造性。[②] 从教学的角度看，杨丽教授借鉴有机哲学提出了"做好前期的'收集'工作，恰当地预设逻辑起点和价值取向，在保持理论体系开放性的同时，追求理论的内在一致性和逻辑完满"等中国教学理论发展的新要求。裴娣娜教授以过程哲学为"方法论思想"，认为教学理论研究应当处理好"反思与建构；理论概括与实际应用；理论的继承与超越"三对关系。[③] 李润洲教授借鉴过程哲学思想提出，中国教学改革应当以真实的人为研究对象，以教学存在矛盾为研究基本对象，并提倡教学中的生成性思维。[④] 也有论者认为从过程哲学视角出发，教学的思维应当发生转变，转向"以相互联系为理解世界的视角，以'存在本身'和'是'为思考对象"。[⑤]

最后，还有论者研究了过程哲学思想对改进中国艺术教育、教育仪式、德育等方面问题的意义。温宏宇等基于过程哲学的思想对艺术教育的问题进行了思考，提出应当在艺术与其他学科融合的整体视野中加深对艺术教育的理解，并在学生对美的感悟的同时，不应忽略真的意义，实现艺术教育中的"真美相融"。[⑥] 刘锦诺等基于怀特海提出的宗教形成的阶段理论，提出新时代对学生的信仰教育应当是"以情感渐生信仰"的过程，忽视学生情感的信仰教育容易陷入形式化的

[①] 杨丽、李长吉：《论怀特海的课程思想》，《教育探索》2010年第1期。
[②] 王洪席、靳玉乐：《课程改革：过程哲学之思》，《全球教育展望》2010年第4期。
[③] 裴娣娜：《现代教学论生成发展之思—怀特海过程哲学的方法论启示》，《教育学报》2005年第3期。
[④] 李润洲：《过程哲学视野里的教学论研究》，《教育理论与实践》2010年第7期。
[⑤] 张菁：《基于过程哲学的教学论研究思维方式变革》，《中国教育学刊》2009年第8期。
[⑥] 温宏宇、杨兆山：《怀特海艺术思想及其对我国中小学艺术教育改革的启示》，《教育研究》2016年第12期。

危机。① 董海霞教授提出"过程哲学对于主体与世界相互作用过程中发生的自组织与动态生成性的强调,对道德教育走向主体性有极大的启迪"。②

二 建设性后现代教育思想研究

对建设性后现代教育研究整体趋势进行分析,在中国知网中以"建设性后现代教育"为主题进行搜索,仅搜到中文文献13篇,其中共有硕博士学位论文4篇并且全部为硕士学位论文。进一步搜索相关主题,以"建设性后现代课程"为主题进行搜索共搜到中文文献36条,其中包括硕博士学位论文22篇,其中博士学位论文6篇。以"建设性后现代教学"为主题进行搜索共搜到中文文献45篇,其中硕博士学位论文25篇,占总数量一半以上。硕博论文中包括博士学位论文5篇,从博士学位论文的单位上看哈尔滨师范大学与西南大学各2篇,华东师范大学1篇。三个主题论文数量相加不足百篇,其中还包括大量的重复论文(同一篇论文被三个主题重复检索到)。因而建设性后现代教育为主题的学术研究依然是学界关注较少的主题,有值得进一步展开研究的学术价值。具体而言,笔者从如下维度阐释了建设性后现代教育的问题:

（一）建设性后现代教育研究

建设性后现代是明显有别于解构性后现代的一种后现代思潮,大卫·雷·格里芬将皮尔士、詹姆士、柏格森、怀特海以及哈茨霍恩视为建设性的后现代哲学的奠基者,③ 在继承、吸收上述五位哲学家的思想基础上,小约翰·科布、大卫·雷·格里芬等人通过在上述思想家哲学观的发展,建立起来广泛涉及后现代科学、后现代精神、后现代文化等领域的建设性后现代思想。后现代教育思想分为两类,一类是后现代思想家小约翰·科布、大卫·雷·格里芬等人所提出的教育思想,另一类为

---

① 刘锦诺、杨丽:《以情感渐生信仰——怀特海过程哲学视域下对教育仪式的审思》,《中国教育学刊》2019年第1期。

② 董海霞:《从过程哲学的视角看走向主体性的道德教育》,《辽宁工学院学报》(社会科学版)2006年第5期。

③ [美]大卫·雷·格里芬等:《超越解构:建设性后现代哲学的奠基者》,鲍世斌译,中央编译出版社2002年版,第3页。

研究者借鉴建设性后现代思想而提出的建设性后现代教育观。

其一，建设性后现代思想家根据自身的思想提出了一定的教育理论。克里福·科布将建设性后现代的教育思想概括为"强调抽象知识与直接经验的结合；重视师生共同参与；重视教育的多元性；教育应在继承传统基础上建构教育的当下"①。樊美筠等认为"奠基于有机哲学之上的建设性后现代教育则呼唤一种有根教育，这种有根教育旨在恢复、激发和培育学生的归属感"②。菲利普·克莱顿认为建设性后现代教育强调"以学生为中心的学习模式、形成学习共同体、关注学生的积极参与和创造性是其三个核心原则"③。有论者认为建设性后现代教育应当包括培养地方归属感的"热土教育"、培养文化认同感的"有根教育"、培养公民道德感的"成人（仁）教育"的教育观等方面。④

其二，建设性后现代思想本身也有着深刻的理论内涵，借鉴建设性后现代的思想阐释对中国教育发展的启发也是建设性后现代教育理论建构的一个重要维度。《建设性后现代教育论》在判断建设性后现代教育的三条标准的基础上，提出了以"机体存在论、过程本体论、创造本性论、整体效能论、积极中庸论、有机整合改革论与和谐共生论"为特征的建设性后现代教育论。⑤ 也有论者指出当代社会后现代已经来临，"面向未来的教育应该努力培养建设性后现代积极人格，增进学生积极的后现代品质是当今教育改革不容忽视的重要课题"。⑥

（二）建设性后现代教育对现代教育的批判研究

以建设性后现代为基础对教育现代化进行"建设性"的批判，其目的是为了建立一种更加合理的教育体系，建设性后现代的教育观依照建

---

① ［美］约翰·科布：《从建设性后现代主义的视野看当代美国教育的问题及启示》，袁铎等译，《湛江师范学院学报》2011年第5期。

② 樊美筠、王治河：《呼唤"有根"教育——对建设性后现代教育"根"性的思考》，《中国教育报》2016年4月7日第6版。

③ ［美］菲利普·克莱顿：《建设性后现代主义和教育改革》，柯进华译，《现代教育管理》2013年第1期。

④ 高淮微、樊美筠：《建设性后现代生态教育：问题与路向》，《自然辩证法研究》2015年第5期。

⑤ 温恒福：《建设性后现代教育论》，《教育研究》2012年第10期。

⑥ 刘璐、温恒福：《建设性后现代教育目的观及其启示》，《教育科学》2017年第3期。

设性后现代思想,从如下几个角度对教育现代化问题进行审思并提出了建设性的解决方案:

其一,以建设性后现代为基础的教育观,对现代教育存在的弊端进行的批判是一种"建设性"的批判,并试图在此基础上建立一种更加合理的教育体系。从这一视角审思教育现代化问题首先表现为对现代性的批判,并在此基础上探索解决问题的方案。怀特海有机哲学以"形而上"的方式具有生态意蕴,[①] 批判由工业文明引发的生态危机是建设性后现代思想家进行现代性批判的重要维度。在观念上批判工业性的"无根"教育,倡导"旨在恢复、激发和培育学生的归属感,包括对大自然的认同和对本民族文化传统的认同,并学会感恩"[②] 的具有生态意蕴的"有根教育"。除对教育的生态危机进行反思外王治河、樊美筠对现代教育中存在的机械教育、应试教育、碎化教育、竞争教育、无根教育等问题提出了深刻批判,提倡建构包括整合教育、和谐教育、容他教育、创新教育和审美教育后现代的有机教育超越现代教育的危机。[③] 应当消除教育中"二元对立、简单化、工业化、机械化、工具理性泛滥、线性思考、急功近利、分数 GDP 崇拜",在此基础上探寻中国教育"转型升级"的可能。[④]

其二,建设性后现代是与解构性后现代思想相对应的后现代观点,通过与解构性后现代对现代教育的批判的对比,有助于更好地阐明建设性后现代教育对现代教育的批判。与解构性后现代相比建设性后现代教育"不否定现代性的价值与意义,不是为了破坏而批判,而是为了建设而反思。"[⑤] 俞懿娴教授指出建设性后现代思想与解构性后现代思想"在批判'现代性'的不同之处在于前者并没有放弃哲学传统中连接人类全体经验的基本观点:观念、理想、价值、意义、目的、人格、语言、文

[①] 喻聪舟、张淑婷:《刍议怀特海过程哲学的生态意蕴》,《科学技术哲学研究》2017年第3期。

[②] 樊美筠、王治河:《呼唤"有根"教育——对建设性后现代教育"根"性的思考》,《中国教育报》2016年4月7日第6版。

[③] 王治河、樊美筠:《第二次启蒙》,北京大学出版社2011年版,第78—109页。

[④] 温恒福:《推进教育转型升级的建设性后现代观点》,《当代教育科学》2015年第4期。

[⑤] 温恒福:《建设性后现代教育论》,《教育研究》2012年第10期。

化、神等概念,"① 强调教育中对理想、信念、价值、意义方面问题进行有意义的积极建构。冯建以建设性后现代主义为指导的后现代教育,把"建设"看成"解构"基础上的更高一层的目标追求,从而使后现代教育的实践性大为增强。②

(三) 建设性后现代课程与教学研究

课程与教学是建设性后现代教育研究中非常受关注的两个研究角度,甚至在中国知网中按主题搜索"建设性后现代课程"(36 篇文章)和"建设性后现代教学"(45 篇文章)搜到的文章数量要多于"建设性后现代教育"(13 篇文章),阐明中国建设性后现代教育研究的状况,需要对建设性后现代视域下的课程观与教学观加以阐释。

从课程角度看,有学者认为,多尔是建设性后现代课程研究的第一人。③ 多尔汲取怀特海的过程哲学,提出教育应当建设一个"迷人的想象王国,在那里没有人拥有真理而每个人都有权利要求被理解"的理想,④ 并提出以"4R"(丰富性、回归性、关联性、严密性)的课程观取代传统课程观,⑤ 多尔的课程观在学界产生了广泛的影响,推动了建设性后现代课程的发展。高洁认为建设性后现代课程具备"过程性、整体性、生成性、自组织性"四个方面特征,并认为建设性后现代课程观对建构生命课堂具有积极意义。⑥ 谢邦秀则认为建设性后现代课程应当具备"灵活的目标、融入的学习者、体现的知识、活泼互动的学习和支持性教师"五个方面的特征。⑦

从教学角度看,杨丽教授从现代化的本质主义与解构性后现代强调

---

① 俞懿娴:《怀特海与后现代教育》,《唐都学刊》2014 年第 2 期。
② 冯建:《论建设性后现代主义对后现代教育的重建》,《湖南师范大学教育科学学报》2005 年第 5 期。
③ 汪霞:《课程研究:现代与后现代》,上海科技出版社 2003 年版,第 105 页。
④ [美] 小威廉姆·E. 多尔:《后现代课程观》,王红宇译,教育科学出版社 2000 年版,第 221 页。
⑤ 汪霞:《后现代异域的课程话语——多尔建设性后现代主义课程理论评析》,《全球教育展望》2003 年第 6 期。
⑥ 高洁:《建设性后现代主义视域下的生命课程刍议》,《教育科学论坛》2010 年第 4 期。
⑦ 谢邦秀:《"FEELS":一种建设性后现代的课程理念》,《广西师范大学学报》(哲学社会科学版) 2012 年第 3 期。

的反本质主义的争端入手,借助有机哲学的思路,认为在教育理论、教学理论的发展中之路应当"保持'是其所是'与'在其所在'的平衡、价值与事实的统一,并在观念上勇于创新推崇冒险",以探寻教学论发展的"另一种可能"。① 李方教授将建设性后现代的教学观概括为"解构与反思的教学范式、互动与建构的教学过程、'去中心'的教学行为、对话与阐释的教学方法、过程与主体的教学评价取向"等几个方面。② 还有论者从建设性后现代视角出发讨论了"MOOC"教育的问题,提出"面向学习者视界,体现生成的实践本性;建立协同创新机制,体现开放与包容本性;着力于课程理解,体现资源的理解本性;参照现实需求,体现整体价值"等方面要求。③

除上述维度外还有一些论者从其他维度讨论了建设性后现代思想对教育的启发,如有论者讨论了建设性后现代思想对教育领导的启发,宋广伟从建设性后现代观点出发提出教育领导应当遵循"建尊重差异、关注情感因素、以道德和精神引领变革、实施有机教育"等原则。④

---

① 杨丽:《教学理论发展的另一种可能》,黑龙江教育出版社2015年版,第192—211页。
② 李方:《后现代教学理念探微》,《教育研究》2004年第11期。
③ 吴南中:《建设性后现代视角下的MOOC资源特质及其生成策略》,《中国远程教育》2015年第1期。
④ 宋广伟:《论建设性后现代主义背景下的基础教育领导改革》,《中国教育学刊》2016年第12期。

第 一 章

怀特海有机哲学基本理论

建设性后现代思想以怀特海过程哲学为理论基础，并借鉴过程哲学的一些核心观点，立足现代社会的社会特点提出了超越现代社会发展弊端尤其是避免工业文明所造成的生态危机的社会发展的新可能。按照大卫·雷·格里芬的观点"尽管怀特海从未使用过'后现代'这个词语，但他谈论现代的方式却有着一种明确的后现代语调"。[①] 因为怀特海所处时代的特点，作为思想家、哲学家，他本人并没有明确地提出后现代的说法，甚至没有明确地要求超越现代性，但其哲学中鲜明的对工业文明弊端的反思、对二元对立思想以及对实体性思维的批判、其哲学思想所蕴含的生态理念，均对超越现代化发展模式克服现代性思想弊端提供了有益养分，也因而成了建设性后现代思想的有益资源。建设性后现代思想的诞生建立在有机哲学的理论体系的基础上，因而阐明建设性后现代思想的理论与方法论有必要首先对有机哲学的相关思想、概念进行简要地说明。

第一节 有机哲学体系概述

从整体上说，怀特海致力于建构庞大、完整的"内在一致""合乎逻辑""具有必然性"的宏大宇宙论体系，力求通过其宏大的宇宙论体系使

---

① [美]大卫·雷·格里芬等：《超越解构：建设性后现代哲学的奠基者》，鲍世斌译，中央编译出版社 2002 年版，第 227 页。

"我们经验中的每个要素都能得到解释。"① 怀特海作为一个"七张面孔的思想家",其身份包括"数理逻辑学家""理论物理学家""柏拉图主义者""形而上学家""过程神学的创造人""深邃的生态学家""教育家立场的文明批评家"。② 可以大致将怀特海的思想体系大致划分为三个阶段。第一个阶段是"数学、逻辑即物质世界的数学概念研究阶段",怀特海在剑桥大学任教时期发表了上述著作,这一阶段他与学生罗素合著的三卷本的《数学原理》一书产生了广泛的影响。第二个阶段是科学哲学研究阶段,主要是怀特海在英国伦敦时期发表的著作,其中包括《自然的概念》《相对性原理》《自然知识原理》等书。第三个阶段是"转变时期",主要是怀特海在哈佛大学任教之初发表的著作,其中最有影响的就是《科学与近代世界》一书,该书在继承以科学哲学时期"事件"为核心的本体论思想体系的同时,开始向《过程与实在》一书的思想体系过渡,在这本书中怀特海开始明确将他所建构的哲学体系称为"有机哲学",并且系统性地开始了有机哲学的初步哲学体系的建构,在怀特海有机哲学体系中具有重要地位的"事件""永恒客体""包容"(摄入)等概念在这本书中都有讨论,并且初步形成了其后期哲学体系的一些理念。

作为一名涉猎广泛的思想家,怀特海可谓是著作等身,"除专题论文外,仅专著(单行本)就达 22 种",③ 其中与哲学思想相关的著作就包括《自然知识原理》《自然的概念》《科学与近代世界》《过程与实在》《思维方式》《观念的冒险》《宗教的形成:符号的意义及其效果》等著作,以及"总结他最终哲学观点的两篇论文"④——《数学与善》和《论不朽》,⑤ 这些著作中都反映了怀特海的有机哲学思想,但《过程与实在》最为系统。本书拟借助《过程与实在》一书的脉络体系首先对怀特海有机哲学的思想体系做一概述,以便能更好地阐明有机哲学思想体系的全貌。

---

① [英]怀特海:《过程与实在——宇宙论研究》,杨富斌译,中国人民大学出版社 2013 年版,第 3 页。
② [日]田中裕:《怀特海有机哲学》,包国光译,河北教育出版社 2001 年版,第 3 页。
③ 陈奎德:《怀特海哲学演化概论》,上海人民出版社 1988 年版,第 7 页。
④ 陈奎德:《怀特海哲学演化概论》,上海人民出版社 1988 年版,第 17 页。
⑤ 两篇论文中译版收录于《怀特海文录》陈养正等译,浙江文艺出版社 1999 年版。

怀特海在《过程与实在》一书中借助"终极性范畴""存在性范畴""说明性范畴""范畴性义务"对"构成有机哲学的基本概念做一概述",①使整个哲学体系中"每一种存在都应当使某一种存在性范畴的特例,每一种说明都应当是说明性范畴的特例,每一种要求则应当使范畴性要求的特例。终极性范畴表达的则是作为这三种比较特殊的范畴的预设前提的普遍原理。"②即在怀特海的有机哲学中,以"一""多""创造性"三个终极性范畴表达了整个宇宙生生不息、创造演化的根本法则,这三个终极性范畴如同中国文化中的"道",是超越具体存在之上的并且限制世界存在、生成、演化的根本性法则。

在提出抽象的"终极性范畴"也就是一般性的宇宙演化的法则之后,怀特海进一步提出了构成宇宙的基本存在要素,即"现实存在""摄入""聚合体""主体性形式""永恒客体""命题""多样性""对比"八个"存在性范畴",整个宇宙都是由这八个存在性范畴构成。由于怀特海整个有机哲学都是建立在这八个存在性范畴的基础之上,同时为了超越传统哲学的窠臼,怀特海极力避免使用传统哲学中的名词、概念,因而这八个范畴所用概念极具原创性,有必要对这八个范畴中的部分重要范畴进行简要概述。在这八个存在性范畴之中,"现实存在"与"永恒客体"是构成世界的最基本单位,"其他类型的存在则只是表达了所有这两种基本类型的存在在现实世界中是如何彼此共处于一个共同体之中的。"③两者分别代表了现实性与抽象性的两极,两者的相互结合(现实存在对永恒客体的摄入或永恒客体进入现实存在)实现了这个生生不息的宇宙的演化生成。其他几对范畴,"摄入"表达的是现实存在与永恒客体结合的方式。"主体性形式"与"聚合体"是一对相反的概念,前者被称为"私人事实",表达的是"现实存在"对"永恒客体"或其他"现实存在"的摄入过程中产生的"情感调子","主体形式有许多种,例如情感、

---

① [英]怀特海:《过程与实在——宇宙论研究》,杨富斌译,中国人民大学出版社 2013 年版,第 22 页。
② [英]怀特海:《过程与实在——宇宙论研究》,杨富斌译,中国人民大学出版社 2013 年版,第 25 页。
③ [英]怀特海:《过程与实在——宇宙论研究》,杨富斌译,中国人民大学出版社 2013 年版,第 31 页。

评价、目的、喜欢、讨厌、意识，等等"①。怀特海借助主体性形式这一存在性范畴来强调任何现实存在对永恒客体或其他现实存在的摄入都有主体性形式的附着，情感、目的、意义、价值与世界同在。与之相对应的"聚合体"是"各种现实存在的集合"，②"聚合体"由现实存在彼此聚合构成，因而被怀特海称为"公共形式"。从作为宇宙演化根本法则的"终极性范畴"到具体构成宇宙"存在性范畴"，怀特海的整个宇宙论体系得以建构，在这基础之上又借助"说明性范畴"与"范畴性要求"对宇宙具体演化的方式进行说明。

第二节 有机哲学的重要观念与原理

怀特海作为西方极富原创性的思想家，其哲学理论独树一帜，他在其理论体系建构过程中提出了许多极富原创性的概念、范畴与观念，如不首先对这些原创性的理念进行解释，很难清楚地阐明建设性后现代思想的具体追求，因而在对有机哲学的基本理论进行概述的基础上应当借助怀特海提出的一些重要的原创性概念对有机哲学的基本特点进行进一步的阐释。

一 有机哲学致力于建构宏大的思辨哲学体系

现代性思想家冀图通过人类的理性建构起笼罩万物且具有普遍必然性的宏大知识体系，而解构性后现代思想家则明确提倡"向整体性开战""把一切劈成碎片"。后现代思想家批判人类建构宏大叙事的努力和形而上学的追求，认为对宏大系统和绝对真理的追求限制了人类思想的发展与进步。建设性后现代思想家既看到了现代哲学的弊端，也并没有走向解构性后现代思想家那样对宏大叙事的彻底拒斥，而是提倡建构一种谦逊而宏大的理论体系。

---

① [英]怀特海：《过程与实在——宇宙论研究》，杨富斌译，中国人民大学出版社2013年版，第29页。

② [英]怀特海：《过程与实在——宇宙论研究》，杨富斌译，中国人民大学出版社2013年版，第29页。

就重建宏大体系而言，怀特海致力于"建立一种适当的宇宙论，使所有特殊论题都能根据这种宇宙论获得自身的内在联系"的宇宙论体系，并没有摒弃现代哲学的形而上学追求以及建构宏大体系的努力。并且怀特海强调建构的这种宏大理论体系应当"能把各种审美的、道德的、宗教的旨趣同产生于自然科学的那些关于世界的各种概念联系起来，这一定是完美的宇宙论目标之一"，[①] 即建设性后现代思想家所提倡的宏大体系中没有放弃对"美""意义""价值"的追求，并且这些追求在建设性后现代所提倡的世界中具有重要的意义。

怀特海进而提出了对这种宏大体系的要求，即"思辨哲学的目的是要致力于建构一种内在一致的、合乎逻辑的且具有必然性的一般观念体系，根据这一体系，我们经验中的每个要素都能得到解释"，[②] 在怀特海有机哲学的观点看来，理论体系的建构应当满足这一要求。即怀特海对宏大的理论体系提出了"内在一致的""合乎逻辑的""适用的""适当的"四个方面的要求，这一要求也无疑为以过程哲学、建设性后现代思想为基础而进行的教育理论提供了启示，因而有必要对这四方面的要求进一步阐明。

按照怀特海的观点建构的"这种思辨哲学的理想既有其理性的一面，也有其经验的一面"。[③] 近代认识论哲学可以分为唯理论哲学和经验论哲学两派，唯理论者以欧陆哲学家笛卡尔、莱布尼兹与斯宾诺莎为代表，这派哲学家强调人的认识来自人类先天存在的理性，即天赋观念论，这种认识论重视演绎推理，认为人类知识的典范是数学。经验论者以培根、洛克、贝克莱、休谟等人为代表，这派哲学家否认人有先于经验的认识存在，认为人的大脑如同一块"白板"，后天的经验给"白板"打下的烙印使人的认识成为可能，即一切知识来自感觉经验，这种认识论重视归纳推理，认为人类知识的典范是物理学。而无论是唯理论还是经验论在

[①] ［英］怀特海：《过程与实在——宇宙论研究》，杨富斌译，中国人民大学出版社2013年版，前言第2页。

[②] ［英］怀特海：《过程与实在——宇宙论研究》，杨富斌译，中国人民大学出版社2013年版，第3页。

[③] ［英］怀特海：《过程与实在——宇宙论研究》，杨富斌译，中国人民大学出版社2013年版，第4页。

知识体系的建构上都存在不可调和的矛盾，唯理论推崇的演绎法能够保证知识的普遍必然性但不能产生新的知识，经验论所推重的归纳法能够得出新的结论但无法保证知识的普遍必然性。超越两种推理方式的限制成为近代哲学家共同关注的问题，康德试图超越归纳法与演绎法两种推理，提出"先天综合判断"，但并没有真正得到广泛接收。作为在数学与物理学领域均颇有建树的思想家，怀特海对归纳与演绎两种思维方式的价值有着深刻的认识，同时也对两种思维方式的弊端有着清醒的认知，因而怀特海认识到两种推理方式在建构思辨体系的缺陷的同时，并没有完全否定两种推理方式的价值，而是要求建构的宏大思辨体系要满足"经验的"和"理性的"两个方面的要求。

具体而言，"其理性方面的要求"包括"内在一致的"与"合乎逻辑的"，前者要求体系中的"基本观念都是互为前提的"，后者则主要指"逻辑自洽性"或者"无矛盾性"。而其"经验方面是由'适用的'和'适当的'"来表达。其中"'适用的'是指某些经验是可以这样解释的，而'适当的'则是指任何一项经验都能这样来解释"。① 具体而言，思辨哲学体系的建构一方面应当符合思辨的特征，要关注理论体系中基本概念、基本观念、基本原理的建构，并使其相互一致，更要关注这些概念、观念、原理的整体性结构。同时还要关注整个体系逻辑的自洽性与完整性，注重从理论、逻辑、概念的角度进行概念、观念、原理之间的相互转化、相互推演。另一方面也应当关注所建构理论体系的实践性，使"凡是在实践中发现的东西，都一定在形而上学的描述范围内"，② 即强调所建构的宏大"思辨哲学体系"能够解释实践并且禁得住实践的检验。为了满足这一要求，怀特海强调"真正的发现方法宛如飞机的航行"（这一方法会在后文方法论部分详述），强调发现的方法应当始于经验性的"观察基地起飞"进而经由"理性的解释使之更为敏锐"，③ 而这"经验"

---

① ［英］怀特海：《过程与实在——宇宙论研究》，杨富斌译，中国人民大学出版社2013年版，第3—4页。

② ［英］怀特海：《过程与实在——宇宙论研究》，杨富斌译，中国人民大学出版社2013年版，第16页。

③ ［英］怀特海：《过程与实在——宇宙论研究》，杨富斌译，中国人民大学出版社2013年版，第6页。

与"理性"之间以大胆的"观念冒险"——想象力——来统合,通过这种方法满足思辨哲学体系建构"理性的"与"经验性的"两方面的要求。尤其是怀特海着重强调"全部富有成效的思想进步,要么是通过艺术家富有诗性的洞察力来实现的,要么是通过思想家富有想象力地阐述……而实现的",①"诗性的洞察力"与"想象力的阐述"是怀特海特别重视的思维方式,大胆的想象是实现思想体系的进步的重要来源,经验性的观察与理性的思辨只有"求助于富有想象性的跳跃来补充",② 才能正在实现怀特海所要求的"思辨哲学体系"。在这个意义上,怀特海有机哲学中体系性的要求与他所采用的方法是互为表里的。

二 事件或现实存在是构成世界的根本

怀特海认为"存在的基本类型是现实存在和永恒客体",③ 因而要对怀特海哲学体系进行简单介绍,离不开对现实存在和永恒客体这对概念的分析,本书首先从现实存在的概念展开分析。

怀特海认为世界是由事件或现实存在构成,这构成了怀特海对"本体论寻求"的回答。本体论的寻求是哲学的核心问题,哲学史上不同哲学家从不同角度对这一问题进行了探索。西方意义上的哲学始于对构成世界的本体的探索,被视为西方哲学史上的第一位哲学家的泰勒斯认为水是构成世界万物的根本,从泰勒斯开始世界是什么以及世界由什么构成一直是古希腊哲学关注的焦点问题,不同学派的哲学家对这一问题做出了不同的回答,如赫拉克利特认为世界的根本是一团永恒活动的活火、毕达哥拉斯学派则认为构成世界的根本是"数"。随着哲学的发展哲学家依次认识到"未经认识论的本体论无效"以及"未经语言的认识论无效",甚至将对"世界是什么"的本体论的追问转变为对按照某一理论"有何物存在"的"本体论承诺"的思考。可以说在哲学史上本体论的寻

---

① [英]怀特海:《过程与实在——宇宙论研究》,杨富斌译,中国人民大学出版社2013年版,第11页。

② [英]怀特海:《过程与实在——宇宙论研究》,杨富斌译,中国人民大学出版社2013年版,第5页。

③ [英]怀特海:《过程与实在——宇宙论研究》,杨富斌译,中国人民大学出版社2013年版,第31页。

求一次次的被批判,又一次次的在批判、反思中实现自身的发展、更新。正如孙正聿先生所言,这种本体论的寻求构成了批判地反思人类一切活动和全部知识的各种前提,为人类的存在和发展提供自己时代水平的"安身立命之本"或"最高的支撑点",追问世界的根本是人性内在的渴望,对本体的反思与表征是哲学的存在方式,① 因而任何一种体系化的、有影响力的哲学都必须对"在者之在何以可能"这一本体论追问做出回应。

怀特海有机哲学的建构也必须对这一问题做出回应。不同于西方传统哲学家,怀特海将"水""火""原子"等实体性元素或理念、意志等抽象的观念作为构成世界的本原,而是将"事件"或"现实存在"作为构成世界的本体。

怀特海在早期科学哲学中将事件"当成自然事素的终极单位。"② 强调"自然界中的实在就是自然界中的包容体,换句话说就是自然界中的事件。"③ 小约翰·科布先生认为怀特海所使用的事件一词的意思"与人们一般地在使用这个术语时所理解的意思一样",④ 按照余懿娴教授的观点事件意指"立即的发生,具体的时空关联,"⑤ 即指一般意义上在生活中真实发生的各种"事件",是这类真实的事件从发生到完成的一般性的过程。因而按照怀特海有机哲学的观点,人类寓居其中的活生生的世界不是由静态的"水""火""气""原子"或是"理念""意志"构成,而是由动态的、真实的、鲜活的无数真实事件从发生到完成生生不息的相互续接的生成,整个宇宙是通过无数事件生生不息的相互续接而不断发生、演化的,这无数从发生到完成的具体事件成为构成世界的根本。进一步来看,怀特海认为"时间与空间从最具体的意义上讲,便是事件发生的场所",⑥ 时间与空间并不像传统思想家所认为的那样是脱离于物

---

① 孙正聿:《本体的反思与表征——追问和理解哲学的一种思路》,《哲学动态》2001年第3期。
② [英] A. N. 怀特海:《科学与近代世界》,何钦译,商务印书馆2012年版,第117页。
③ [英] A. N. 怀特海:《科学与近代世界》,何钦译,商务印书馆2012年版,第83页。
④ [英] 怀特海:《过程与实在——宇宙论研究》,杨富斌译,中国人民大学出版社2013年版,第504页。
⑤ 余懿娴:《怀特海自然哲学——机体哲学初探》,北京大学出版社2012年版,第8页。
⑥ [英] A. N. 怀特海:《科学与近代世界》,何钦译,商务印书馆2012年版,第214页。

质、精神之外的，而是在事件与事件之间生生不息的相互续接的不断演化过程中生成的。

后期怀特海哲学的思想体系进一步发展、完善，从对科学是什么、自然是什么的哲学性考察向更加微观的本体论思考和更加宏观的宇宙论思考两个方面进行拓展，在这双向的拓展过程中怀特海进一步提出了"现实世界是一个过程，过程就是各种现实存在的生成"这一命题，① 将现实存在视为构成世界的根本。首先需要指出的是尽管"事件"与"现实存在"存在一定的差异性，从"事件"到"现实存在"的变化反映了怀特海哲学的发展，但总体而言作为致力于建构内在一致的理论体系的哲学家，怀特海不同阶段哲学之间的一致性是远大于差异性的。本研究讨论怀特海有机哲学并非为了对其进行细节性的考证，而是为了借鉴有机哲学的方法论探求适应新时代发展要求的教育学建构的可能方式。因此本书不过度纠缠于对作为有机哲学本体的"事件"与"现实存在"差异的考据，而更关注怀特海哲学中"事件"与"现实存在"的一致性内涵。

具体而言，怀特海认为"现实存在②——亦称'现实发生'③——是构成世界的最终的实在事物。在这些现实存在背后再也找不到任何更为实在的事物了。""终极的事实就是这些现实存在，一切概莫能外"，④ 即现实存在是构成世界的根本。而现实存在"是点滴的经验"，⑤ 是转瞬即逝、方生方死的经验从发生到完成的点滴瞬间，是"一种把现实世界包含于其自身范围之内的经验搏动"。⑥ 在这个意义上，事件与现实存在具

---

① ［英］怀特海：《过程与实在——宇宙论研究》，杨富斌译，中国人民大学出版社2013年版，第28页。
② 由于国内有对于怀特海相关著作不同版本的翻译，不同译者对过程哲学中一些专有名词有不同译法，如"现实存在""现实实有""动在"，本书采取"现实存在"的译法。
③ 又译"实际事态""现实事态""现实机缘""缘在"。
④ ［英］怀特海：《过程与实在——宇宙论研究》，杨富斌译，中国人民大学出版社2013年版，第23页。
⑤ ［英］怀特海：《过程与实在——宇宙论研究》，杨富斌译，中国人民大学出版社2013年版，第23页。
⑥ ［英］怀特海：《过程与实在——宇宙论研究》，杨富斌译，中国人民大学出版社2013年版，第243页。

有一致性，二者都是表达了一种一般意义上的经验的发生到完成的过程。现实存在作为构成宇宙论体系的最基本单位，强调瞬间性，事件则是解释自然、科学、文明等宏观事实的基础，因此具有更宏观的过程性。按照怀特海在《过程与实在》一书中的观点"我将在更一般的意义上使用'事件'一词，用它来指谓一个广延量中以某种确定方式相互关联的现实发生的聚合体"，① 也就是事件是在更宏观意义上的现实发生、现实存在的聚合。因而按照小约翰·科布先生的看法可以简单地认为"那些不能被分析为较小事件即'原子'事件的事件，就是上面讨论过的现实发生"②。从两个阶段的学科要求上看，早期怀特海科学哲学其目的在于对自然、对文明演进乃至对科学发展进行哲学上的审视，问题研究的对象是宏观性的问题，因此对构成世界的根本进行探究时，终止于宏观的"事件"即可满足于理论的要求。而后期怀特海致力于进行宇宙论式的哲学思考时，则必须对作为本体的事件进行进一步的细化。但无论是"事件"还是"现实存在"其根本都是一种经验的发生，因而建设性后现代思想家将怀特海有机哲学称为"泛经验论"哲学。就一致性而言，在宏观的意义上怀特海以事件作为构成世界本体，在微观的意义上怀特海以现实存在作为构成世界的基本单位，二者都表达了一种超越将孤立、静止的某一元素作为构成世界根本的诉求，而将诸要素紧密结合在一起的经验从发生到"满足"的过程作为构成世界本体的"过程性原则"。

怀特海有机哲学创造性地将经验之滴作为构成世界的根本，这种理解世界的方式超越了传统"主—客"二分、"物质—实体"式的对世界理解的方式，在作为"事件""经验之滴"的"发生"之中，事件中的所有要素紧密联系、缺一不可，任何一个"事件""经验"中的要素的缺位都会影响"事件""经验"的"发生"。但在常识意义上的"物质—实体"如山川湖海、我们门前的一朵花毕竟真实存在着，并且按照常识的

---

① ［英］怀特海：《过程与实在——宇宙论研究》，杨富斌译，中国人民大学出版社2013年版，第93页。

② ［英］怀特海：《过程与实在——宇宙论研究》，杨富斌译，中国人民大学出版社2013年版，第504页。

意义去认知山川湖海、门前之花对我们正常生活的进行是必要的，这也是怀特海作为一个体系化的哲学家所必须考虑并且在其哲学体系中必须要求解决的问题。在怀特海看来，构成世界的根本是现实存在或事件，微观意义上"事件""经验之滴"的不断相继、相互聚合构成了宏观意义上的宇宙，生成了宇宙中这些我们常识意义上的"山川湖海"，怀特海将这种"彼此聚合在一起""通过其内在联系而凝聚在一起"①构成的宏观的"山川湖海"称之为"聚合体"。按照过程哲学的观点，"聚合体""构成了任何发生之过去的整体性，也就是，构成了它的现实世界。"② 在有机哲学体系中"聚合体"与"现实存在""永恒客体"同样是构成世界的八种"存在性范畴"之一，也就是说有机哲学的体系并不否认常识意义中的"山川湖海"也是构成世界的"现实存在"，只是与"聚合体"相比现实存在才是构成世界的最基本单位，"聚合体"是由现实存在的聚合构成。

三 永恒客体是世界丰富性、确定性的保障

按照上文分析，构成世界的终极单位是现实存在，现实存在的本质是经验从发生到完成的点滴瞬间，是转瞬即逝的发生。因而从本体论意义上看整个宇宙是齐一的，但倘若世界单纯由现实存在构成就丧失了它的丰富性。更为重要的是由于现实存在的转瞬即逝性，世界的确定性难以得到保障，这不免带来"刚才之我"不等于"此刻之我"的困境，解构个体对自己行为的责任感，因而怀特海需要引入新的概念以给世界的丰富性、确定性提供保障。在怀特海的哲学体系中，"永恒客体"的概念满足了"确定性的寻求"。永恒客体的概念是在对柏拉图哲学中的"理念"概念的继承与超越基础上提出的，因而本书从对柏拉图的理念论的"继承"与"差别"角度审视怀特海的"永恒客体"这一概念。

首先，从对柏拉图的"理念"的继承性上看，怀特海的永恒客体与

---

① [英]怀特海：《过程与实在——宇宙论研究》，杨富斌译，中国人民大学出版社2013年版，第508页。

② [英]怀特海：《过程与实在——宇宙论研究》，杨富斌译，中国人民大学出版社2013年版，第508页。

柏拉图的理念的共同之处在于，二者都是一种确定性的形式。柏拉图将世界分为理念世界与现实世界，现实世界是变动不居的，理念世界则是永恒不变的。有机哲学中永恒客体的概念在这一点上与柏拉图哲学中的理念具有相似之处，怀特海认为永恒客体乃"对事实进行特别规定的纯粹潜在性，或确定性的形式"，① 是一种潜在性、确定性的形式，潜在性与确定性构成永恒客体的两大基本特点。按照怀特海的观点"'客体'是一种超验要素，它标志着我们的经验必须与之相一致的那种确定性。在这个意义上，未来具有当下的客体实在性，但没有任何形式的现实性。"② 在这句话中怀特海对永恒客体的基本特点做出了描述：永恒客体是一种"经验必须与之一致的确定性"，永恒客体"进入"现实存在使现实存在"具备"了客观性。也就是尽管作为世界根本的现实存在本质上是"方生方死"、流变不息的经验之滴，处于不停的变化生成之中，但现实存在"摄入"的永恒客体具有永恒不变的确定性，正因如此，怀特海在范畴性要求中谈到"每一种物质性感受中都会产生某种纯粹的概念性感受，这种概念性感受的材料就是永恒客体，他们规定着现实存在的确定性，或者规定着物质上可感受到的聚合体的确定性，"怀特海将之称为"概念性评价范畴"。③ 即通过对确定性永恒客体的"摄入"使具体的现实存在具有了确定性、客观性以及自我同一性，同样对现实世界中微观性的现实存在或是宏观性的聚合体的确定性物质性感受的获得是由于感受者对现实存在或聚合体的"摄入"。永恒客体在"未来具有当下性"，就"当下"而言永恒客体只是具备进入现实存在的可能性或者说被现实存在"摄入"的"可能性"，在被"摄入"之前的"当下"永恒客体只是一种可能被"摄入"的"潜在性"，只有在"进入"现实存在的"未来"永恒客体才能真正成为"现实的"，因而永恒客体的第二个特点是"未来的当下性"或"当下的潜在性"。

---

① [英]怀特海：《过程与实在——宇宙论研究》，杨富斌译，中国人民大学出版社2013年版，第56页。

② [英]怀特海：《过程与实在——宇宙论研究》，杨富斌译，中国人民大学出版社2013年版，第274页。

③ [英]怀特海：《过程与实在——宇宙论研究》，杨富斌译，中国人民大学出版社2013年版，第33页。

怀特海为了使永恒客体这一概念更容易被理解，以山和山的颜色为例进行说明，怀特海提出现实的山是"持续性"存在的，但随着岁月的演化、沧海桑田的变迁，山总会有消失的时候，因而怀特海提出山是持续的，并非永恒。但山的颜色并不随着山的消失而消失，它"不论到哪里，它永远是同一颜色。"① 从永恒客体两个方面的性质来看：一方面，就潜在而言永恒客体是一种纯粹的可能，这种纯粹的可能只有与现实存在相结合才能成为现实性的存在。以怀特海提到的山和颜色为例，山是现实存在生成的，而山的颜色——永恒客体——则是潜在的，在作为"聚合体"的"山""摄入"作为"绿"的永恒客体之前，现实生活中可以有各种颜色的山，不同的颜色——永恒客体——都是山的潜在可能，任何的颜色——永恒客体——自身不能独立构成现实性的存在，必须与现实存在构成的山相结合才能真正存在。也就是说作为永恒客体的"绿"只有"进入"作为"聚合体"的"山"，从而使山具有"绿"的特性，才真正使作为永恒客体的"绿"转化为现实。另一方面，就确定性而言，与现实存在的转瞬即逝不同，任何永恒客体都是亘古不变的，按照怀特海提到的例子，无论现实存在怎样变化，作为永恒客体的颜色是不变的，就永恒客体"进入"现实存在或聚合体的角度看，作为永恒客体的"绿"是一种可以"进入"到任何现实存在或聚合体的生成之中的纯粹潜在可能，这种作为纯粹潜在可能的永恒客体——"绿"无论与山结合还是与植物结合都是同一种绿，具有恒定性。

其次，就与柏拉图的"理念"的区别性来看：

第一，柏拉图的理论中，与现实世界相比，理念世界是更为根本、更为真实的存在，现实世界通过对理念世界的模仿来"分有"理念世界而存在。而怀特海有机哲学则将现实存在（对应现实世界）与永恒客体（对应理念世界）之间的关系颠倒过来，在怀特海的哲学体系中，现实存在是更为现实（不同于真实）的存在，永恒客体是纯粹的潜在可能，只有与现实存在相结合才能成为现实。现实存在与永恒客体是存在性范畴的两级，现实存在体现了实在性、具体性的一级，永恒客体代表了潜在性、抽象性的一级。柏拉图以来的西方哲学采取了认为抽象的理念世界

---

① ［英］A. N. 怀特海：《科学与近代世界》，何钦译，商务印书馆2012年版，第99页。

高于真实的现实世界的认识理论。怀特海认为"如果追问如何从普遍的东西构成具体的特殊事实,这就完全错了。对这个问题的回答就是'完全不可能'。"① 将抽象的普遍当作现实的具体是一种"具体性误置的谬误"的表现。② 与西方哲学关注抽象的"本质""形式""理念"的传统相比,怀特海有机哲学更加关注具体、真实的现实存在,按照有机哲学的观点,与永恒客体相比现实存在才是更为根本的实在。

第二,柏拉图的哲学体系是层级化的,与现实事物相比理念处于更高的层级。而怀特海的哲学是扁平化的,现实存在与永恒客体都是真实的(但永恒客体不是现实的),都对宇宙的生成具有不可替代的意义。两者"其中一个是变化的原则(现实事态),另一个是守恒的原则(永恒客体)。任何实在的东西都不可能缺少这两个原则。"③ 现实存在赋予了世界动态变化的创造性,永恒客体则给理解世界提供了守恒性,现实存在与永恒客体的结合,维持了世界发展性与稳定性的平衡。

第三,柏拉图哲学体系中理念是彼此孤立的,任何理念都是可以独立构成自身的。但在怀特海哲学体系中,永恒客体是内在联系在一起的,任何的永恒客体都不能脱离其他永恒客体而存在。

现实世界由现实存在与永恒客体的结合构成,现实存在的转瞬即逝赋予世界生成性、创生性,永恒客体的不变赋予世界确定性。一方面,永恒客体是"一种纯粹的潜在性",它"脱离实际性,就失去了价值。"④ 即在过程哲学体系中永恒客体是真实的,但不是现实的。永恒客体的真实是作为一种潜在性的真实,这种潜在性的真实只有与永恒客体相结合才能真正转化为现实,永恒客体只有"进入"现实存在时才能将潜在性转化为现实性,将自身的性质彰显出来。另一方面,有机哲学的"概念性评价范畴"指出永恒客体"他们规定着现实存在的确定性",⑤ 并且

---

① [英]怀特海:《过程与实在——宇宙论研究》,杨富斌译,中国人民大学出版社2013年版,第25页。
② [英]怀特海:《过程与实在——宇宙论研究》,杨富斌译,中国人民大学出版社2013年版,第9页。
③ [英]A. N. 怀特海:《科学与近代世界》,何钦译,商务印书馆2012年版,第221页。
④ [英]A. N. 怀特海:《科学与近代世界》,何钦译,商务印书馆2012年版,第120页。
⑤ [英]怀特海:《过程与实在——宇宙论研究》,杨富斌译,中国人民大学出版社2013年版,第33页。

"正是通过这些潜在性的实现，现实存在彼此区分开来。"[1] 作为一般性的经验之滴，每个现实存在之间并无区别，现实存在也只有通过对永恒客体的"摄入"，才能实现自身的确定性与同一性，才能彼此之间区别开来，也正是通过现实存在对永恒客体的"摄入"才生产、构成了这个丰富多彩、缤纷绚丽的真实世界，正是在这个意义上永恒客体赋予了世界丰富性与确定性。

四 世界的生成通过现实存在的两类"摄入"而实现

传统欧洲的笛卡尔认识论哲学中"实体—属性"说一直占有重要地位，按照这种观点，"实体""独自存在或不依赖于任何别的东西而存在，它不借助任何其他事物的概念而被理解；不能想象任何东西而不预先肯定实体……它是绝对独立、根本的基质"。[2] 即实体是最根本的独立自为的存在，他是一切世间万物得以存在的根本。而属性则是指"理智认识到的组成事物的本质的东西"[3]。在认识论哲学中"实体"是世界存在的根本保证，属性是附着于实体的本质，人通过认识属性来把握实体的本质。尽管不同哲学家对实体和属性的理解在概念的外延上存在一定差别，[4] 但就内涵而言，基本是一致的。这种"实体—属性"的观念对西方哲学的发展具有重要影响，现代西方哲学普遍在一定程度上继承、发展了这种哲学理念。[5] 怀特海有机哲学体系的建构也对"实体—属性"的划分采取了批判性的继承，怀特海在《过程与实在》一书中谈到"有机哲学排除了'实体—属性'概念，并以动力学的过程描述取代了形态学的

---

① [英] 怀特海：《过程与实在——宇宙论研究》，杨富斌译，中国人民大学出版社2013年版，第192页。
② [美] 梯利：《西方哲学史》，葛力译，商务印书馆1995年版，第138页。
③ [美] 梯利：《西方哲学史》，葛力译，商务印书馆1995年版，第138页。
④ 近代哲学家对实体和属性理解的差别主要在这两个概念的外延上。如笛卡尔认为只有上帝才是绝对意义上的实体，此外还存在精神与物质两类"准实体"，属性主要表现为思想和广延。斯宾诺莎则认为实体种类是无限的，实体的属性同样是无限的，只是人类能够认识、把握的属性则主要是思想与广延两类。
⑤ 如康德哲学"物自体—现象"的两分就是对"实体—属性"理念的继承，只是对哲学的思考进行了"哥白尼式的革命"，从对"实体"的批判转向对人类把握世界的"属性"的工具——理性的批判，而现代哲学的现象学、存在主义又在康德"物自体—现象"的划分的基础上继续发展。

描述"。① 在过程哲学体系中，怀特海以相互联系、动态生成的"事件"或"现实存在"超越了认识论哲学中独立、静止的实体，以相互联系、具有潜在性的"永恒客体"超越了独立的、具有实在性的"属性"。更以现实存在与永恒客体之间"动力学的过程描述"超越了传统哲学中实体与属性形态学的描述。在怀特海有机哲学体系中，现实存在与永恒客体之间相互联系的"动力学的过程描述"被称为"摄入"或"进入"。

按照有机哲学体系，现实存在与永恒客体是构成存在的最基本单位，现实存在与现实存在的结合以及现实存在与永恒客体的结合（永恒客体本就是内在联系在一起的纯粹潜在的可能性，对现实世界的生成没有直接影响）构成了现实世界的实际生成。怀特海将这一结合过程称为"摄入"，②"我采用'摄入'一词，以表达现实存在用来影响其自身凝聚其他事物的行为。"③ 摄入作为一种"动力学的过程描述"，说明现实存在与永恒客体的结合并不是一种静态性的"附着"过程，而是一种发生性、生成性的过程，事件的发生或现实存在的生成是一个现实存在通过摄入永恒客体使现实存在实现自身并使永恒客体从潜在性转化为现实性的过程，怀特海将这一过程的达成称为"满足"。在这个意义上，怀特海有机哲学对传统西方哲学的超越之处在于将静态的实体与属性的结合转化为动态的现实存在对永恒客体或其他现实存在的摄入，从而使现实的世界从一个静态的事实变成一个动态（不断生成）的事件，通过摄入这一范畴将传统哲学观中静态僵化的世界转化为动态、生成、演化的过程性的世界。按照怀特海的观点，"摄入"由五个必备的要素即"感受的'主体'""被感受到的'原初材料'""根据否定性摄入而进行的'排除'""被感受到的'客体性材料'""该主体如何感受该客体性材料的'主体性形式'"，④ 任何"摄入"都应具备上述要素，本书将在后面对这几个

---

① ［英］怀特海：《过程与实在——宇宙论研究》，杨富斌译，中国人民大学出版社2013年版，第8页。
② 又译摄持、摄受、通感。
③ ［英］怀特海：《过程与实在——宇宙论研究》，杨富斌译，中国人民大学出版社2013年版，第66页。
④ ［英］怀特海：《过程与实在——宇宙论研究》，杨富斌译，中国人民大学出版社2013年版，第282页。

部分进行具体讨论。

此外，在有机哲学体系中，摄入是一个具有方向性的过程，从现实存在的角度出发，现实存在对永恒客体的把握称为"摄入"。从永恒客体的角度看，永恒客体通过与现实存在的结合使自身转化为现实的过程被称为"进入"。"摄入"与"进入"是对同一过程在两个不同方向的描述。

按照摄入的对象划分，可以将摄入划分为物理性摄入与概念性摄入两类，现实存在对现实存在的摄入称为物理性摄入，现实存在对永恒客体的摄入称为概念性摄入。现实世界正是通过现实存在的这两类摄入形成。概念性摄入即现实存在与永恒客体的结合，即上文所述的现实存在实现自身的多样性、永恒客体实现自身的多样性的过程。而物理性摄入则是一个现实存在对另一个现实存在摄入的过程，即在怀特海的有机哲学体系中，现实存在不仅摄入永恒客体，同时也在摄入其他现实存在，换个角度讲，一个永恒客体不仅在通过摄入实现自身，同时在自身的摄入达到"满足"后也会成为其他现实存在摄入的"予料"，为其他现实存在的生成做出贡献。同样摄入这一现实存在的新的现实存在也同样会在自身生成达到"满足"后，成为其他现实存在物理性摄入的"予料"，从而将自身与其摄入的现实存在的特性传递下去，因而"一个实有的消灭，却不在世界中减去什么，因为它已经客观化，保持渗透、影响到全体里面的其他的东西，而享受它的客观的不朽了"。[①] 怀特海将现实存在通过不断被摄入的传递而"享受它的客观的不朽"的性质称为"客体不朽性"。更为重要的是，怀特海的主体性理论正是建立在摄入理论的基础上，怀特海认为就具体的摄入过程而言，"摄入"对方者即此过程的主体，"进入"对方者为此过程的客体，从概念性摄入角度看，现实存在是这一过程的主体，而永恒客体不能发生摄入因而在这个意义上确实是"永恒"的客体。而就物理性摄入过程看，这一过程无疑更为复杂。就某一次现实存在生成的过程看，这个现实存在仅在这个过程中是具备主体性的。然而在整个宇宙生成的过程中，这一现实存在在完成自身的生成后还通过成为其他现实存在摄入的内容而实现自身的客体不朽性，从而

[①] 贺麟：《西方六大师》，北京大学出版社2010年版，第178页。

是客体性的。因此在过程哲学体系中，包括人在内的天地万物无不是由现实存在构成的，在摄入的意义上讲"存在就是主体的"，任何现实存在都通过物理性摄入、概念性摄入生成自己，因而具有主体性，天地万物概莫能外。同样由于物理性摄入的存在，任何现实存在同样都是被摄入的客体，并且正是通过被摄入为宇宙的新颖性提供贡献，同时实现自身的永恒性（不朽性），"现实存在从主体上说是在'永恒地消逝着'，而于客体上则是永恒的"。① 因而怀特海认为任何现实存在都具有主体性同时也要承担客体性，在这个意义上怀特海超越了传统哲学"主体—客体"之间截然的划分，也没有走向现代哲学所强调的承认自身之外其他主体的主体性的主体间性或是主体际性，而是将任何存在都视为同样具有主体性与客体性的"主体—超体"。

近代哲学中对"主体—客体"的划分是一种具有积极意义且必要的理论抽象，但如果过分夸大二者之间的理论对立将会带来许多危机，工业革命以来日益凸显的生态危机就是这些危机中重要的一种。② 因而按照怀特海的观点从根本意义上"现实存在是一种'主体—超体'"，"当考察现实存在自身的实在的内在构造时，在多数情况下将会使用'主体'这一术语。但是'主体'永远应当被理解为'主体—超体'的缩写形式"。此外按照传统"主客对立"式的哲学观，作为"客体"的要素是被动的、被利用、被开发的一方，而怀特海的摄入理论则赋予"客体性"实现"现实存在"永恒性的积极意义，完成生成的现实存在正是通过客体性的被摄入、为其他现实存在的生成做出贡献才能实现自身的不朽、永恒。比如教师通过教学将自己的世界观、人生观、价值观、思想性无私地传递给学生的过程，也就是传道授业解惑的过程，才能将自己观念性、思想性、意义性的存在无限传递下去。

从摄入的方式上看，"摄入包括肯定性摄入与否定性摄入两种"。③ 由于有机哲学强调宇宙万物是内在联系在一起的，因而任何现实存在的生

---

① ［英］怀特海：《过程与实在——宇宙论研究》，杨富斌译，中国人民大学出版社2013年版，第37页。
② 冯建军：《类主体：生态文明教育的人性假设》，《教育研究》2019年第2期。
③ ［英］怀特海：《过程与实在——宇宙论研究》，杨富斌译，中国人民大学出版社2013年版，第29页。

成都内在地蕴涵着整个宇宙的全息信息。怀特海强调"被创造的原初事实是对全部多样性的永恒客体无条件的概念性评价",①任何现实存在的生成的"原初事实"首先都是对全部永恒客体的评价,并通过评价对全部永恒客体进行选择。"现实存在与宇宙中每一事项都有完全确定的联系。这种确定的联系便是它对那个事项的摄入",现实存在正是通过肯定性摄入获得了与世界的联系、获得了自身的确定性,怀特海将这一过程称为"感受"。②任何的具体摄入都是有选择的摄入,在怀特海哲学体系中不仅肯定性摄入具有重要意义,否定性摄入同样具有重要意义,按照怀特海的观点"否定性摄入是确定地排除那个事项对主体自身实在的内在构成的肯定性贡献",③过程哲学强调"那些没有被感受到的永恒客体并非因此就可以忽略不计",恰恰相反在有机哲学的观点看来,否定性摄入中被否定掉的绝大多数永恒客体同样对现实存在的生成具有积极意义,这是有机哲学中很具创建性的观点。按照怀特海的观点"否定性摄入表征着一种联系纽带,"尽管在摄入中这一永恒客体被现实存在排除掉了,在这个意义上而言这一永恒客体本身没能作为确定性的元素对现实存在的生成做出物理性的贡献,但"每个否定性摄入都有其自身的主体性形式,不管其对么微不足道和模糊不清",④即在现实存在每次"排除""否定"任一永恒客体时,也都伴有相应的情感调子存在,这些永恒客体正是通过情感调子的形式对现实存在的生成产生影响。

任何具体的生成都来源于对整个宇宙有所取舍的摄入,正是在取舍之间产生了价值,"价值是限制的产物。"⑤从而使任何的摄入都具有情感附着、价值附着,在怀特海的哲学体系中情感、价值在世界的生成过程中具有重要作用。一方面,正如怀特海在讨论认识论问题时谈到"所有

---

① [英] 怀特海:《过程与实在——宇宙论研究》,杨富斌译,中国人民大学出版社2013年版,第39页。
② [英] 怀特海:《过程与实在——宇宙论研究》,杨富斌译,中国人民大学出版社2013年版,第52页。
③ [英] 怀特海:《过程与实在——宇宙论研究》,杨富斌译,中国人民大学出版社2013年版,第52页。
④ [英] 怀特海:《过程与实在——宇宙论研究》,杨富斌译,中国人民大学出版社2013年版,第52页。
⑤ [英] A. N. 怀特海:《科学与近代世界》,何钦译,商务印书馆2012年版,第107页。

关于第一原理的困难都不过是伪装过的形而上学困难。因此，认识论的困难只有诉诸本体论才能加以解决"①，按照这一思路对有机哲学价值论问题的考察也必须诉诸本体论的考察，也就是必须诉诸现实存在对永恒客体或其他现实存在的摄入来考察，按照摄入理论看价值论问题从根本上说是通过肯定性摄入与否定性摄入产生的，因而价值论问题从根本上说依然需要通过本体论问题才能解决。同时现实世界的摄入往往是复杂的，一个现实存在生成、发展的过程中往往同时包含物理性摄入与概念性摄入、肯定性摄入与否定性摄入，还可能包含多个摄入过程，还是回到怀特海讨论永恒客体时所举的山的例子，作为一个"聚合体"的"山"在生成、演化过程中不仅要摄入永恒客体"绿"，还可能摄入永恒客体"红"；不仅可能摄入肯定性摄入"坚固性"，也有可能否定性摄入（排除）"流动性"。怀特海将这"多种存在在一种摄入中的综合方式"称为"对比"，对比也是构成世界最基本的八种存在性范畴之一。② 另一方面，在有机哲学体系中任何摄入都包括肯定性摄入与否定性摄入也意味着任何现实存在的生成、发生都是在对作为整体的宇宙进行着肯定性摄入与否定性摄入之间的取舍，也就意味着尽管价值论的问题要诉诸现实存在生成的本体论问题去解决，但同样任何的本体论问题也都必然关涉到价值论问题，因此在有机哲学体系中价值是与现实存在的生成紧密相伴的，在任何意义上都不存在能够将价值、情感完全剥离在外的抽象的、理念的、冰冷的宇宙，因而怀特海提醒我们"纯粹性情感与概念性经验之间的节奏差异就会产生对生命的厌烦"，③ 将情感抹除在外的对世界的纯抽象会抹除世界的生机、压抑宇宙蓬勃的生命力。

五 创造性是世界生成最普遍的原则

怀特海认为现实世界不是由僵化不变的实体构成的，我们居于其中

---

① ［英］怀特海：《过程与实在——宇宙论研究》，杨富斌译，中国人民大学出版社2013年版，第242页。

② ［英］怀特海：《过程与实在——宇宙论研究》，杨富斌译，中国人民大学出版社2013年版，第27页。

③ ［英］怀特海：《过程与实在——宇宙论研究》，杨富斌译，中国人民大学出版社2013年版，第19页。

的世界究其本质而言乃是一个不断发展、生成的"过程",而在过程哲学体系中这一变化、生成的过程不是"百世皆为秦汉"式单调、机械、循环往复的过程,而是一个不断创造、不断发展的过程。因而在怀特海看来创造性是世界生成变化过程的根本特征。在怀特海有机哲学体系中"'创造性'是标准终极事实的'普遍之普遍''共相之共相'[①],"创造性是一个不可逃避的事实"[②],是超越具体存在方式之上世界生成的根本动力,是现实存在生成的根本法则,是万物不断生成的最终原因,整个世界是按照创造性的原则不断生成的生生不息的过程。在有机哲学中"创造性"与中国传统哲学中的"道"非常相近,通过与"道"的对比有助于更好地理解怀特海有机哲学中的"创造性"范畴。按照道家的观点"道"作为整个世界生成的根本法则,任何存在都要受"道"的限制,而"道"本身至大无外无可描述,因而《道德经》中讲"道可道,非常道"。同样怀特海也认为"创造性是现实性的根基中具有最高普遍性的终极概念。它不能被赋予特征,因为所有特征都比它本身更为特殊"。[③] 同时《道德经》中讲"天地不仁,以万物为刍狗",在道家哲学中"道"作为世界发展的最高的普遍性对世界的生成发展并没有特别的偏好,在"道"之下万物皆无分别。这与有机哲学体系中的"创造性"非常相似,作为具有最高普遍性的"创造性"对世界的约束并无特别的喜好,现实存在只是按照创造性的要求去生成,而"创造性"对现实存在具体如何生成并无约束。任何现实存在的生成都要遵循创造性的要求,现实存在的生成,实际上就是宇宙之创造性变成具体事例之过程,这一观念与中国传统文化中"天地之大德曰生"具有相近性。怀特海在《过程与实在》一书中谈到"'机体'概念具有双重意义,即宏观意义和微观意义,"其中"微观意义"涉及"现实发生的建构形式",即在现实存在层面上对宇宙生成的思考;"宏观意义"是指

[①] [英]怀特海:《过程与实在——宇宙论研究》,杨富斌译,中国人民大学出版社2013年版,第26页。

[②] [英]怀特海:《过程与实在——宇宙论研究》,杨富斌译,中国人民大学出版社2013年版,第269页。

[③] [英]怀特海:《过程与实在——宇宙论研究》,杨富斌译,中国人民大学出版社2013年版,第40页。

"现实世界的被给予性",① 是从聚合体意义上对当下的现实世界的思考,从这两个层面思考创造性对宇宙生成的约束才能对创造性这一范畴在有机哲学中的地位有完整的认识。

从微观性的角度也就是现实存在生成的角度看,"微观的过程是把各种仅仅是实在的条件转变为确定的现实",② 即通过现实存在的生成获得自身确定性的过程,怀特海认为这一过程是一个"多生成一并由一而长"的过程,③ 这一过程中现实存在通过概念性摄入与物理性摄入将处于"分离性的多样性"的状态的永恒客体或其他现实存在摄入到自身之中,使处于分离状态的这些要素到新的现实存在的生成中来,成为一个新的现实存在,"世界上每出现一个实有,世界就变得更复杂、更丰富",④ 现实存在的不断生成、涌现日益为世界增加复杂性、丰富性、新颖性。同时这一新的现实存在也因具备了之前世界所不具备的新颖性从而增加了世界的丰富性,为新的摄入增添了新的内容。

从宏观角度看,怀特海强调"宏观的过程是从已经达到的现实向正在达到的现实的转化",⑤ 在有机哲学体系中宏观的宇宙不是一个固守现实的存在,作为现实状态的宇宙是一种正在转化之中的状态的宇宙。从生命存在的角度看,怀特海强调"生命的名字乃是原创性而不是传统",⑥ 生命存在的意义不是固守传统存在的方式,"生命的首要意义就是创造新的概念——创造新的欲望。""一个集合体只有在某种产生的意义上才可以被称为'有生命的'",⑦ 有无创造性是辨别机体是否具有生命力的根

---

① [英]怀特海:《过程与实在——宇宙论研究》,杨富斌译,中国人民大学出版社2013年版,第165页。
② [英]怀特海:《过程与实在——宇宙论研究》,杨富斌译,中国人民大学出版社2013年版,第273页。
③ [英]怀特海:《过程与实在——宇宙论研究》,杨富斌译,中国人民大学出版社2013年版,第27页。
④ 贺麟:《西方六大师》,北京大学出版社2010年版,第178页。
⑤ [英]怀特海:《过程与实在——宇宙论研究》,杨富斌译,中国人民大学出版社2013年版,第273页。
⑥ [英]怀特海:《过程与实在——宇宙论研究》,杨富斌译,中国人民大学出版社2013年版,第134页。
⑦ [英]怀特海:《过程与实在——宇宙论研究》,杨富斌译,中国人民大学出版社2013年版,第130—131页。

本标准,按照这一标准生命力蓬勃的机体必然应当是思想开放包容、不断进取、创造力丰富的机体,而僵化教条、暮气沉沉的机体无论其产生时间如何短暂、就时间性的生命看多么"崭新""年轻",从有机哲学的视角看都不能够被称为生命力旺盛的机体。

从机体和环境的关系角度看,怀特海承认机体的发展离不开对环境的适应,环境的实际条件对机体的发展提出了限制,"生命的目的就是追求环境所允许的尽善尽美",① 生命只能在物质条件允许的情况才能获得尽可能的发展。因此怀特海并不否认"有利的环境对于自然客体的延续是极重要的",② 甚至提醒我们"任何自然客体如果由于自身的影响破坏了自己的环境,就是自取灭亡。"③ 但他认为机体并不是一味地通过顺应所处的环境来获得发展,在这个意义上讲怀特海并不完全赞同达尔文"适者生存"的进化论观点。怀特海认为环境对机体发展的制约作用只表达了环境与机体关系的一个方面。从另一个方面看,怀特海强调机体的发展离不开环境,但机体的环境并不是一成不变的,机体对于环境更不是只能一味地适应。怀特海认为"进化机构的另一面是创生,这是被人忽略的一面。机体可以创生它自己的环境。"④ 也就是说按照有机哲学的观点,机体不仅需要顺应环境的限制获得自身的发展,同样也能够通过自身的能动作用改造环境,从而创造有利于实现自身目的的有利环境,这与马克思在《费尔巴哈提纲》中谈到的"环境正是由人来改变的,而教育者本人一定是受教育的"⑤ 这一观点是一致的。

从更为宏观的文明的演进的角度看,怀特海将其讨论文明的发展的重要著作命名为《观念的冒险》,意在强调文明的演进同时也是一个不断突破边界的"冒险"的过程,从这一点上讲怀特海对文明发展的理解与马克思和恩格斯所强调的"我们没有最终目标,我们是不断发展论者"具有核心理念上的一致性。⑥ 工业革命以来随着西方社会生产力

---

① [英]怀特海:《观念的冒险》,周邦宪译,译林出版社2012年版,第90页。
② [英]A. N. 怀特海:《科学与近代世界》,何钦译,商务印书馆2012年版,第124页。
③ [英]A. N. 怀特海:《科学与近代世界》,何钦译,商务印书馆2012年版,第125页。
④ [英]A. N. 怀特海:《科学与近代世界》,何钦译,商务印书馆2012年版,第125页。
⑤ 《路德维希·费尔巴哈和德国古典哲学的终结》,人民出版社2018年版,第64页。
⑥ 《马克思恩格斯全集》第22卷,人民出版社1972年版,第628页。

的发展，许多历史学家抛出"历史的终结"的论调，将资本主义制度、西方现代文明视为最高级形态的文明。比如弗朗西斯·福山在《历史的终结及最后之人》一书开篇谈到，当代社会"真正的重大问题都已解决，形成历史基础的原理与制度，遂不再进步与发展"。① 怀特海认为这种"历史的终结"的观点不利于人类文明的发展，他以希腊文明为例谈到希腊文明在经历苏格拉底、柏拉图、亚里士多德等思想的完善达到了人类思想的高峰，晚期希腊文明达到了该历史条件下的完善，然而对希腊文明而言"完善达到了，但追求完美的那种灵感却枯竭了。一连几代人的重复，新鲜性于是便渐次湮没。"这种创新性的疲乏使得"学问和学究的口味代替了进取的热情……其中的天才被单调的重复行为窒息"，② 最终走向文明的衰落。就此问题怀特海强调"一个文明倘要以其最初的热情来维持自身"，"冒险精神是不可缺少的，所谓冒险精神就是对新的完善的追求。"③ 科布先生谈到"怀特海十分强调'历险'的价值，认为观念的停滞和保守是文明所面临的最大危险，认为只有确立一种积极进取的观念，才能给我们的未来带来希望和新的可能性。"④ 在怀特海看来人对世界的认识尤其是对文明理论形态的把握如同航海的探险绘制的"大体可以理解的、粗略的航海图和指南针"，然而航海图只是有助于人类更好地认识大陆、探索大陆，若固执地将航海图当作大陆本身，或者教条地一味遵照航海图对大陆进行按图索骥式地探索，就陷入了怀特海所批判的"具体性误置的谬误"，文明本身是真实的大陆，应当对新大陆的疆界的延拓不断随时修正航海图。⑤ 因而在有机哲学体系中"'现实世界'永远是一个相对的术语，并且是指被预设的现实发生的根据便是新的合生材料。"⑥ "历史的终结"是不可能达到的，不存在绝对完善的历史阶段，任何文明的先进性都是在该历史阶

---

① ［美］弗朗西斯·福山：《历史的终结》，本书翻译组译，远方出版社1998年版，序论。
② ［英］怀特海：《观念的冒险》，周邦宪译，译林出版社2012年版，第284页。
③ ［英］怀特海：《观念的冒险》，周邦宪译，译林出版社2012年版，第284页。
④ 贺来：《辩证法与过程哲学的对话——科布教授访谈录》，《哲学动态》2005年第9期。
⑤ 陈奎德：《怀特海哲学演化概论》，上海人民出版社1988年版，第47页。
⑥ ［英］怀特海：《过程与实在——宇宙论研究》，杨富斌译，中国人民大学出版社2013年版，第269页。

段的先进性,即这种"完善"都是在一定历史语境中的"相对的绝对",① 从这一点上讲过程哲学正是以一种历史的视野来理解文明的演进。怀特海提醒我们就文明的发展而言"低水平的'完善'比高水平的'不完善'低级,"② 当一种文明发展达到了一定时代中的先进性时,不应当夜郎自大、故步自封,而应当通过大胆的观念冒险去辩证地寻求更高层次意义上的"不完善",唯有此才能通过超越更高水平的"不完善",实现文明更高水平的"完善",文明发展的过程应当是不断通过"完善""不完善"之间的辩证超越不断螺旋式上升的过程,也只有这样文明才能不断地向前发展。

六 有机哲学是最彻底的"过程观点的哲学"

按照日本学者田中裕的考察怀特海本人并没有在其著作中将自己的哲学体系称为过程哲学,后来的研究者将怀特海的哲学称为过程哲学,很大程度上在于怀特海哲学是一种以彻底的过程观点去理解世界的哲学。怀特海在《过程与实在》的"说明性范畴"第一条就谈到"现实世界是一个过程,过程就是各种现实存在的生成",③ 即强调现实世界不是一成不变的,而是处在永恒不变的动态发展、演化之中。在怀特海有机哲学的体系中,世界是由现实存在或事件所构成的,现实存在或事件永远处在不断生成之中,也就不断处在过程之中,因而怀特海将其代表性哲学著作命名为《过程与实在》意在凸显实在与过程的关联,并强调任何实在都是过程性的,世界处于永恒发展的过程之中。

如果说黑格尔强调"凡是现实的东西都是合乎理性的"④ 那么在怀特海的哲学体系中可以说"现实的就是过程的",构成世界的最基本单位"现实存在"是过程性的,进而任何现实之物都是过程性的,但"过程"是否可以被理解为怀特海哲学体系中的本体?按照前文的分析,怀特海将作为"经验之滴"的"现实存在"视为哲学体系的本体,那么如果也

---

① 孙正聿:《从两极到中介——现代哲学的革命》,《哲学研究》1988年第8期。
② [英]怀特海:《观念的冒险》,周邦宪译,译林出版社2012年版,第290页。
③ [英]怀特海:《过程与实在——宇宙论研究》,杨富斌译,中国人民大学出版社2013年版,第28页。
④ [德]黑格尔:《法哲学原理》,范扬等译,商务印书馆1961年版,序言第11页。

将"过程"视为有机哲学的"本体",怀特海哲学是否是一种"双本体"的哲学?并且如果"现实存在"与"过程"都可以被视为构成世界的本体,那么在有机哲学的哲学体系中,现实存在与过程两者谁才是更为根本的存在?怀特海他在《过程与实在》中明确提出"现实存在"是"构成世界的最终的实在事物",并且明确地指他的哲学体系的"本体论原理可以概括为,没有现实存在,就没有任何理由。"① 从这一点上说,在怀特海的哲学体系中"现实存在"是唯一的本体。与微观的现实存在相比,过程一词"内含着运动、变化、流转、生灭、起止的思想",它"是一个具有相当模糊性的概念",② 就这一概念本身特点讲,"过程"既可以是宏观的,也可以是微观的,比如现实存在是一个过程,中华民族的伟大复兴同样可以是一个过程,在这个意义上讲"过程"无法构成组成世界的基本单位——世界的本体。那么应当如何理解"过程"在怀特海哲学体系中的地位呢?孙正聿先生在讨论"实践"在马克思主义哲学中的地位时,极富创建性地谈到,马克思主义哲学并非"实践本体的哲学",而是"实践观点的哲学",即在马克思哲学体系中"'实践'既不是一种'实体'范畴,也不是客体意义上的'关系'范畴,而是一种哲学意义上的解释原则。"③ 这一观点对理解怀特海哲学体系中"过程"的地位具有启发性。也就是在过程哲学体系中"过程"并不是本体论意义上的构成世界的"本体",而是"一种哲学意义上的解释原则",怀特海的哲学体系作为"过程哲学"其内涵是一种"过程观点的哲学"。即怀特海强调从过程的角度去理解世界,因而他提出"现实存在的'存在'是由其'生成'所构成的",④ 并将之称为"过程原理"。这一原理正是强调任何的现实存在都只能从其生成的观点去理解,从"生成"的观点去理解现实存在也就是从"过程"的观点去理解现实存在。将过程哲学理解为"过程观点的哲学"也更好地解释了为何作为一种"过程"哲学,怀特海并

---

① [英]怀特海:《过程与实在——宇宙论研究》(修订版),杨富斌译,中国人民大学出版社2013年版,第23页。
② 张曙光:《过程范畴与过程哲学》,《学术交流》1992年第5期。
③ 孙正聿:《马克思主义哲学智慧》,现代出版社2016年版,第13页。
④ [英]怀特海:《过程与实在——宇宙论研究》,杨富斌译,中国人民大学出版社2013年版,第29页。

没有将"过程"作为八个"存在性范畴",而是将讨论现实世界过程性的"过程原理"作为"说明性范畴"的重要构成。也正是基于这一定位我们能够很好地厘清在怀特海有机哲学中的占用"根本性"地位的三个概念"创造性""过程""现实存在"之间的关系,在怀特海有机哲学的体系中"创造性"是作为"共相之共相"的宇宙演化、生成的最根本法则与最基本动力;"现实存在"是构成现实宇宙的最基本单位,也就是过程哲学中的本体;"过程"则是有机哲学理解现实存在、理解世界的根本观点。三个重要概念都在怀特海哲学体系中占有重要地位并各自发挥其独特功能,形成"内在一致"且"合乎逻辑"的整体性哲学体系。

将过程的观点纳入哲学思想体系中并非怀特海哲学所独有的,从关注"实体"到关注"过程"的"过程转向"是近代以来尤其是黑格尔以来哲学发展的基本趋势。恩格斯曾指出"世界不是一个一成不变的事物的集合体,而是过程的集合体",这一看法是一个"伟大的基本思想",并且自黑格尔以来这一观念在西方现代哲学中"已经成了一般人的意识"。[①] 对西方哲学做一历时态的考察,我们可以发现把世界视为"过程的"的思想可以追溯到古希腊时期,赫拉克利特将世界视为"一团不断转化地活火",黑格尔认为赫拉克利特的"火"就可以被视为"过程的概念",[②] 这种"过程的观点"随着现代哲学的发展越来越为现代哲学家所接受,张曙光教授通过对西方哲学思想的考察认为"我们往往习惯于把近代以来尤其是现代的主流哲学称为'过程哲学'。"[③]

为何自黑格尔哲学后西方哲学普遍出现"过程转向"以及这种"过程转向"有何重要性是值得思考的问题。按照孙正聿先生的观点,现代哲学的发展趋势是"从对立的两极出发、并以抽象的两极对立关系为基础而形成的旧唯物论和旧唯心论,被探索两极融合、过渡和转化的中介哲学—现代哲学—所取代。"并且明确指出"这种取代,是迄今为止最深刻的哲学革命"。[④] 自黑格尔以来西方哲学的这种"过程转向"正是西

---

① 《路德维希·费尔巴哈和德国古典哲学的终结》,人民出版社2018年版,第40页。
② [德]黑格尔:《哲学史讲演录》第1卷,贺麟等译,商务印书馆1978年版,第305页。
③ 张曙光:《过程范畴与过程哲学》,《学术交流》1992年第5期。
④ 孙正聿:《从两极到中介——现代哲学的革命》,《哲学研究》1988年第8期。

方哲学"从两极到中介"的演变的体现,过程转向的出现正是为了超越西方哲学"实体—属性""主体—客体""精神—物质"之间的截然两分,在不断生成、不断演化中"实体—属性""主体—客体""精神—物质"紧密关联、缺一不可,"实体—属性""主体—客体""精神—物质"任何一个方面都是过程得以生成演化的必要因素,任何一个方面因素的缺位都会使"过程"无法"发生",因而"过程转向"正是以"过程"为"中介"超越"实体—属性""主体—客体""精神—物质"之间截然对立的一种努力,"过程转向"的直接目标就是批判将世界的本体理解为某种"除了自身以外不需要其他任何事物"①的实体观,超越"世界不是一个一成不变的事物"的观点,从发展、动态、演化、生成的观点去理解世界,怀特海哲学"过程观点"的出发点也正在于此,这是怀特海有机哲学作为一种"过程哲学"与其他"过程哲学"的共性之所在。

不同之处在于,怀特海哲学的过程意蕴来源于其独创性的本体论观点,也正因此与黑格尔哲学乃至现代存在主义哲学相比,怀特海的有机哲学提出了更彻底的超越实体性观点的"过程观点"。与传统"实体的观点和过程的观点水乳交融"的过程观相比黑格尔哲学中的过程观具有很大的进步性。黑格尔批判传统通过量的叠加达到无限的理解"无限"的方式,将这种通过"横向超越"而达到的"无限"称为"恶无限",黑格尔认为真正实现的"无限"的过程应当是主体通过"正—反—合"的辩证发展,不断超越自身而实现"无限"的"纵向超越"的过程。② 也就是在黑格尔的哲学体系中,任何主体都不是一成不变的固定存在,全部现实之物都要经由"正—反—合"的辩证发展历程不断实现自身,赋予了现实之物发展历程以辩证法的合理内核,极大地推动了哲学对过程的理解。然而正如本书所讨论的,"过程观点"的提出是以超越"实体观点"为直接目的,黑格尔哲学过程观的不彻底之处在于,他不仅没有抛弃实体这一概念,反而强调"不仅把真实的东西或真理理解和表述为实

---

① [英]怀特海:《过程与实在——宇宙论研究》,杨富斌译,中国人民大学出版社2013年版,第63页。

② 张世英:《哲学导论》,北京大学出版社2002年版,第53—55页。

体,而且同样理解和表述为主体",① 即"实体即主体"。黑格尔的哲学体系创造性地将过程性赋予了所有实在,但由于其深受实体哲学思维影响在其哲学体系中为过程性预设了一个不变的"实体"作为过程的"主体",通过"实体"来保障"过程"的自我同一性,也就将宇宙中所有事物生成发展的"过程"理解为作为"主体"的"实体"生成发展的过程。黑格尔的哲学体系中为超越"实体思维"的"过程思维"预设了"作为主体的实体"这一逻辑起点,从而成为一种不彻底的"过程观点"的哲学。黑格尔之后的西方现代哲学家比如萨特提出人的"存在先于本质",海德格尔认为此在(人)"向来就是它有待去是的存在",② 也强调世界尤其是人的本质不是先天规定的,而是通过不断超越自己的过程去生成。但这些思想家并没有在根本上超越黑格尔的实体性观点,并没有超越将"实体"作为过程的"主体"的逻辑起点,这些哲学从对此在(人)的过程性的强调,又进一步把过程的主体聚焦到人本身。而怀特海的有机哲学要在本体论上彻底抛弃实体性的思维,世界是由"事件"或作为"经验之滴"的现实存在的生成构成的,怀特海强调"一个现实存在存在于其他现实存在之中",③ "事件一切的存在都有关,尤其与其他事件有关",④ 与孤立静止的"实体"不同"事件"或"现实存在"是"关系性"的存在,所有"事件"或"现实存在"都是紧密联系在一起的,"每一种存在都普遍地存在于整个世界。"⑤ 因而怀特海有机哲学在本体论意义上彻底地抛弃了"实体性"思维。同时无论是最为构成现实世界根本的"事件"还是"现实存在",其根本特征就是"发生",而任何发生都是"过程"的,这也就在最彻底的本体论意义上使怀特海的整个哲学体系具有彻底的"过程性"。

---

① [德]黑格尔:《精神现象学》上册,贺麟、王玖兴译,商务印书馆1962年版,第61页。
② [德]海德格尔:《存在与时间》,陈嘉映译,生活·读书·新知三联书店2000年版,第15页。
③ [英]怀特海:《过程与实在——宇宙论研究》,杨富斌译,中国人民大学出版社2013年版,第64页。
④ [英]A. N. 怀特海:《科学与近代世界》,何钦译,商务印书馆2012年版,第117页。
⑤ [英]A. N. 怀特海:《科学与近代世界》,何钦译,商务印书馆2012年版,第35页。

七 过程哲学是强调人与万物齐一的生态哲学[①]

菲利普·克莱顿指出"过程哲学本质上是一种生态哲学",[②] 有机哲学是一种彻底强调人与自然万物齐一的彻底的生态哲学。

首先,有机哲学建构了一种自然和心灵相互平等的自然观。人与自然的关系问题是生态学的核心问题,心灵或精神与自然的关系,是人与自然关系的根本。对于心灵或精神与自然关系的问题,不同的哲学派别给出了不同的解答。以泰勒斯为代表的最初的哲学家,对自然采取一种朴素的天人合一式的理解,将自然性的要素作为世界的本原,自然与心灵都是由这些本原构成,是一种自然本原论。苏格拉底将哲学关注的对象转向了人的心灵,将美德、善等问题作为哲学关注的焦点,巴门尼德开始思考超越现实自然之外的"存在",反映了哲学关注焦点的转向。柏拉图的理念论强调在现实世界之上还有以善为最高追求的"理型"的世界,强调存在一个不同于并高于现实自然理念世界,对近代心灵与自然对立产生重要影响。科学技术的飞速发展,思想、认识的重要性日益受到重视,近代哲学家们意识到对自然本质的思考不能离开对认识的考察。弗朗西斯·培根认为"人作为自然界的臣相和解释者,他所能做的、所能懂的只是如他在事实中或思想中对自然进程所已观察到的那样多,也仅仅那样多;在此以外,他既是无所知,亦不能有所作为"[③],人不能超越自己的认识能力之外去把握、认识乃至改造自然,人的认识对理解自然、改造自然具有重要意义。笛卡尔通过怀疑的方式进行关于第一哲学的沉思,将精神性的"我思"作为对存在的思考的起点。贝克莱提出著名的"存在就是被感知"这一命题,强调了认识对于自然的重要性,在人的认识之外的自然对于人而言,其存在与否无法被证明更不能进行言说,即使存在也只能是一种"存在着的无"。这一关于自然的观点影响了康德,康德将哲学关注的焦点从自然本身转向人的认识,将在人的认识

[①] 喻聪舟、张淑婷:《刍议怀特海过程哲学的生态意蕴及其启示》,《科学技术哲学研究》2017年第3期。

[②] [美] 菲利普·克莱顿、贾斯廷·海因泽克:《有机马克思主义生态灾难与资本主义的替代选择》,孟献丽等译,人民出版社2015年版,第176页。

[③] [英] 培根:《新工具》,许宝骙译,商务印书馆1984年版,第7页。

之外的自然成为"物自体","物自体"对人类而言是不可知的,"物自体"只有经过人类的先验范畴加工形成"现象"才能够被认识。"自然作为我们的认识对象用以表现自身的概念关系也必然只是'现象'"。① 黑格尔更是将绝对理念的辩证运动作为自然的根本。

近代哲学对心灵与自然的关系是一种主客二元对立式的理解,这种观念在推动人类认识自然、改造自然的同时,也是现代生态危机的认识论根源。在人认识自然、改造自然的过程中,将世界分为主体与客体两个部分,认识者是主体、被认识者是客体,主体对客体具有逻辑上的先在性,客体是随主体的产生而产生的,是因主体而存在的。既然客体是因主体而存在进而为主体而存在,作为主体的人就可以为了自己的利益肆意的对作为客体的自然进行开发、利用,正如建设性后现代的代表性人物小约翰·科布所言,"由于物质自然没有思维和自己的价值观,因而我们便可以随心所欲地对待我们的环境",② 因此海德格尔称"主客关系"是"一个不祥的哲学前提"。③ 一种具有生态关怀的哲学,应当超越主客对立式的对心灵与自然关系的看法。

怀特海的自然观实现了对传统自然观的超越。一方面,怀特海认为"自然是我们通过感官在感知中所观察的东西"。④ 这一对自然的理解方式兼容了近代哲学自然观的"认识论转向"的特点,强调自然是通过我们感官在知觉中所观察的,心灵能够认识、反映自然。另一方面,怀特海强调自然是感觉所观察之物,坚持了自然的物质性。又与康德的先验范畴加工的"现象"或是贝克莱式的被感知之物做出区别。进而怀特海提出"自然是对心灵是封闭的",⑤ 认为自然这种被察觉到之物是"某种非

---

① [德]康德:《任何一种能够作为科学出现的未来形而上学导论》,庞景仁译,商务印书馆1978年版,第92页。
② [美]大卫·雷·格里芬:《后现代科学——科学魅力的再现》,马季方译,中央编译出版社1995年版,第115页。
③ [德]海德格尔:《人,诗意地安居》,郜元宝译,上海远东出版社2004年版,第10页。
④ [英]阿尔弗雷德·诺思·怀特海:《自然的概念》,张桂权译,译林出版社2000年版,第2页。
⑤ [英]阿尔弗雷德·诺思·怀特海:《自然的概念》,张桂权译,译林出版社2000年版,第2页。

思想的并对思想来说是自我包含的东西。"① 强调"认识行为并没有把任何东西加于经验之上，而只是遇见已经存在于那里的东西。"② 这种看待自然的方式与中国传统道家提倡的"以身观身，以家观家"的方式具有相近性可以称之为"以自然观自然"，不把人、心灵的逻辑强加给自然，进而是我们能够在从自然本身的眼光去欣赏自然、理解自然、爱护自然，按照这种自然观，正如建设性后现代思想家们所提倡的那样"世界的形象就不是一个有待挖掘的资源库，也不是一个避之不及的荒原，而是一个有待照料、关心、收获和爱护的大花园，"③ 在尊重自然每一个物质的独特性价值的基础上以一种尊重、爱护、呵护的方式去对待自然。

其次，过程哲学以现实存在本体论，真正在本体论意义上实现了人与万物齐一。冯建军教授指出现代生态危机的产生很大程度上是由"占有性的个人主体性"所导致的。④ 中国的传统哲学与西方的现代哲学主体间性理论都对如何超越主客对立具有启发，但也都存在一定的问题。怀特海以其独特的"现实存在"本体论与这两种思想都有共同之处，也具有与二者不同的一定独创性，对思考生态问题具有启发。

中国传统哲学是以一种天人合一式的智慧去理解自然、认识自然。中国儒家与道家思想中都有天人合一的思想，不同之处在于实现天人合一求诸的方式不同。儒家采取一种"向前"的方式，认为通过人的努力，不断的探索、不断的求知，以实现对自然的认识的不断加深，以"志于学"的方式实现"从心所欲不逾矩"式的天人合一。道家强调通过"向后"的方式，认为与天相合的人应当是一种赤子状态的人，"为学日益，为道日损"，人越多涉入这个世界、社会性越强，离天人合一的境界就越远，因此应当通过一种"损之又损"的方式实现天人合一的境界。这两种思想方式都能避免主客对立式思维对自然可以肆意开发、利用式的思

---

① [英]阿尔弗雷德·诺思·怀特海：《自然的概念》，张桂权译，译林出版社2000年版，第2页。
② 陈奎德：《怀特海哲学演化概论》，上海人民出版社1988年版，第46页。
③ [美]大卫·雷·格里芬：《后现代科学——科学魅力的再现》，马季方译，中央编译出版社1995年版，第121页。
④ 冯建军：《中国教育哲学百年发展中的问题审思——兼议中国特色教育哲学的构建》，《高等教育研究》2019年第9期。

想危机,却难以解决当前中国面临的时代性的生态问题。对此怀特海有着清醒的认识,怀特海对中国文化大加赞扬并认为"我们对中国的艺术、文学和人生哲学知道的越多,就会越羡慕这个文化所达到的高度。几千年来,中国不断出现聪明好学的人,毕生献身于学术研究。"但这种文化却难以产生发达的科学技术。① 首先,道家提倡的是一种"鸡犬之声相闻,民至老死不相往来"的"小国寡民"式的前现代的生活方式,而中国当前的发展状况是必须坚持"发展是硬道理",必须要通过对科学技术的创新、应用来解决生态问题,而不能通过"损之又损"式的倒退来解决生态问题。其次,尽管儒家的思想强调经世致用式的开拓进取,但正如梁启超先生所言,中国儒家思想"其学问最高目的,可以庄子'内圣外王'一语括之。做修己的功夫,做到极处就是内圣;做安人的功夫,做到极处,就是外王。"② 从根本上说儒家思想向前追求的是"内圣外王"式精的神境界探求的是"教人如何做人"③ 的问题。因此理学的代表人物张载在《西铭》中虽提出"民,吾同胞;物,吾与也"式的天人合一思想,但最终探求的是"富贵福泽,将厚吾之生;贫贱忧戚,镛玉汝于成"式的精神境界,在利用自然、改造自然方面起到作用较少。中国难以在科技上取得成就的原因之一,就在于缺少主客两分式的主体性思维。尽管主客二分的认识论会带来生态危机,但也因这种认识论一方面体现在与自然的关系上,促进了以科学为工具开发自然、改造自然;另一方面体现在对人的思考上,促进了以人为本的态度去张扬人性。解决主客二分式思维带来的生态危机,要在充分发挥主体性的基础上寻求超越孤立主体性的道路。

现代西方哲学普遍认识到主客对立带来的危机,以胡塞尔、海德格尔、哈贝马斯为代表的哲学家提出主体间性理论。强调主体间的交往、共在超越主体间的对立。然而胡塞尔的现象学理论强调通过"悬置"的方式"回到事物本身",而悬置的最终起点是"先验自我"的存在。在"先验自我"是主体的前提下,以类比的方式推断出他者也与"我"一样

---

① [英] A. N. 怀特海:《科学与近代世界》,何钦译,商务印书馆 2012 年版,第 10 页。
② 梁启超:《儒家哲学》,岳麓书社 2010 年版,第 5 页。
③ 钱穆:《国史新论》,生活·读书·新知三联书店 2001 年版,第 234 页。

是具有主体性的存在。海德格尔强调"在之中，就是与他人共同存在"①，在世界之中是此在——人存在的先决条件，并通过世界与他者的交往不断地去生成自己的存在。海德格尔的理论超出将主体仅限制在人与人之间的关系，期望"人是存在的看护者"，实现每种存在之间的相互尊重、相互关怀，实现人与自然的和谐相处。然而海德格尔的共在观中，在所有的存在中人是唯一能够对存在的意义进行提问的在者，"此在充当的就是首先必须问及其存在的存在者"②，将人称为此在，存在的意义要通过此在去思考，存在的本真态要通过此在去看护，这就使海德格尔将此在——人的存在作为整个理论的前提。哈贝马斯认为"现代性是一项未完成的设计"，③ 现代性"自我确证"的危机主要是对理性的误读，即仅从主客对立的认识关系去理解认识自然、改造自然的实践，片面地将工具理性等同于理性。哈贝马斯认为主客对立的认识方式主要适用于与科学技术和策略方针相关的领域，而在社会领域应当遵从人与人之间交互主体性为基础的交往理性。在社会领域中，"人类是通过其成员的社会协调行为而得以维持下来的，这种协调又必须通过交往"，④ 哈贝马斯尝试通过建立"普遍语用学"的努力以达到交往主体之间的理解，解决"现代性"的危机。现代哲学主体间性理论的尝试，胡塞尔主体间性理论以先验自我的存在为前提，海德格尔的主体间性理论强调此在——人对存在的看护，哈贝马斯将主体间性限制在能够通过符号中介进行交往的个体之间，西方现代哲学的主体间性理论只是消除了人与人之间的主客关系，人类成为共在性的主体，自然依然作为"为人"而存在的客体，陷入人类中心主义的倾向。

综上所述，中国天人合一式的思想智慧表现了对自然的敬畏，但由于没有觉解主客对立的思想，不能够使主体性得到张扬，以致在处理与人的关系时主体性的缺位使人性不能够得到尊重，处理与自然关系时主体性的缺位使认识自然、征服自然的思想难以受到推崇，科学的思想难

---

① ［德］海德格尔：《海德格尔选集》，孙周兴译，上海三联书店1996年版，第6页。
② ［德］海德格尔：《人，诗意地安居》，郜元宝译，上海远东出版社2004年版，第5页。
③ ［德］尤尔根·哈贝马斯：《现代性的哲学话语》，曹卫东译，译林出版社2011年版，前言第1页。
④ ［德］哈贝马斯：《哈贝马斯精粹》，曹卫东译，南京大学出版社2004年版，第378页。

以得到发挥。西方现代哲学在经历了主客二分思想丰富的基础上，认识到主客对立的弊端，通过主体间性寻求解决之道，但大多把主体间性理解为人与人之间的关系，并没有在人与自然的关系上消解主客之间的对立。怀特海作为一个极具原创性思想的哲学家，通过其以"现实存在（actual entity）"为本体的本体论思想，在中国朴素的天人合一智慧与西方主体间性理论之间进行了"寻求第三条道路"的"观念的冒险"。怀特海作为兼容并包的大思想家，对洛克、休谟、康德等近代哲学家的哲学思想有深入的了解，并且还是极具影响力的数学家，其思想观念是在对西方的主客二分思想具有深刻了解的基础上对其进行的批判。近代哲学认为离开人的认识能力谈论事物的本体是无意义的，主客二分的问题主要表现为认识论的问题。怀特海在超越主客二分的思想上首先求诸于对本体论研究的复归，其代表性著作《过程与实在》的副标题就是宇宙论研究。怀特海提出"认识论的困难只有诉诸本体论才能加以解决"[①]。将研究问题限制在认识领域，必然要存在认识者与被认识者之间的区分，认识者是主体，被认识者是客体，主客之间的分别很难被超越，怀特海通过回归本体论的研究，在理论前提上实现对主客二分的超越。就本体论而言，有机哲学认为无论是人还是自然都是由"现实存在"所构成，从而保证了所有存在之间本体论意义上的同原性，通过这种方式使每个物种按照自己的存在方式去存在成为可能。天地万物都是通过现实存在的摄入所生成，从摄入的意义上讲"存在就是主体的"，任何现实存在都通过物理性摄入、概念性摄入生成自己，因而具有主体性，天地万物概莫能外。同样由于物理性摄入的存在，任何现实存在同样是被摄入的客体，并且正是通过被摄入为宇宙的新颖性提供贡献，同时实现自身的永恒性（不朽性），"现实存在从主体上说是在'永恒地消逝着'，而于客体上则是永恒的"[②]。因而怀特海认为任何现实存在都具有主体性同时也要承担客体性，在这个意义上怀特海超越了传统哲学"主体—客体"之

[①] [英]怀特海：《过程与实在——宇宙论研究》，杨富斌译，中国人民大学出版社2013年版，第242页。

[②] [英]怀特海：《过程与实在——宇宙论研究》，杨富斌译，中国人民大学出版社2013年版，第37页。

间截然的划分，也没有走向现代哲学所强调的承认自身之外其他主体的主体性的主体间性或是主体际性，而是将任何存在都视为同样具有主体性与客体性的"主体—超体"。在这种意义上怀特海强调"'主体'永远应当被理解为'主体—超体'的缩写形式。"① 因此过程哲学在"觉解"并充分吸取了主体性哲学的优点的基础上，通过其"本体论原则"实现人与天地万物的齐一，将人和自然纳入同等地位，通过"主体—超体"的思想使每种"现实存在"既具有成为主体的能力也具备转化为客体的潜能，从而实现万物齐一性的平等。

再次，有机哲学倡导超越对自然的抽象理解，恢复真实的"绿水青山"就是"金山银山"的诗意自然观。怀特海认为近代哲学对自然理解的另一个偏差在于"第一性"与"第二性"的划分。这种观点以洛克的思想为代表，按照洛克的理论自然的"第一性"是指"我们确实感知到的物质的属性"，② 这类性质是事物自身具备的性质如大小、形状。"第二性"则指"被我们感知到似乎是那样的属性，这些东西就是物质第二性的性质。"③ 这些性质并非事物自身具有的，是事物的性质通过人的感觉而产生的，如事物的颜色、冷热。怀特海认为这种"第一性"与"第二性"的划分本质上在于"把自然分为两个部分，即在意识中理解的自然和作为意识原因的自然。"④ 即将自然划分为抽象、客观、理念性的自然，与人所直观把握到的真实、鲜明的自然，这两类自然中抽象的自然处于原因、本质的地位。按照这种"自然二分"的观点，人对自然的理解就是要通过思维的抽象透过自然的现象去把握抽象的自然本质，去认识自然中"无情而不以人意为转移"⑤的规律。这种对自然的认识推动了西方近代以来科学与知识的飞速发展，但也祛除了人对自然的情感、爱心，

---

① ［英］怀特海：《过程与实在——宇宙论研究》，杨富斌译，中国人民大学出版社2013年版，第36页。
② ［英］阿尔弗雷德·诺思·怀特海：《自然的概念》，张桂权译，译林出版社2000年版，第23页。
③ ［英］阿尔弗雷德·诺思·怀特海：《自然的概念》，张桂权译，译林出版社2000年版，第23页。
④ ［英］阿尔弗雷德·诺思·怀特海：《自然的概念》，张桂权译，译林出版社2000年版，第26页。
⑤ ［英］A.N.怀特海：《科学与近代世界》，何钦译，商务印书馆2012年版，第6页。

造成了世界的祛魅,正是在这个意义上雅斯贝尔斯认为"解开了自然之谜的人,必定是杀父娶母瓦解了神圣的自然秩序的人。……那靠自己的知识将自然推入深渊的人,自己也要体会自然瓦解的过程"。①

有机哲学强调"我主要反对的是把自然二分为两个实在系统;只要它们是实在的,就是在不同的感觉中是实在的"。②把抽象性的自然当作真实的自然,并置于实际感官中所把握到的自然之上是一种"具体性误置的谬误"。我们所直观感觉到的"清风徐来,水波不兴""山高月小,水落石出"就是最真实且美丽的自然,按照这种方式理解的自然使自然恢复了明亮、生机、以及人对自然的情感。正如诗人顾城所描绘的,"我忽然看见黑色的鸟停在月亮里,树上的花早就开了,红花已经落了满地。这时候我才感到我从文化中间、文字中间走了出来。万物清清楚楚地呈现在你心里,一阵风吹过,鸟开始叫了,树开始响了。这个时候我明白一个道理:只有在你生命美丽的时候,世界才是美丽的。"③只有对自然超出文字的抽象,回归于真真切切的自然中,人才能够感受到美、把握到美,才能在春花秋月、绿水青山中诗意的栖居,才能真正地感受到自然对生命的意义不仅限于物质性的满足,才能真正地认识到"绿水青山就是金山银山"诗性自然。

最后,有机哲学强调人与万物相互生成、内在联系的观点强调人与万物是休戚与共的命运共同体。有机哲学内在联系的哲学观源于对西方实体哲学的批判,怀特海认为这种观点可以上溯至亚里士多德对于主词谓词的区分,"亚里士多德'第一实体'造成的恶果,正是形而上学这种强调命题的'主—谓'形式的习惯"。④实体哲学在近代达到成熟,笛卡尔认为实体是"除了自身以外不需要其他任何事物"⑤就可独立存在之

---

① [德]雅斯贝尔斯:《尼采其人其说》,鲁路译,社会科学文献出版社2001年版,第239页。

② [英]阿尔弗雷德·诺思·怀特海:《自然的概念》,张桂权译,译林出版社2000年版,第25页。

③ 顾城:《顾城哲思录》,重庆出版社2015年版,第157页。

④ [英]怀特海:《过程与实在——宇宙论研究》,杨富斌译,中国人民大学出版社2013年版,第38页。

⑤ [英]怀特海:《过程与实在——宇宙论研究》,杨富斌译,中国人民大学出版社2013年版,第63页。

物，只有上帝是真正的实体，此外还存在精神与物质两类准实体。莱布尼兹认为世界由单子构成，单子"没有窗户"，不同单子之间不能发生联系。实体哲学将实体作为世界的根本，每种实体之上有其各自的属性，属性附着于实体而存在，每种实体的属性仅仅因受该实体自身性质影响，而不需要通过与其他实体的相互作用而生成。实体之间的关系是外在、偶然的，实体间的作用是物理性、机械性的，个别实体的性质通过实体自身就能理解，并不需要以整个宇宙作为背景而彰显出来，这种实体之间的关系是一种典型的"外在关系"。从外在关系的观点出发，自然万物是外在于我们的，外部环境与我们的联系是偶然的，对某处环境的破坏并不一定带来我的境况的改变。

怀特海的过程哲学批判了这种实体哲学，认为事物之间的关系对事物的性质而言是一种"内在关系"。从本体论的意义上讲世界是由"现实存在"所构成的，"现实存在"乃是经验之流，经验的本性在于发生、生成，发生是相互作用、相互联系而产生的，孤立的实体不能够进行发生。怀特海"现实存在"不断生成的过程称为"摄入（prehension）"，一个"现实存在"通过"摄入"实现自己的过程称为"满足"，在"现实存在""满足"实现后，实现其"客体化"功能使它的"潜在性在另一种"现实存在"中得以实现"①，已经生成的"现实存在"通过不断的客体化参与到整个现实世界过成的过程中去以实现自身的永恒性。在这个意义上怀特海认为不存在孤立的事物，"因为每一种关系都参与到事件的本质里，所以离开这种关系，事件甚至就不能成为其本身了。内在关系这个概念的意义正是如此。"② 因此整个自然的任何部分都是与"我"紧密相连的，是构成"我"的重要因素，个体与整体是统一在一起的，整个宇宙中的要素都是通过内在联系的方式生成的，每种"现实存在"都不能独立于其他"现实存在"，以及整个宇宙之外而存在。宇宙中的每一个要素的价值都通过他者而得到彰显、得到实现，每一个要素境况的改善，都将导致"我"的境况的改善。每一个"现实存在"都要意识到对

---

① ［英］怀特海：《过程与实在——宇宙论研究》，杨富斌译，中国人民大学出版社2013年版，第29页。

② ［英］A. N. 怀特海：《科学与近代世界》，何钦译，商务印书馆2012年版，第139页。

他人、对环境产生的任何影响,都潜在地影响着自己的未来,整个宇宙的未来就是每个个体生活于其中的未来。从内在关系的视角去看世界,天地万物乃是休戚相关、共生共荣的"命运共同体",从这一角度去理解世界才能更好地实现树立"人类命运共同意识""推动建设人类命运共同体"的美好愿景。

第二章

建设性后现代思想及其方法论启示

建设性后现代思想以怀特海有机哲学（过程哲学）的基本理念为基础，并根据当代社会的时代精神、时代特点对怀特海的哲学理论有所发展，形成了一个包括自然科学、人文科学与社会科学的广泛思潮，建构建设性后现代教育学理论体系应当在阐明怀特海过程哲学基本理念的基础上进一步对建设性后现代思想的基本理念进行分析，澄清建设性后现代思想家的基本观点以及所提倡的一般性方法论，从一般性方法论出发审思教育学理论建构的基本要求。

第一节 建设性后现代思潮的基本观点

建设性后现代的旗帜性人物大卫·雷·格里芬曾言"人们认为皮尔士、詹姆士、柏格森、怀特海和哈茨霍恩有许多共同之处，因而被称为建设性的后现代哲学家"，[①] 上述五位哲学家被视为建设性后现代思想的源头。在继承、吸收上述五位哲学家的思想基础上以小约翰·科布、大卫·雷·格里芬等人为代表人物，形成了不同于解构性后现代的思潮。

建设性后现代思想以有机哲学为基础，而怀特海明确地在《过程与实在》中谈到"有机哲学似乎更接近于印度或中国的某些思想传统，而不是更接近于西亚或欧洲人的思想传统"，[②] 并且在与贺麟先生的谈话中

[①] ［美］大卫·雷·格里芬等：《超越解构：建设性后现代哲学的奠基者》，鲍世斌译，中央编译出版社2002年版，第3页。

[②] ［英］怀特海：《过程与实在——宇宙论研究（修订版）》，杨富斌译，中国人民大学出版社2013年版，第9页。

谈到他的哲学著作"东方意味特别浓厚，也许中国人反而更容易了解，容易欣赏些"，并且对"中国哲学里极美妙的天道观念"表示赞同，① 这就使建设性后现代思想在理论基础上与中国传统思想具有亲缘性。同时小约翰·科布、大卫·雷·格里芬等建设性后现代思想家关注生态问题的理念与中国当前对生态文明的提倡相一致，同时与一些西方学者相比小约翰·科布、大卫·雷·格里芬等思想家多次提到生态文明的希望在中国，对中国的发展理念高度认可。因而"在西方，建构性后现代主义只是一股细流，影响很小，但在中国，却吸引了一批学者的注意力，这些学者热切盼望民族复兴"②。

一　提倡超越现代性弊端，开启中国式的"第二次启蒙"

建设性后现代理论是以怀特海过程哲学为基础产生的一种思潮，建设性后现代理论的创立者美国国家人文与科学院院士、中美后现代发展研究院创立者小约翰·科布先生是怀特海的第二代传人，其思想与怀特海哲学具有一脉相承性，就其根本理念上看，建设性后现代思想家与过程哲学思想具有一致性，但同时又对怀特海的有机哲学有所发展。

从建设性后现代对有机哲学的发展看，建设性后现代与有机哲学所处的时代背景不同，前者在结合了后工业社会来临的时代特点的基础上对怀特海过程哲学的基本理念有所发扬。从社会特点看，怀特海过程哲学建立的时代主要是工业化时代，后工业社会的特点尚未出现，工业化的弊端尚未完全显现，因而建设性后现代思想更加关注对现代性、现代化的弊端的批判与反思，更加注重对超越现代性的可能性的求索，也正是在这个意义上建设性后现代思想是"后现代"的。同时与怀特海所处的时代相比，当代社会随着工业化的发展环境污染、生态危机更加明显，因而尽管怀特海过程哲学具备生态意蕴，③ 怀特海的一些论断如"有利的环境对于自然客体的延续是极重要的"④ "任何自然客体如果由于自身的

---

① 贺麟：《西方六大师》，北京大学出版社2010年版，第158页。
② 汤一介：《儒家思想的建设性后现代主义》，《人民论坛》2003年第7期（下）。
③ 喻聪舟、张淑婷：《刍议怀特海过程哲学的生态意蕴及其启示》，《科学技术哲学研究》2017年第3期。
④ ［英］A. N. 怀特海：《科学与近代世界》，何钦译，商务印书馆2012年版，第124页。

影响破坏了自己的环境,就是自取灭亡"① 也强调了环境对机体发展的重要性,但过程哲学中并没有明确地提出将生态文明作为未来文明发展方向的要求。而建设性后现代思想家则提出"我们明确地把生态主义维度引入后现代主义中,后现代是人与人,人与自然和谐相处的时代",② 更加直接、鲜明地提出他们的生态文明追求,明确地将实现生态文明作为发展目标。此外,建设性后现代思想家认为以工业文明为代表的现代社会还存在"对他者的种族主义态度;对传统的虚无主义态度;对科学的盲目崇拜态度;对理性的过分迷信;对自由的单向度阐释;对民主的均质化理解"等几个方面的弊端。③ 因而与有机哲学相比,建设性后现代思想家们更明确地提出了对以理性精神为核心的现代性精神以及以工业文明为代表的现代化社会的批判,并对"后工业化"社会来临尤其是信息社会、知识社会的优缺点有所认识,在此基础上提出的一种思潮。

后现代"与其说是一个时代,不如说是一种态度,一种反现代的态度",④ 建设性后现代作为"一种后现代思想"正是因为其代表性人物都明确地存在一种"反现代性的态度",对现代性的弊端提出了批判,但建设性后现代思想家与解构性后现代思想家对现代性的批判还有所区别,将建设性后现代思想家与解构性后现代思想家对现代性的态度做对比有助于更好地理解建设性后现代思想作为一种"后现代"的"反现代的态度"。作为一种"后现代思想"建设性后现代思想家与解构性后现代思想家的相同之处在于,二者都对现代性存在的弊端有着清醒的认识,明确地提出对现代性存在弊端的批判,二者不同之处在于,就批判的目的性而言,解构性后现代思想家为避免现代性的错误,彻底摆脱理性的霸权与独断,只谈解构不谈建设,以"破而不立"的方式对现代性进行解构。如果说解构性后现代对待现代性的态度是"破而不立",那么建设性后现代对待现代性的态度就是"为立而破",建设性后现代思想家对现代性的批判不是为了批判而批判、为了解构而解构,而是以谦逊地探寻避免现

---

① [英] A. N. 怀特海:《科学与近代世界》,何钦译,商务印书馆2012年版,第125页。
② 王晓华:《为了共同的福祉 约翰·科布教授访谈》,《社会科学报》2002年6月13日第6期。
③ 王治河、樊美筠:《第二次启蒙》,北京大学出版社2011年版,第7页。
④ 王治河:《后现代哲学思潮》,北京大学出版社2006年版,第6页。

代性过盛的危机的可能出路为根本目的。大卫·雷·格里芬将怀特海有机哲学看成后现代的，最主要在于将有机哲学作为一种审视、反思现代性问题的视角，有助于发现现代思想存在的问题并提供解决方案。[①] 因此与解构性后现代相比，建设性后现代思想家敢于从有机哲学以及建设性后现代的观点出发提供解决现代性弊端的可能思路，但并不将这种思路作为解决现代性问题的唯一解答，而是谦逊地将之视为解决问题的一种可能尝试，并以"对他者开放"的豁达保持对来自其他视角的尝试开放与共商。就对现代性的态度而言，从解构性后现代的"向整体性开战""劈碎整体性"等口号中可以看出，解构性后现代思想家对现代性持彻底否定的态度，建设性后现代思想家反对对现代性采取"孩子与脏水一起泼掉"的态度，大卫·雷·格里芬提出"迈向一个后现代世界，而不是试图回归到前现代式的生活方式，以逃避现代性带来的恐惧的观念"。[②] 2018年10月小约翰·科布先生曾来哈尔滨师范大学，笔者曾请教他对于现代化问题的看法，科布先生谈到"我们为什么要走建设性后现代的道路呢？因为走这条路可以帮助我们吸纳现代性中最好的部分，避免不好的那方面，走一条新路，这是建设性后现代的意义。现在中国政府报告中的现代化已经不同于以往意义的现代化了，可以叫做另类意义上的现代化"。小约翰·科布先生的谈话很好地表达了建设性后现代思想家对现代性问题的态度，在建设性后现代思想家看来不能因为现代性存在弊端就彻底地否定它的价值，更不应当在某些领域谈"现代性""现代化"而色变，在对现代性进行批判、反思的同时仍要在有保留地继承现代性的有益因素的基础上，克服现代性过盛的消极影响。按照建设性后现代的观点未来的发展需要，"保留现代性中某些积极性的东西，但超越其二元论、人类中心主义、男权主义，"并且提出"后现代思想从前现代思想中受益匪浅"，[③] 认为只有通过传统、现代以及后现代各种元素之间真正意

---

① ［美］大卫·雷·格里芬：《怀特海的另类后现代哲学》，周邦宪译，北京大学出版社2013年版，第10页。

② ［美］大卫·雷·格里芬：《后现代精神》，王成兵译，中央编译出版社1998年版，第34页。

③ 王晓华：《为了共同的福祉 约翰·科布教授访谈》，《社会科学报》2002年6月13日第6版。

义上的"对他者开放"并携起手来才能真正解决现代性存在的问题，探寻解决世界发展危机的出路。

更为重要的是建设性后现代作为一种具有"建设性"维度的思想，后现代思想家强调"指出存在的危险并对现状进行批判是比较容易的，但要想确定如何作出反应却很困难"，① 而与"比较容易的"解构、批判现代思想的弊端相比，建设性后现代思想家更注重如何建构一个超越现代性的美好未来。建设性后现代思想家基于其对现代问题的态度提出了"后现代科学""后现代精神""后现代公共政策"，对探索超越现代性、现代化弊端的可能出路提出了建设性的构想。正如汤一介先生所指出的"基于过程哲学的'建设性后现代主义'主张将第一次启蒙运动的积极因素与后现代主义整合在一起，因此呼吁'第二次启蒙运动'"，② 如果将"要有勇气使用你自己的理性"这一"启蒙的口号"③ 视为现代性核心精神的表现，那么建设性后现代思想家基于对现代性优点的保留而提出的超越现代性弊端的构想可以被称为"第二次启蒙"，并且强调"中国的第二次启蒙必须出自中国思维，"④ 按照建设性后现代思想家的观点中国社会的发展"不能重复西方已经犯过并且部分更正了的错误"，⑤ 因而中国有超越现代性弊端走建设性后现代发展道路的必要性，但中国的建设性后现代道路、中国的"第二次启蒙"一定是基于中国特有传统、立足中国实际国情且真正能够解决中国实际问题的道路。

二 提倡消解理性的独断，强调观念的包容、开放

对理性精神的推崇是现代思想的核心特征，建设性后现代思想家在对现代性进行批判的同时不可避免地要对"理性的功能"进行"建设性"地重审。建设性后现代思想家强调要消解独断的理性，提倡开放包容的

---

① ［美］大卫·雷·格里芬：《后现代精神》，王成兵译，中央编译出版社2012年版，第133页。
② 汤一介：《儒家思想的建设性后现代主义》，《人民论坛》2003年第7期（下）。
③ ［德］康德：《历史理性批判文集》，何兆武译，商务印书馆1991年版，第22页。
④ ［美］小约翰·B. 柯布：《第二次启蒙》，周邦宪译，北京大学出版社2011年版，序第11页。
⑤ 王晓华：《为了共同的福祉 约翰·科布教授访谈》，《社会科学报》2002年6月13日第6版。

理性。怀特海提出经典现代化时期"是一个把理性建筑在信仰上的时期",①也对理性成为"非神圣形象"式的不可批判、不容反思的信仰提出批判,并且批判启蒙理性"是用一只眼睛透视的理性,视野缺乏深度。"② 但建设性后现代思想家并不是因为理性会造成集权式的独断就要求彻底地解构理性、抛弃理性,而是认为人类对世界的认识来自"因果效验""直接表象""符号指称"的共同作用,理性、情感、信仰、身体感官的作用缺一不可。同时怀特海认为"人们只是间歇性地有理性——只是倾向于有理性而已",③ 绝对理性只是人类力图实现的一种倾向,真正现实中的人只是间歇地拥有理性。同时怀特海认为也不存在完全脱离了情感、身体、信仰的纯理性,信仰、情感、身体、意志甚至直觉都是人类理解世界、感受世界的重要方式,他们应当在理性的引导下更好地相互协调,使理性、信仰、情感、身体之间彼此和谐。

理性作为一种透过现象把握本质的思维方式,建设性后现代思想家认为这种思维方式对人类发展具有重要意义。怀特海认为无论理性如何重要,也不应成为人类认识世界的唯一方式,"理智对抽象思维偏执运用却是它本身最大的缺陷。"④ 任何理性的抽象都是为了帮助人类更好地把握自然,但理性的抽象并不等于真正的自然,对抽象的过度推崇会带来对自然的二分:⑤ 一类是抽象的、客观的、作为知识而存在的自然,另一类是真实的、鲜明的、人的感觉所把握到的自然,这两类自然中抽象的自然处于原因、本质的地位。按照这种"自然二分"的观点,人对自然的理解就是要通过思维的抽象透过自然的现象去把握抽象的自然本质,去认识自然中抽象、一成不变的规律。这种对自然的认识推动了西方近代以来科学与知识的飞速发展,但也祛除了人对自然的情感、爱心,造成了世界的祛魅,这样的自然是人类无法栖居、无法忍受的自然。因而

---

① [英] A. N. 怀特海:《科学与近代世界》,何钦译,商务印书馆2012年版,第66页。
② [英] A. N. 怀特海:《科学与近代世界》,何钦译,商务印书馆2012年版,第68—69页。
③ [英] 怀特海:《过程与实在——宇宙论研究》,杨富斌译,中国人民大学出版社2013年版,第101页。
④ [英] A. N. 怀特海:《科学与近代世界》,何钦译,商务印书馆2012年版,第24页。
⑤ [英] 阿尔弗雷德·诺思·怀特海:《自然的概念》,张桂权译,译林出版社2000年版,第26页。

怀特海提出"我主要反对的是把自然二分为两个实在系统；只要它们是实在的，就是在不同的感觉中是实在的"，① 认为两类自然应当统一于感觉中所把握到的自然。把抽象性的自然当作真实的自然，并置于实际感官中所把握到的自然之上是一种"具体性误置的谬误"。人类认识、把握并生活于其中的是真实、鲜活且富于生机的真实自然，而不是抽象的、冰冷的、纯由数字、理论构成的自然，人类所真实感觉到树的绿色、鸟儿的歌声、太阳的温暖就是最真切最可贵的自然，按照这种方式理解的自然使自然恢复了明亮、生机，以及人对自然的情感。因而，怀特海反对过度的抽象，强调抽象是人类理解世界、把握世界的一种重要方式，但将抽象完全地等同于真实，并一切按照抽象的方式去理解世界，不仅将导致"具体性误置的谬误"，更会难以避免地带来世界的祛魅，应当把握好本质抽象的限度。按照怀特海的观点，理性的功能不仅仅是为了满足人类纯思辨的爱好，更应当以人类更好地栖居为根本指向去发挥理性的作用，通过理性的功能使人类"把仅仅生存转变为好好生存，并且，把好好生存转变为更好生存"②。

建设性后现代思想家尤其反对现代社会对工具理性的过度推崇。其实理性是一个丰富的概念，许多思想家都从不同维度对理性进行划分，以丰富对理性的理解。如马克斯·韦伯将理性分为工具理性与价值理性，康德将理性划分为纯粹理性与实践理性，哈贝马斯以交往理性作为对工具理性的补充。怀特海也将理性分为"柏拉图的理性"与"尤利西斯的理性"（实践理性）两类，前者目的在于"寻求完全的理解"，后者在于"寻求一种直接的行动方法"。③ 即怀特海将理性分为理论理性与实践理性两种，理论理性是出于人类天性中对理论的好奇，以追求理论自身为目的而展开的"观念的冒险"。实践理性则是以实现人类更美好的生活为目的。怀特海有机哲学体系中的实践理性涉及人类实践全部方面的问题，

---

① [英] 阿尔弗雷德·诺思·怀特海：《自然的概念》，张桂权译，译林出版社2000年版，第25页。
② [英] A. N. 怀特海：《教育与科学理性的功能》，黄铭译，大象出版社2010年版，第143页。
③ [英] A. N. 怀特海：《教育与科学理性的功能》，黄铭译，大象出版社2010年版，第135页。

而不同于康德仅将实践理性限制在人类道德实践领域。更为关键的是不同于现代性精神强调思辨理性尤其是工具理性的价值,"怀特海的理性观更突出理性的实践性,强调理性对于改善人类生活的客观功能"①。

对工具理性的过度推崇会导致唯科学主义,建设性后现代思想家对这种趋势提出警示。科学的发展离不开理性的奠基,科学是理性最为重要的成就。随着经典现代化的发展,理性从神性的压抑下解放出来,成为认识世界的主导方式,作为理性重要成果的科学也相应地从"神学的附属"转变成"最有价值的知识",从而产生了唯科学主义倾向,这种倾向的产生给现代化的发展带来许多危机,建设性后现代思想家对现代化发展中出现的唯科学主义倾向提出了批判。怀特海对这一问题提出过警示,认为"在自然科学自身的范围内,其普遍思想特征一直是顽强的理性主义,而这些范围之外,便表现为独断的非理性主义"。② 即怀特海敏锐地意识到,尽管科学就其自身的推理方式而言是彻底的采取了理性主义的态度,但唯科学主义将科学视为不证自明的正确性、将科学视为理解世界的唯一正确话语的态度则是一种典型的独断的非理性。怀特海这种对科学主义的批判得到了建设性后现代思想家的继承。

尽管建设性后现代思想家对唯科学主义的弊端提出了批判,但并不像解构性后现代思想家完全将现代科技视为洪水猛兽,在建设性后现代思想家看来当代社会科学技术依然是推动世界进步的最有力工具。建设性后现代思想家认为科技的进步并不必然带来现代社会的问题,对科学的重视也并不必然导致悲剧性的结果。按照大卫·雷·格里芬的观点,建设性后现代思想家"并不反对科学本身,而是反对那种允许现代自然科学数据单独参与建构我们世界的科学主义"③。现代性的危机在于理性的狂妄导致的唯科学主义,使科学不停地越过自己的边界,力图成为表述世界的唯一方式和独断性话语。建设性后现代思想家认为科学是人类

---

① 黄铭:《人类理性之"根"和"翼"——论怀特海理性观的两个维度》,《哲学研究》2012年第5期。

② [英]怀特海:《过程与实在——宇宙论研究》,杨富斌译,中国人民大学出版社2013年版,第7页。

③ [美]大卫·雷·格里芬:《后现代科学——科学魅力的再现》,马季方译,中央编译出版社1995年版,英文版序言第18页。

理解世界、改造世界的最有效方式之一，但绝不能成为唯一的一种，任何学科都不应当在人类认识世界的方式中占有独断地位。怀特海认为"对比"是最为根本的八个存在性范畴之一，现实世界是以"对比"为形式存在，只有实现不同学科之间彼此的"对他者开放"，才能使不同的学科更好地通过于其他学科的"对比"理解自身，才能更好地通过科学与其他学科的对比，实现人类生存的丰富性，才能使科学更好地促进现代化的发展。

三 批判普遍性的人性观，重视人的创造本性

现代社会的一个重要特点就是科学的进步极大地推动了社会的发展，因而人比任何时刻都认识到科学的力量，促使科学主义的观念不断地渗透到各个领域，科学主义的观念渗透到对人的理解其结果就是将对人性的思考视为一种对确定性的寻求，认为人类学、心理学就是通过实验、问卷、访谈等"科学方法"去把握人的某些确定性的功能，进而将人的本质归为某些绝对不变的本质，人应当遵从按照"科学方法"把握到确定性本质、某种固定不变普遍的"大写的人性"去存在，从而使这种"普遍的认识"成了限制人类生存丰富性可能的桎梏，建设性后现代思想家针对这种"普遍性的人性观"，提出"在后现代思想家那里，最推重的活动是创造性的活动，最推重的人生是创造性的人生"[1]。

建设性后现代思想家在对理性功能进行重新定位的基础上，倡导人应当以创造性的思想去理解世界。现代思想观念中往往认为理性对世界的把握是一种本质主义的定位，理性审思的结果是认识世界一成不变的本质，真理是经由人类的理性所达到的对本质理念的认识。建设性后现代思想家以怀特海的有机哲学为理论基础去理解世界，不同于现代思想家视普遍、永恒的理念为世界的根本，而是提倡"过程即实在"，世界的根本不是亘古不变的理念而是不停生成、发展的"现实存在"，创造性是整个哲学体系"预设前提的普遍原理"[2] 的"终极性范畴"，是整个宇宙

---

[1] 王治河：《后现代主义的建设性向度》，《中国社会科学》1997年第1期。
[2] ［英］怀特海：《过程与实在——宇宙论研究》，杨富斌译，中国人民大学出版社2013年版，第25页。

生成演化的根本动力,创造性而非永恒不变的理念是贯穿怀特海哲学始终的根本。现代哲学以认识绝对的本质为目标,因而将理性的功能理解为对本质的认识。有机哲学将创造性视为宇宙生成、演化的根本性法则,因而建设性后现代思想家认为人类的理性的最大价值在于指引个体对创造性、新颖性的追寻。因而理性的最大价值并非在于认识与世界本真状态的一致性,而是经由理性实现对已有"现实存在"的创新,从而将人从一成不变的本质的束缚下解放出来。

建设性后现代思想家对创造性思维的推崇不仅体现在对理性的功能的定位上,还体现在对理论的定位上。有机哲学中将理论称为"命题",并将之视为最基本的八个"存在性范畴"之一。有机哲学认为现代思想对理论的定位存在问题,其中误解在于将真伪作为判断理论价值的唯一依据,而在怀特海看来"理论的主要功能是诱导感受,由此而产生了直接的享有和目的。"[①] 在现代哲学看来假的理论毫无意义,应当在人类认识体系中彻底摒弃。这种认为人的认识只能与既定现实相符才有价值的知识观,束缚了人类认识的丰富性,将人的思维方式都限定在既有的现实之上。而按照有机哲学的观点来看,"不一致的命题是完全错误的……但是就其基本作用而言,它们为世界走向新颖性铺平的道路。错误是文明为进步所付出的代价"[②]。命题或是理论的价值不在于它与理念或是现实的符合程度,人类经由理性并非仅仅为了到达对世界的认识之真。按照怀特海的观点,理论或命题"既不是纯粹的潜在性,也不是纯粹的现实;它们是包含纯粹潜在性和纯粹现实之潜在聚合体的一种方式。"[③] 理论或是命题是介于潜在性与现实性之间的对现实的诱导、假设,它不仅仅是现实,也不仅仅以成为现实为目的,理论或命题的真正价值在于引诱感受,不断地启发思想进行观念的冒险,不断地丰富思想的可能性,不断实现理念的创新。怀特海认为理论不仅仅是符合现实、解释现实、

---

① [英]怀特海:《过程与实在——宇宙论研究》,杨富斌译,中国人民大学出版社2013年版,第236页。

② [英]怀特海:《过程与实在——宇宙论研究》,杨富斌译,中国人民大学出版社2013年版,第239页。

③ [英]怀特海:《过程与实在——宇宙论研究》,杨富斌译,中国人民大学出版社2013年版,第240页。

趋于现实，理论的更大价值在于引导现实，给现实指引新的可能。理性的功能是为了"把仅仅生存转变为好好生存，并且，把好好生存转变为更好生存"，[①] 通过理性使人类在能够生存的基础上实现美好地生活，将简单的生存活动转化为丰富的生活活动。怀特海所承诺的人类的美好生活是一种充满创造性的生存，因而只要有利于启发人类观念的创新，错误的理论的价值不亚于正确的理论，因为它为人类认识世界提供了不一样的可能，给世界的存在方式提供了新的"美丽风险"。为了实现这一人类生存方式的"美丽风险"怀特海认为真正的发现不仅要基于逻辑的思辨，还要经由想象力的思想飞行达到对理论的创新从而引导现实的创新。对终极真理的追求过程比终极真理本身对人类发展更有意义，"哲学不愿满足于每一个有感知力的人都知道答案这个因袭预设"，[②] 因此建设性后现代思想家在不否认终极真理的存在的同时，认为人类所能把握到的客观性应当是一种谦逊的客观性，仍需通过人类实践的深化，不断发展、创新对世界的理解，人类对世界的认识绝不仅限于以逻辑的方式实现对世界的认识之真，更在于通过思想的创新，实现人类更好地生存，因而人应当以富有创新的思想去理解世界。

正如马克思在费尔巴哈提纲中所强调的，关键的不是理解世界，而是改变世界。建设性后现代思想家对创造性的推崇绝不仅仅是为了引导人们以创造性的思维去思考世界、理解世界，而更是要求人们过一种有创造性的生活，成为一种创造性的存在，倡导人的存在过程应当成为不断彰显自己的创造本性的过程。建设性后现代思想家非常重视创造性的价值，按照建设性后现代的观点，"人从根本上说是创造性存在物"，[③] 在建设性思想家看来世界的不断生成、不断创新、不断发展才是世界的本质状态，创新性是人类文明长盛不衰的根本动力，是人类存在的本真状态。处于本真状态的人应当不满足于日复一日的重复过去的自己，而应当勇于突破自己、挑战自己以恢复人的创造本性。但一种文明对创造性的追求往往伴有风险，一个人往往需要经过皓首穷经、艰难困苦的思索

[①] [英] A. N. 怀特海：《教育与科学理性的功能》，黄铭译，大象出版社2010年版，第143页。
[②] [英] 怀特海：《怀特海文录》，陈养正、刘明峰译，浙江文艺出版社1999年版，第295页。
[③] 温恒福：《建设性后现代教育论》，《教育研究》2012年第12期。

才能有创造性的发现，与之相比日复一日遵从惯性去重复之前的生活日则容易得多，因而人类可能为了暂时的安逸而放弃对创造性的追求。怀特海将放弃人类的创造本性安于短暂的安逸生活称为对新颖性的"疲乏"，"疲乏指的是排除向新颖性冲动的作用"。① 丧失新颖性的疲乏是一种对生命、对未来的倦怠"是理性的对立面"，② 人类陷入"疲乏"而放弃对新颖性的追求也就放弃了理性。建设性后现代思想家认为创造性人之本性，是人类存在的本真状态，具备创造性的人才是真正的人，对人类创造性的限制、剥夺是对人性的压抑。创新是每个人都具有的本性，而不是只有少数天才、精英所具备的素质，发展人的创造性不是在众多人中使少数天才脱颖而出，不是面向精英、面向英才的教育，而是顺应每个人的天性、尊重每个人的人性的必然要求。笔者曾就如何理解建设性后现代人的问题请教过建设性后现代的旗帜性人物小约翰·科布先生，他谈到"作为后现代的人，最主要的是要具有开放的心胸，不自己设限，创造性的解释一切，把各种可能性都展现出来"。不限制并尊重每个人的创造性是以人为本的必然要求。摆脱旧有生活方式的惯性积极地改变自己的生活轨迹、主动地拓宽自己可能生活的空间则离不开理性的决断。理性的功能在于指引人类摆脱惯性思维的诱惑、摆脱安于现状的懈怠、超越丧失新颖性的疲乏，恢复人类的创造本性。

四 超越"原子式的个人主义"与人类中心主义，追求宇宙万物的共同福祉

建设性后现代思想家非常推崇有机哲学内在承系的思想，提倡超越"原子式的个人主义"，以缔造人与人、人与自然休戚与共、和谐相处的命运共同体为终极关怀，③ 追求宇宙万物共同福祉的实现。现代思想的一个重要方面就是"人的觉醒"，现代化的进程就是不断批判、反思宗教从而实现人的解放的过程，而"对宗教的批判最后归结为人是人的最高本

---

① ［英］A. N. 怀特海：《教育与科学理性的功能》，黄铭译，大象出版社 2010 年版，第 141 页。

② ［英］A. N. 怀特海：《教育与科学理性的功能》，黄铭译，大象出版社 2010 年版，第 141 页。

③ 喻聪舟、刘锦诺：《"一带一路"倡议的过程哲学审视》，《唐都学刊》2019 年第 1 期。

质这样一个学说,从而也归结为这样的绝对命令:必须推翻使人成为被侮辱、被奴役、被遗弃和被蔑视的东西的一切关系"。① 高扬人在宇宙的地位成为现代思想家的共同关注,康德强调人"在任何时候都同样看作是目的,永远不能只看作是手段",②"人的权利是不可亵渎的,无论他可能使统治权付出多么大的牺牲"。③ 黑格尔强调"人应尊敬自己,并应自视能够配得上最高尚的东西",④ 近代以来"追求真理的勇气,相信精神的力量,乃哲学研究的第一条件",高扬人性、关注人的尊严促进"人的觉醒"成为现代精神的重要方面。正如本书所述,建设性后现代思想以对现代性有保留的超越为基本精神,因而对作为现代文明重要方面的"人的觉醒"批判性超越是建设性后现代思想家关注的一个重要方面。在建设性后现代思想家看来,现代思想体现中对"人的觉醒"的承诺具有重要积极意义,后现代思想应当秉承现代思想尊重人、关注人的积极因素,但伴随着现代思想中"人的觉醒"也出现了两种不良的倾向,即"原子式个人主义"的倾向与"人类中心主义"的倾向,建设性后现代思想家倡导超越这两种不良倾向,追求实现宇宙万物的共同福祉。

建设性后现代思想家认为,现代思想中对人的理解是一种"原子式个人主义"的理解,这种观点将人看作"可以独立存在的原子",个人之于群体犹如"大厦的砖块",从这种观点出发个人在"理论上可以独立于并先于共同体而存在"。⑤ 建设性后现代思想家认为这种原子式个体的思维是当代社会战争、冲突不断出现的重要原因,把人理解为"原子式个体"的观念成为人类思维中的"巴别塔",造成了人与人之间的隔阂。建设性后现代思想家对这种观点提出相反观点,他们认为人是关系性的存在而非实体性的存在,人的本质需要通过与他者、与世界的交往来不断生成、不断丰富,⑥ 只有在共同体中个体才能彰显自己的本性、获得完整

---

① 《马克思恩格斯选集》第 1 卷,人民出版社 2012 年版,第 10 页。
② [德] 康德:《道德形而上学原理》,苗力田译,上海人民出版社 1986 年版,第 81 页。
③ [德] 康德:《历史理性批判文集》,何兆武译,商务印书馆 1991 年版,第 139 页。
④ [德] 黑格尔:《小逻辑》,贺麟译,商务印书馆 2012 年版,第 36 页。
⑤ 王治河、樊美筠:《第二次启蒙》,北京大学出版社 2011 年版,第 129 页。
⑥ 喻聪舟、温恒福:《融合式教育治理现代化——新时代中国特色教育治理现代化的新趋势》,《现代教育管理》2019 年第 7 期。

的个性、实现自身的价值，因而任何的个体都是"共同体中的人"①。

　　按照过程哲学的观点"任何事物都有为自身、为他者以及整体的价值"。② 基于此建设性后现代思想认为事物是"为我""为他者"和"为整体"三个维度的复合，"为他者"和"为整体"的价值同样是重要维度，但也认为并不能以他者和整体的价值而抹杀了对个体价值的关照，应当实现三者之间的平衡。正如怀特海所言，"普遍的善同个体利益之间的对立，只有当这种个体利益就是普遍的善，因而个体表现出轻度损失是为了在更大利益范围内重新发现有更好的组合时，才能加以消除"，③只有当个体真正认识到个人与共同体的统一，认识到共同体中"任何要素都是与'我'紧密相连的构成'我'的重要因素，每一个要素境况的改善，都将导致'我'的境况的改善"④ 时才能真正实现三种的统一。也只有在这个意义上才能在追求"各美其美"时兼顾"美人之美"，而最终的目标在于实现"美美与共，天下大同"的追求。

　　在建设性后现代思想家看来，现代思想家所倡导的"人的觉醒"的一个更重要的问题在于这种思想存在"人类中心主义"的倾向，这种倾向容易导致一种"占有式的个人主义"造成当代社会中普遍存在的生态危机。在原初意义上"人同自然界的关系完全像动物同自然界的关系意义，人们就像畜生一样慑服于自然界"，伴随着"人的觉醒"人类日益认识到自己在开发自然、改造自然方面的能力，因此在理解自身与自然的关系时从将自身定位为"自然界的臣相和解释者"，⑤ 转变为"万物的灵长""宇宙的中心"，进而强调"关于人的科学是其他科学唯一牢固的基础"⑥。这种对人与自然关系理解的转变导致了人类中心主义的倾向，这种理解方式"制造出了一种'自然之死'，将自然看成一种无生命之物和

---

① Herman E. Daly, John B. Cobb, *For the Common Good: Redirecting the Economy toword Community, the Environment, and a Sustainable Future*, Beacon Press, 1994, p165.

② ［英］怀特海：《思维方式》，刘放桐译，商务印书馆2011年版，第103页。

③ ［英］怀特海：《过程与实在——宇宙论研究》，杨富斌译，中国人民大学出版社2013年版，第19页。

④ 喻聪舟、张淑婷：《刍议怀特海过程哲学的生态意蕴及其启示》，《科学技术哲学》2017年第3期。

⑤ ［英］培根：《新工具》，许宝骙译，商务印书馆1984年版，第7页。

⑥ ［英］大卫·休谟：《人性论》，关文运译，商务印书馆1980年版，第8页。

可以任意摆布之物",① 建设性后现代思想家认为这种思维会导致"随心所欲地对待我们的环境,致使资源挖掘殆尽,垃圾堆积如山,而我们却毫无悔改之意,"② 必然带来现代社会日益严重的生态危机。

以"主体间性""主体际性"超越原子式个人主义是黑格尔之后很多思想家关注的焦点,但大多数西方思想家仍然主要将"主体间"的讨论局限在人与人的关系,这些理论"只是消除了人与人之间的主客关系,主体间性仍然有主体与客体之间的区分,主体间性仍然是与客体相对立,人类成为共在性的主体,自然依然作为'为人'而存在的客体,"③ 而建设性后现代思想认为无论是人还是自然都是由现实存在构成的,因而人与宇宙万物具有一种"本体论的平等",④ 并且按照有机哲学强调事物内在联系的观点,建设性后现代提倡一种以"现实中一切单位都是内在地相互联系着的,所有单位或个体都是由关系构成"的观点为基础的"后现代生态观",⑤ 强调超出人类中心主义视域的局限,建构一种"将人和所有生命的福祉作为首要的考量对象"⑥ 的共同体追求,以实现宇宙万物的共同福祉为核心追求。

第二节 建设性后现代哲学的方法论及对教育理论建构的启示

借鉴建设性后现代方法论来思考新时代中国教育发展问题,应当进一步澄清建设性后现代思想家所提倡的方法论,并基于这种方法论思考从该方法论视角出发理解教育问题的一般性要求。

---

① 赵旭东:《互惠人类学再发现》,《中国社会科学》2018年第7期。
② [美]大卫·雷·格里芬:《后现代科学——科学魅力的再现》,马季方译,中央编译出版社1995年版,第121页。
③ 喻聪舟、张淑婷:《刍议怀特海过程哲学的生态意蕴及其启示》,《科学技术哲学》2017年第3期。
④ [美]大卫·雷·格里芬:《后现代精神》,王成兵译,中央编译出版社1998年版,序第6页。
⑤ [美]大卫·雷·格里芬:《后现代科学——科学魅力的再现》,马季方译,中央编译出版社1995年版,第137页。
⑥ 王治河、樊美筠:《第二次启蒙》,北京大学出版社2011年版,第4页。

怀特海在《过程与实在》一书的第一编中便开宗明义地提出了他的一般性的方法论:"真正的发现方法宛如飞机的航行:它从特殊的观察基地起飞,继而航行在有想象力的普遍性的稀薄空气中飞行,最后降落在由理性的解释使之更为敏锐的新的观察基地上。"[1] 建设性后现代思想以有机哲学为哲学基础,因此这一有机哲学的一般性方法论也构成了建设性后现代思想的一般性方法论基础,进而也就构成了从建设性后现代思想出发建构教育学理论的一般性方法论基础,按照这一方法论的要求建设性后现代教育理论的建构应当在一般观察的地基上"起飞",通过对一般观察所占有的材料进行理性的抽象与大胆的想象来建构一般性的理论框架,最终将一般性的理论框架转化为可操作性的实践路径,并在具体实践中对理性的抽象与大胆的想象所建构的理论框架进行检验,并按实际要求对理论予以修正。

但这一一般性的方法论只是宏观性地对新时代教育理论建构的一般性的流程做出了整体性概括,如何借鉴建设性后现代的方法论建构适应时代发展需要的教育学理论,还需要具体深入到有机哲学与建设性后现代理论之中去探索。

一 反对独断论真理,提倡追求谦逊的终极事实

怀特海并不否认符合论的真理观,他提出"真,便是现象符合实在"。[2] 按照这种对真的判断标准,在怀特海看来终极真理是存在的,"第一真理本身决不是不可知的、不能为人的洞察力所把握的",[3] 而且对终极真理的不懈追求非常有利于推动世界的发展,但怀特海对宏大体系的追求与现代哲学还是有所差别,怀特海认为受人类的能力和视域所限,任何人都不可能真正地建构起无所不包的宏大宇宙论体系。同时整个世界是在创造性的推动下不断发展、变化的,真实的世界是不断生成着、不断发展着的世界,因而对世界的认识也应当随世界的不断生成而

---

[1] [英]怀特海:《过程与实在——宇宙论研究》,杨富斌译,中国人民大学出版社2013年版,第6页。

[2] [英]怀特海:《观念的冒险》,周邦宪译,译林出版社2012年版,第265页。

[3] [英]怀特海:《过程与实在——宇宙论研究》,杨富斌译,中国人民大学出版社2013年版,第5页。

不断发展,任何静止、僵化的所谓"真理"都无法真正把握整个真实、生动的世界。基于这一认识怀特海提出了他对理论体系的看法,如下所示。

第一,怀特海认为并不能因为绝对意义上的终极真理不可获得、宏大体系的不可建构就放弃对终极真理与宏大体系的追求。一方面,这种追求体现了人类思维的至上性,不论宏大体系追求的结果如何,这种追求本身赋予了人类思想以严肃性与理想性。另一方面,尽管单独个人对终极真理的追求是无法实现的,但正如恩格斯所言"思维的至上性是在一系列非常不至上地思维着的人中实现的",① 从全体人类和整个人类发展的历史的视野看,每个人每一次的这种追求都对最终真理的建构具有积极意义,因而怀特海提出这种追求终极真理、建构宏大理论体系的努力是人类思想史上的伟大历险,尽管这种历险"永无止境",但"即使部分地取得成功,也具有重要意义",② 因为正是人类无数次这种历险的努力才使人类文明取得了今天的辉煌成就。

第二,怀特海尽管并不排斥对终极真理的追求、并不拒斥兼容并包的宏大体系的建构,但更提倡"关于终极性陈述即使对其确定性有丝毫武断式的确信,都是一种愚蠢的表现"。③ 一方面,在怀特海看来理论体系的建构不是"一劳永逸"的探索,而应当根据世界的变化发展不断追求"是其所是"与"在其所在"的统一。④ 另一方面,怀特海强调"我们必须有体系,但我们应当使我们的体系保持开放",任何将自己建构的理论体系当成凌驾于其他体系之上的那个绝对之真,并在此基础上夜郎自大地封闭观念体系是愚蠢且危险的,任何的宏大理论体系都不应放弃对其他理论体系的开放,只有不断地通过与其他理论体系的对话才能真正建构起适合人类发展需要的理论体系。

---

① 《马克思恩格斯选集》第3卷,人民出版社2012年版,第463页。
② [英]怀特海:《过程与实在——宇宙论研究》,杨富斌译,中国人民大学出版社2013年版,第11页。
③ [英]怀特海:《过程与实在——宇宙论研究》,杨富斌译,中国人民大学出版社2013年版,第5页。
④ 杨丽、温恒福:《怀特海的认识论及其对中国教育学发展的启示》,《教育研究》2013年第8期。

因此按照建设性后现代思想家的观点，人类不应放弃建构宏大体系的尝试，这种尝试是人类安身立命的渴求和不断进步的动力，但正因为人类不可能把握到绝对的终极真理，任何武断地将自己对真理的把握视为绝对之真的想法都是错误的。但也不能因此轻易放弃对宏大体系与终极理念的探求，而应当不断保持理论体系的发展与开放。

从上述建设性后现代思想家对理论体系的看法出发，新时代教育理论需要建构"宏大而谦逊"的理论体系。一方面，教育理论体系的建构不能放弃宏大体系的追求，既要坚持对教育理论的终极思考，在教育理念整体的"形上之思"的基础上展开教育理论体系的建构；也要保持对教育学问题的体系性思考，在"教育目的、教育教学、教育治理"的教育学理论体系中去思考中国教育问题，使建设性后现代教育理念真正扎实地落实在中国实际情境的土地上。另一方面，也要保持教育理论体系的"谦虚性"，坚持理论体系的生成性与开放性，不放弃宏大理论体系的建构的同时，应当保持谦逊的态度。既要根据时代变化的特点，不断地更新、完善理论，保持教育理念与时代精神的一致性。也要保持理论体系对其他理论的开放，不将任何建构起的理论体系视为凌驾于其他理论体系之上的"绝对真理"，通过与其他理论的对话完善、丰富自身。

二　批判实体思维，倡导内在联系

建设性后现代思想家非常赞同怀特海有机哲学对现代性思想中的实体思维提出批判。实体思维是现代性哲学的重要特点之一，怀特海认为"亚里士多德'第一实体'造成的恶果，正是形而上学这种强调命题的'主—谓'形式的习惯"，[1] 实体思维的起源可以上溯至亚里士多德对于主词谓词的区分。实体思维的理念在近代达到成熟，笛卡尔认为实体是"除了自身以外不需要其他任何事物"[2] 就可独立存在之物，并认为只有上帝是真正的实体，此外还存在精神与物质两类准实体。莱布尼兹认为

---

[1] ［英］怀特海：《过程与实在——宇宙论研究》，杨富斌译，中国人民大学出版社2013年版，第38页。

[2] ［英］怀特海：《过程与实在——宇宙论研究》，杨富斌译，中国人民大学出版社2013年版，第63页。

世界是由单子构成，单子"没有窗户"，不同单子之间不能发生联系。这类哲学将孤立的实体作为世界的根本，每种实体有其各自的属性，属性附着于实体而存在，每种实体的属性仅受该实体自身性质影响，而不是通过与其他实体的相互作用来生成。实体之间的关系是外在、偶然的，实体间的作用是物理性、机械性的，个别实体的性质通过实体自身就能理解，并不需要以整个宇宙作为背景而彰显出来，实体之间的关系是典型的"外在关系"。

怀特海对实体思维提出了批判，他认为实体思维在很大程度上是受近代哲学的"认识论转向"影响的，以上述笛卡尔、莱布尼兹等人为代表的认识论哲学家强调在人类认识范围之外的"存在"对人类而言是一种无法证明、无法言说的"存在着的无"，从而以人类认识到的存在替代了本体论意义上的存在。而受限于近代时期人类有限的认识能力，人类将世界"认识"为实体化的，并不加反思地将这一认识视为真理，从而造成了实体化的思维方式。而按照有机哲学的观点"所有关于第一原理的困难都不过是伪装过的形而上学困难。因此，认识论的困难只有诉诸本体论才能加以解决"。[①] 从本体论的意义上看，有机哲学认为真实存在的事物之间的关系是一种非实体性的"内在关系"，即"事物与事物之间、事物与其性质之间有必然而不可或缺的联系"。[②] 有机哲学认为世界是由现实存在所构成的，现实存在乃是经验之流，经验的本性在于发生、生成，孤立的实体不能够进行发生，发生是相互作用、相互联系而产生的。进而有机哲学认为构成世界根本的现实存在是相互内在联系着的，"每一种关系都参与到事件的本质里，所以离开这种关系，事件甚至就不能成为其本身了。"[③] 从本体论意义上讲，现实存在是世界的最基本构成，所有现实存在的构成，都通过对其他现实存在的"摄入"来实现，所有现实存在也都通过参与其他现实存在的生成来实现自己的"客体不朽性"，从而实现整个宇宙的同呼吸、共命运。

[①] [英]怀特海：《过程与实在——宇宙论研究》，杨富斌译，中国人民大学出版社2013年版，第242页。
[②] 余懿娴：《怀特海自然哲学——机体哲学初探》，北京大学出版社2011年版，第33页。
[③] [英] A. N. 怀特海：《科学与近代世界》，何钦译，商务印书馆2012年版，第139页。

在此基础上怀特海提出了其深具洞察力的价值观,强调"任何事物都有为自身、为他者以及整体的价值",① 每个个体是与他者、与整个宇宙紧密联系在一起的,我们的生存环境与我们是内在联系在一起的,整个自然的任何部分都是与"我"紧密相连的,是构成"我"的重要因素。个体与整体是统一在一起的,应当像对待我们自己一样去对待我们的环境。因此怀特海认为"普遍的善同个体利益之间的对立,只有当这种个体利益就是普遍的善,因而个体表现出轻度损失是为了在更大利益范围内重新发现有更好的组合时,才能加以消除"。② "内在关系"的观点强调整个宇宙中的要素都是通过内在联系的方式而生成的,每种现实存在都不能独立于的其他现实存在以及整个宇宙之外而存在。"内在关系"的观点使个体的价值与整体的价值能够统一起来。宇宙中的每一个要素的价值都通过他者而得到彰显、得到实现,每一个要素境况的改善,都将导致"我"的境况的改善。每一个"现实存在"都要意识到对他人、对环境产生的任何影响,都潜在地影响着自己的未来,整个宇宙的未来就是每个个体生活于其中的未来。

建设性后现代思想家继承了有机哲学重视内在联系的观点,进而强调"共在是现实,合生是权利、发展方式与应有状态",③ 整个宇宙是紧密联系在一起的命运共同体,事物存在的本真方式是休戚与共的"合生",因此有机哲学的观点强调以实现合生诸现实存在的共赢(微观层面)以及实现整体的共同福祉(宏观层面)为根本旨趣。

从这一观点出发思考教育问题,应当摒弃将教育中的任何要素视为能够脱离其他要素而存在的实体思维,并对中国当前教育中存在的实体思维保持警醒并提出批判。在批判实体性思维的基础上提倡关系性思维,关注教育内部各要素之间"牵一发而动全身"的内在关联,以内在联系的思维方式看待教育发展的具体问题,不将教育中的教师、学生、课程、教材、教学方法、教育管理等任何一个要素视为可以脱离其

---

① [英]怀特海:《思维方式》,刘放桐译,商务印书馆2011年版,第103页。
② [英]怀特海:《过程与实在——宇宙论研究》,杨富斌译,中国人民大学出版社2013年版,第19页。
③ 温恒福:《建设性后现代教育论》,《教育研究》2012年第12期。

他要素而孤立存在的实体。以"关系决定性质"①的眼光审视教育问题，强调教育是通过教与学、教师与学生、课程与教学、教材与教法等一系列复杂的关系而展开的，这些因素离开的对方就失去了关系的复杂性。教与学、教师与学生、课程与教学、教材与教法任何一个因素离开了对方都将使自身失去存在的意义，离开了彼此的关系就解构了教育的本真追求。因而对教育问题的思考应当从几者之间互动的复杂性关系入手，不能离开了"教"去谈"学"、离开了教师去谈学生。更为重要的是，考虑教育中任何要素的价值都要兼顾"为自身、为他者以及整体的价值"这三个维度价值的均衡，要从整体性的宏观角度对教育的发展做出定位，以共同体的视野审视教育的发展，以社会主义现代化强国建设的最终实现为根本指向，引领教育理论的建构。还不能因整体的价值剥夺教育中任何要素自身的价值，应当以尊重部分价值的方式促进整体价值的实现。如不能为了教育目标的实现，而对压抑学生的个性、限制学生的天性，而应当在尊重学生的天性、个性的基础上，实现教育所追求的目标。

三　反对笼罩万物的普遍性，重视对他者开放

寻求笼罩万物的普遍性是现代理性（启蒙理性）"理性的功能"，也是现代性精神的基本追求，正如上文所述，怀特海并不排斥对具有普遍解释力的宏大体系的寻求，但建设性后现代思想家非常注意体系的开放性，以避免形成话语的独断，压抑声音的多样性。

建设性后现代思想并不片面地重视事物存在的统一性——"一"或是事物存在的多样性——"多"中的任何一个方面，而是认为"一"与"多"和创造性一样都是推动世界生成的最根本性范畴以及整个宇宙论体系"预设前提的普遍原理"②——"终极性"范畴。怀特海认为宇宙发展、演化"终极的形而上学原理就是从分离状态向联合状态进展，创造

---

① ［英］怀特海：《过程与实在——宇宙论研究》，杨富斌译，中国人民大学出版社2013年版，第4页。
② ［英］怀特海：《过程与实在——宇宙论研究》，杨富斌译，中国人民大学出版社2013年版，第25页。

出一种新的、有别于呈分离状态的各种既定存在的存在"。① 从最根本的意义上讲，世界生成的过程就是一个"多生成一并由一而长"的过程，②"一"和"多"相互内在联系，作为统一性的"一"是由"多"生成的。同时由于从"多"生成"一"的过程是一个创造性的过程，因此在生成过程内部看"多"的"合生"生成了崭新的"一"，在生成过程外部看由"多"生成的崭新的"一"又成了与原有世界所不同的"多"，因而世界的生成是"多"与"一"辩证转换的过程。怀特海认为在终极意义上"一"与"多"有上述的内在联系，因此建设性后现代思想家不否认作为统一性的"一"的重要性，但更加推崇作为差异性的"多"，"多"不仅不是世界发展的障碍，反而还是丰富世界发展的重要推力。

建设性后现代思想与利奥塔、福柯、德里达等解构性后现代思想家对"多"和"差异"的推崇还是有一定差别。解构性后现代思想家对差异的推崇是以"相对主义真理观"为基础的，在解构性后现代思想家看来，世界并不存在绝对的终极真理，任何人类的认识都不过是从一定视角出发的"合理解释"，任何对事物本质的把握都是"家族性的相似"，因此任何理论都不过是"语言游戏"。从这种真理观出发，解构性后现代思想家认为差异与统一之间存在不可弥合的鸿沟，强调差异的存在是为了差异而差异，任何想将差异与统一融合起来的努力都是徒劳。

作为建设性后现代理论基础的怀特海有机哲学是在承认建构宏大宇宙论体系的可能性前提下，将重视差异作为实现真理的必要前提，倡导只有通过他者之间的相互对话、相互比较才能更好地形成对世界统一性的把握。怀特海认为差异的存在是文明发展的"天赐之福"，"习俗不同的其他国家并不是敌人。它们是天赐之福。人类需要邻人们具有足够的相似处以便相互理解，具有足够的相异处以便引起注意，具有足够的伟大处以便引起羡慕。"③ 一个文明只有通过与自己不同的"他者"对比，才能更好地够注意到自己的特点、才能更好地审视自己并理解他人。因

---

① [英]怀特海：《过程与实在——宇宙论研究》，杨富斌译，中国人民大学出版社2013年版，第26页。

② [英]怀特海：《过程与实在——宇宙论研究》，杨富斌译，中国人民大学出版社2013年版，第25页。

③ [英]A. N. 怀特海：《科学与近代世界》，何钦译，商务印书馆2012年版，第228页。

此小约翰·科布先生在演讲中将"怀特海式的观点称作'深度多元论'",①意在与解构性后现代思想家提倡的"多元"做出区别的同时,表达一种对差异的重视。王治河教授将怀特海哲学的一般特征概括为"向他者的开放"。②

"对他者开放"的态度意味着对已经存在的他者的开放。让各种实际存在者的不同声音按照自己的逻辑表达自己的态度,而不是带着"我"的经验负载、理论负载或是基于"我"的头脑主观建构对他者的理解(这种理解他者的方式会将不可避免地将他者全部理解成"我")。怀特海对人类应当如何理解自然的问题的讨论,生动地体现了对他者开放的态度。怀特海根据心灵对待自然的不同态度,将心灵与自然的关系分为"同质地"想到自然与"异质地"想到自然两类。③ "异质地"想到自然的思想强调自然是通过思想的加工才能够被认识。"同质地"想到自然是指"可以在不想到思想时想到自然",④ 怀特海认为人类应当以同质地方式去理解自然。实现"对他者开放"应当以这种"同质"的态度去理解他者,承认人对他者的理解需要经过思想、心灵的作用,但他者的存在方式对心灵是"封闭"的,应当在尊重他者的特性的基础上去理解他者。人对他者的"认识行为并没有把任何东西加于经验之上,而只是遇见已经存在于那里的东西。"⑤ "同质"地看待他者强调不将"我"的逻辑强加给他者,他者的美感、价值、意义是基于他者的独特性而存在的,并不是为"我"而存在的。这样我们能够从他者本身的眼光去欣赏他者、理解他者、爱护他者。正因此,科布先生认为对他者开放首先意味着"客观地审查各种传统而不推崇任何一个传统,以便它们的相对强弱能够公正地得到检验",⑥ 即如同老子所提倡"以身观身,以家观家"的方

---

① 黄铭:《过程与拯救:怀特海过程哲学及其宗教文化意蕴》,宗教文化出版社2006年版,第329页。
② 王治河:《后现代哲学思潮研究》,北京大学出版社2007年版,第317页。
③ [英]阿尔弗雷德·诺思·怀特海:《自然的概念》,张桂权译,译林出版社2000年版,第2—3页。
④ [英]阿尔弗雷德·诺思·怀特海:《自然的概念》,张桂权译,译林出版社2000年版,第2页。
⑤ 陈奎德:《怀特海哲学演化概论》,上海人民出版社1988年版,第46页。
⑥ 黄铭:《过程思想及其后现代效应》,宗教文化出版社2010年版,第184页。

式,通过"以他者观他者"的方式去理解他者,从他者自身的立场出发,带入"他者"的视角中去真正理解"他者",而不是预设某种高于"他者"的价值优先,以俯视的视角去理解"他者"。理解任何理论时,就尽可能从该理论自身观点出发去审思其特点,而不是高于任何理论的前在性视角去俯视这一理论。从了解他者的基础上,"我们也可能对其中某一套理论更感兴趣。但我们只要有继往开来的精神,我们就会等待而不会相互攻讦",① 不因个人对某一套理论的"很感兴趣"而去贬低他者甚至相互攻讦,而是以继往开来的精神,从实现共同体共同福祉的宏大愿景出发,以开放、包容的态度去接纳他者、欣赏他者、包容他者,才能真正地实现怀特海所提倡的"对他者开放"。

按照上述观点,教育理论的建构,应当以"对他者开放"的态度汲取先进教育理论精华探寻中国教育理论。首先应当以"对他者开放"的态度、方法对可借鉴的理论进行澄清。其关键就在于在尊重任何一个理论视角的价值的基础上,通过"以理论观理论"的方式去澄清这种理论。这首先要求尊重理论自身的逻辑,使该理论按照自身的理论前提、理论框架、理论逻辑展开自身的理论体系,不以现实的逻辑干扰甚至篡改理论的逻辑,这是实现"对他者开放"的前提。在此基础上,从理论自身的观点出发去澄清并分析其自身价值与优缺点,而不是预设一个高于上述理论的视角对其进行审视、批判,更不事先预设任何一种理论的价值高于其他理论,从而以"对他者开放"的态度、方法对该理论进行澄明并厘清其优缺点,在此基础上结合中国实际思考如何借鉴先进理论推进新时代中国教育理论的建构,而不是盲目、机械地受限于某一理论视角进行坐而论道式的"玄思"。

四 批判二元对立,提倡积极的中庸

二元对立的思维方式究其根源是一种逻辑化的思维方式,即在定义"A"的基础上通过"A"与"非A"的对立对事物进行分类,如天鹅可以分为白色的和不是白色的两类。从这个意义上讲,二元对立的思维是思想追求理性化、逻辑化的合理要求,有其进步意义。

---

① [英] A. N. 怀特海:《科学与近代世界》,何钦译,商务印书馆2012年版,第203页。

具体而言，现代性思维普遍采取将"实体—属性""主体—客体""精神—物质""唯物—唯心"之间进行截然划分的二元对立思维方式理解世界，这种思维方式推动了对世界的理解，尤其在这种思维方式基础上建立起的近代认识论哲学是人类思想的重要里程碑，但这种现代性思维方式也存在不少问题。

其一，从这种思维方式自身逻辑看，一方面二元对立思维是一种"A"与"非A"之间对立的思维方式，采取这种划分的逻辑前提是认为"实体—属性""主体—客体""精神—物质""唯物—唯心"处于"非黑即白""非此即彼"的对立关系，造成了"实体—属性""主体—客体""精神—物质""唯物—唯心"之间的彼此割裂。建设性后现代思想家反对这种对事物进行截然割裂的思维，认为对二元思维造成的身心之间的对立、事实与价值之间的对立给世界的发展带来了不良影响，尤其是主体与客体之间的截然分割给世界的发展带来了巨大的危害。另一方面建设性后现代思想家认为二元对立思维是一种非此即彼、非黑即白的简单化思维，从这种观点来看一个思想家被归为现代的，他的思想中就不应有后现代成分，这种认识世界、理解世界的方式虽有助于人类更好地把握世界，但也造成了人类所把握到的世界的"脸谱化""简单化""教条化"，以机械抽象的"脸谱式"划分消解了问题的复杂性。

其二，从这种思维预设的前提看，二元对立思维是一种"A"与"非A"之间对立的思维方式。因而就理论的逻辑前提看，二元对立思想预设的前提是"实体—属性""主体—客体""精神—物质""唯物—唯心"是"A"与"非A"的关系，即"实体—属性"关系中"属性"＝"非实体"，"精神—物质"关系中"精神"＝"非物质"，"唯物—唯心"关系中"唯物"＝"非唯心"，而大多数二元对立论者并没有对这一前提的合理性进行论证，而是将之作为不证自明的前提，使这种理解方式存在概念引申的不合法的危机。更为严重的问题在于，二元对立的思维方式以"A＝A"为前提，在常识的意义上看，这种思维似乎是不证自明的，但从建设性后现代的视角来看，这种思维方式是预设"A"是固定的实体性的存在为思维前提的，而这种思维前提正是建设性后现代思想家所批判的实体思维。因此建设性后现代思想家倡导应当超越非此即彼的二元对立思维。

建设性后现代方法论致力于"反对非此即彼的二元论对立和我胜你败、你死我活的斗争论","在反正之间、左右之间、现代后现代之间、肯定与否定之间、主动与被动之间、重点与全面之间等相互对立的事物与力量中寻求第三种可能",并将这种探寻方式称为"积极的中庸"。①"积极的中庸"的提法很好地概括了建设性后现代思想寻求超越"非此即彼"的二元对立方法的"第三条道路"。因为中国的文化特点容易对超越非此即彼和中庸产生误解,因而本书拟通过对"积极的中庸"的一些错误的理解的对比去讨论如何理解"积极的中庸"。

第一,"积极的中庸"不同于消极的中庸。中庸一词来自中国传统文化,按照《四书章句集注》的解读,"不偏之谓中,不易之谓庸","中者,不偏不倚、无过不及之名。庸,平常也。"中庸就是对事物的度恰到好处的把握,既不"过分"也不"不及"。传统儒家认为中庸是君子身上的一种优良德性,"中庸之为德也,其至矣乎,民鲜久矣。"(《论语·庸也》)按照朱熹的解读作为德性的中庸乃"有君子之德,又能随时处中,方为恰到好处"。在原初意义上,中庸是一种以君子之德为指引,恰到好处的行事原则。由于对中庸的错误理解,忽视了中庸对君子之德的要求,和中庸"不偏不倚、无过不及"的"中"的要求,把中庸简单地理解成对"平常也"的"庸",衍生出了一种具有消极影响的"消极的中庸"的思维。这种思维将中庸思想理解为一种不作为、不出头的消极的思想,以犬儒、厚黑、避世的态度去实现所谓的"中庸"之道,这种消极的态度不能真正实现对"第三种可能的寻求"。"积极的中庸"之所以称为"中庸"就是对儒家"不偏不倚、不过不及"以恰到好处的方法去解决问题的方法论的继承,从而实现"第三种可能的寻求"。而强调"积极"就是要避免对中庸的消极理解,"积极的中庸"并不是强调通过消极无为去实现平常之"庸",而是强调以"中庸"的方式积极的解决问题,以更好地解决问题为导向,恰到好处的解决问题的方式。

第二,"积极的中庸"也不同于常识意义上的"庸俗的辩证法"。在中国特定的文化中,一提到超越非此即彼,人们非常容易联想到的一个名词就是辩证法。辩证法的思想可以溯源到古希腊的赫拉克利特时期,

---

① 温恒福:《建设性后现代教育论》,《教育研究》2012 年第 12 期。

经过黑格尔的发展，朴素的辩证法变为"内涵辩证法"，马克思进一步继承并发展了黑格尔的辩证法。因而马克思理论意义上的辩证法具有深刻的理论含义，然而由于缺乏对内涵辩证法的深刻理论的理解，人们往往在常识的意义上将马克思的"内涵辩证法"理解为一种马克思所批判的"庸俗辩证法"。这种思维方式没有认识到马克思所倡导的"内涵辩证法"是建立在具体问题具体分析之上的、与实际问题、实际情况紧密结合的内涵逻辑，更为重要的是，这种"庸俗的辩证法"没有意识到马克思所强调的辩证法的合理内核不在于建立在"A"与"非A"二元对立基础上公式性地强调对二者的兼顾，而在于强调"除了生成和灭亡的不断过程、无止境地由低级上升到高级的不断过程，什么都不存在"，[1] 即以发展性、过程性的眼光去看问题。"庸俗的辩证法"抛弃了"内涵辩证法"的合理内核，只抓住了辩证法的外在形式，并将之泛化为可套用在一切问题之上的没有具体性的刻板公式：既然"A"和"非A"的两极对立是不正确的，那么超越二元对立的思维就应当"辩证"的看问题，就是我们在认识问题时既不要"A"也不要"非A"，而应当一方面注意到"A"另一方面也要兼顾"非A"。马克思批判这种"庸俗的辩证法""不过是可以用来套在任何论题上的刻板公式，不过是可以用来在缺乏思想和实证知识的时候及时搪塞一下的词汇语录。"[2] 怀特海强调"对当前经验的解释是证明任何思想合理性的唯一证据"，[3] 对"积极的中庸"不应当成为刻板的套用公式、缺乏思想的语录性词汇，而应当是立足问题的具体情境、根据问题的实际特点在具体事实基础上对"第三种可能的寻求"。更为重要的是"积极的中庸"认为"庸俗的辩证法"的方式实现的是A与非A外部的、非实质的联系，按照这种融合方法作为融合对象的"A"与"非A"依然是两个互相外在的孤立个体，而"积极的中庸"则强调通过"A"与"非A"内部要素之间"品质、位置、关系和运作机制的结构性调整与再造"[4] 打破"A"与"非A"之间彼此孤立的截然界限，形成新

---

[1] 《路德维希·费尔巴哈和德国古典哲学的终结》，人民出版社2018年版，第9页。
[2] 《马克思恩格斯选集》第2卷，人民出版社2012年版，第10页。
[3] ［美］大卫·雷·格里芬：《怀特海的另类后现代哲学》周邦宪译，北京大学出版社2013年版，第10页。
[4] 温恒福：《建设性后现代教育论》，《教育研究》2012年第12期。

的整体结构，通过一定的整体结构将"A"与"非A"的要素联系在整体内部，实现二者有机的统一。

第三，从根本上来说"积极的中庸"是建立在事物内在联系的观点基础之上的方法论。传统二元对立的观点与建设性后现代思想家所强调的"积极的中庸"的观点之间的根本分歧在于，传统观点认为事物是由彼此孤立的实体构成的，因此事物之间可以"非此即彼"的对立起来。而怀特海认为事物是内在联系的，任何事物都需要通过与他者的联系构成自己，相比于实体"关系"才是影响事物性质的根本。事物只有通过与他者的联系才能真正地生成自己，从根本上说整个宇宙都是内在联系在一起的共同体，合生才是存在论意义上事物存在的"本真状态"。正是因为事物通过互相内在联系而存在，因而彼此之间无法真正"非此即彼"地对立起来。"积极的中庸"是以承认事物之间的内在联系为前提，从事物彼此之间的合生角度进行的思考。因而从存在论的意义上看"积极的中庸"方法，是以实现合生共同体的共同福祉的达成为根本目标的而超越事物间"非此即彼"的截然对立的"第三种可能"。

简言之，"积极的中庸"从态度上看，是超越消极中庸的不作为，以寻求积极进取、更好地解决实际问题为导向的方法论追求；从方法上看，是超越刻板、教条，立足实际情境寻求超越非此即彼的第三种可能的方法论追求；从目标上看，是超越个体利己性主义，追求共同体利益基础上超越事物间"非此即彼"的截然对立，追求不同事物融合共生的"第三种可能"的方法论追求。

从一般意义上看，从积极的中庸角度思考教育问题，关键在于摒弃以非此即彼的二元对立思维与"是就是不是就不是"的简单思维去理解中国的教育问题，以在"相互对立的事物与力量中寻求第三种可能"（简称"寻求第三种可能"）的思维方式去理解教育问题，并以寻求合生、实现共赢为价值导向推动教育的发展。

具体而言，应当以本书谈到的建设性后现代的方法论尤其是"积极的中庸"的方式探求新时代中国教育发展的可能，具体可以从如下两个方面理解如何按照"积极的中庸"的方式推进新时代的教育的发展：

其一，按照态度上的"积极进取"的要求，以积极解决中国教育问题为导向，以问题思维超越视角思维，借鉴先进理论来推动中国教育发展的同时不前在性地赋予任何一个理论视角本身以优越性,而以有助于新时代现代化建设、有助于解决中国教育中的实际问题为根本指向,探求中国教育发展的建设性后现代向度。

其二,"积极的中庸"是以承认事物的内在联系为前提、以追求合生整体的共同福祉为指向的"融合",因而以"积极的中庸"为方法是一种以整个教育的整体状况的改进为根本指向的"寻求第三种可能的思维"。

第三章

现代教育与解构性后现代教育的批判性反思

现代教育理论与解构性后现代教育理论是与建设性后现代教育理论具有紧密联系的两种教育理论，尽管现代教育在一定历史时期内推动了教育的发展，并且成为当代教育发展的主要趋势，但现代性的过剩给教育带来的危机已经在中国开始显现。随着现代教育危机的逐渐显现，解构性后现代教育逐渐引起了学界的关注，但解构性后现代对现代教育过于彻底的批判态度给教育的发展带来了更多的危机。

第一节 现代教育危机的反思

一 现代化理论分析

对现代化理论进行分析，首先应当对"现代性"与"现代化"这对常见概念做出区分。学界关于现代化相关的问题的著作汗牛充栋，不同学者分别从历史、政治、经济、文学、艺术、哲学等不同角度对这一问题提出了不同的看法，产生了诸多对于什么是现代化的不同理解方式，如"安东尼·吉登斯从社会学的角度将现代性等同于'工业化的世界'与'资本主义制度'，尤尔根·哈贝马斯从哲学的角度将现代性看作是一套源于理性的价值系统与社会模式设计，米歇尔·福柯同样也从哲学的视角出发，不过却将现代性视为一种批判精神。"[①] 不同思想家对现代化

---

① 陈嘉明：《现代性与后现代性十五讲》，北京大学出版社2006年版，第5页。

的理解存在较大差异,按照吉登斯的视角现代化被视为实际存在的生产方式或经济制度,而哈贝马斯与福柯则将经典现代化理解为精神或性质,上述差异的存在给理解现代化理论带来一定困扰。按照美国学者马泰·卡林内斯库的观点现代化理论包括现代性、现代化与现代主义三个方面的内容,[1] 其中现代主义是以波德莱尔等人为代表,包括意象主义、超现实主义、立体派、哈莱姆文艺复兴等的通过艺术、文学表达的"一种忧郁的、深刻的怀疑主义和强烈地自我批评的文化",[2] 与"现代"相比现代主义其精神气质与后现代思想更具亲和性,不在此处讨论。本书仅在现代化理论语境中的现代性与现代化这对概念做出区分,对如何理解中国的现代化问题进行进一步分析,以便更好地理解从不同学科、不同角度出发对现代化问题的思考。

厦门大学陈嘉明教授认为从理论角度看"现代性与现代化关涉不同的领域",[3] 现代性理论主要是从哲学视角"反思'现代'的时代意识与精神",[4] 主要是从精神、观念角度对现代问题的审视,按照这种划分哈贝马斯强调的"理性"与福柯提倡的"批判精神"可以称为从现代性维度展开的思考。现代性精神可以理解为当代具有先进水平的社会所体现的社会精神,或代表时代先进水平的"时代精神的精华",因而可以将从现代性角度进行的理论分析称为现代性精神。

金耀基教授提出现代化问题包括"器物技能的层次、制度的层次、思想行为的层次"三个层次的问题,[5] 按照这种划分方式现代性精神显然是从思想行为层次对现代化的理论性把握,那么从"器物技能的层次与制度的层次"的理解则可以归为从现代化层次对经典现代化问题的理解。即现代化趋势主要是从当代社会的政治、经济、文化制度以及先进的科学技术角度对现代的理解,为与本书前面谈到的现代化做出区别,本书

---

[1] [美]马泰·卡林内斯库:《现代性的五副面孔——现代主义、先锋派、颓废、媚俗主义、后现代主义》,顾爱彬、李瑞华译,商务印书馆2004年版,第336页。

[2] [美]罗伯特·皮平:《作为哲学问题的现代主义——论对欧洲高雅文化的不满》,阎嘉译,商务印书馆2007年版,第6页。

[3] 陈嘉明:《"现代性"与"现代化"》,《厦门大学学报》(哲学社会科学版)2003年第5期。

[4] 陈嘉明:《现代性与后现代性十五讲》,北京大学出版社2006年版,第36页。

[5] 金耀基:《中国文明的现代转型》,广东人民出版社2016年版,第5页。

将从理论角度对现代化的分析称为现代化趋势。

如果说现代性是现代社会所具备的精神、性质的"表征",现代化则是现代社会实然的科学技术水平、政治经济文化制度等现代化趋势的"表现"。

从历史发展角度看,尽管学界对现代化起点尚无共识,但总体而言学界普遍认为工业革命、文艺复兴和启蒙运动对现代化的进程具有重要影响。按照本书的界定,现代化理论包括现代性精神与现代化趋势两个方面问题,现代性精神是从精神、观念的角度去"表征"作为"现代"的时代精神,现代化趋势是从社会发展趋势尤其是生产方式以及经济、政治制度的角度去把握现代社会发展的特征,本书借鉴这一划分,分别从现代性精神与现代化趋势两个维度对经典现代化特征加以分析,并在此基础上审思经典现代化的发展趋势可能给中国教育发展带来哪些不良影响。

(一) 理性精神是现代性精神的核心

正如石中英教授所言"现代社会,无论它采取何种具体的形态,最主要的特征就是'理性化'",[1] 理性精神是现代性精神的核心理念。对理性精神的关注可以上溯至古希腊时期,苏格拉底就曾提出未经省思的生活不值得过活的说法,因而追求理性从原初意义上就成为古希腊哲学的气质,但这种追求理性的选择是由于开创者的天赋偶然走上的这条道路,后续者未经批判地按照这个传统走下去。因而古希腊时期对理性的关注并未获得哈贝马斯所言的"现代性的自我确证"。[2] 而经典现代化时期哲学家对理性的把握经历了中世纪"非理性"(信仰)的时代,使人类思想经历了"非理性"的其他可能丰富后,在重新通过自我选择回到了理性的道路上。正如梁漱溟先生对这一变化的评价:古希腊时期对理性的强调是"无意中走上去的",而现代性哲学对理性的强调"是有意选择而走的。……是经过批评判断的心理而来的",[3] 通过与中世纪的非理性

---

[1] 石中英:《教育哲学》,北京师范大学出版社2007年版,第155页。
[2] [德] 尤尔根·哈贝马斯:《现代性的哲学话语》,曹卫东译,译林出版社2016年版,第19页。
[3] 梁漱溟:《东西文化及其哲学》,商务印书馆2013年版,第69页。

对比，更加明确了理性的自我意识。只有形成了对理性的自我意识，人类才真正地开始主动运用理性。正经历了"非理性"的时代，人类在运用理性进行判断时，知道自己是在运用理性，并主动地选择以理性为方法、方式进行判断。哈贝马斯将这一主动选择理性的过程称为"现代要求确证自己的问题"，并将之视为现代化达到成熟的标志，① 在这个意义上讲，从对理性的关注经由中世纪非理性思想的丰富，重回对理性的关注，所反映的正是理性"自我确证的过程"，经由了这一"自我确证的过程"才实现了理性的成熟。因而只有在经典现代化阶段，实现了理性的"自我确证"，才真正地实现了理性的成熟。

（二）工业化、市场化、民主化、法治化是现代化趋势的重要特点

从现代化角度进行分析，关键在于澄明从生产方式、社会制度角度看现代化包含哪些趋势。一般而言主要指工业化的生产方式、市场化的经济制度、民主化与法治化的政治制度。

从生产力、生产关系的角度看。吉登斯认为现代化"大致等同于'工业化的世界'与资本主义"，② 这与马克思对现代化的定位基本一致。尽管马克思没有明确地提出"现代化"的概念，但明确地提出过"我们的时代，资产阶级时代"③ 的说法，即从"资产阶级"时代去定位他所处的时代——经典现代化的时代。马克思在《共产党宣言》中将这一时期的主要特点概括为"大工业和世界市场建立"④。按照马克思的观点生产力的发展以生产方式的改进为核心，那个时期唤醒生产力发展的动力主要来自工业革命，大工业的兴起成为推动生产力发展的革命力量。一方面，就生产关系角度看，从传统社会向资本主义社会转变的过程，是传统自给自足的自然经济开始衰退市场化的经济关系逐步兴起的过程。因而"工业化的生产方式、市场化的经济制度"是现代化趋势的两个重要方面。另一方面，从政治制度角度看，经典现代化发展的过程是神权和君权不断被消解，民主取代专制、法治代替人治的过程，因而民主化、

---

① ［德］尤尔根·哈贝马斯：《现代性的哲学话语》，曹卫东译，译林出版社2016年版，第19页。
② 陈嘉明：《现代性后现代性十五讲》，北京大学出版社2006年版，第4页。
③ 《共产党宣言》，人民出版社2018年版，第28页。
④ 《共产党宣言》，人民出版社2018年版，第29页。

法治化成为从政治制度角度理解现代化趋势的两大特点。

因而，从现代化趋势角度看，"工业化的生产方式、市场化的经济制度、民主化、法治化的政治制度"是现代化趋势的核心特征。因而按照本书分析，社会现代化的实现包括现代性精神和现代化制度两个方面的实现，现代性精神以理性精神为核心，现代化制度以"工业化的生产方式、市场化的经济制度、民主化、法治化的政治制度"为主要趋势。就二者关系而言，现代化的本质是现代性的增长"，①"理性精神是现代性的核心，更是科学、民主等现代化制度得以充分展开的精神基础"，因而可以将现代化概括为"以理性精神为核心的工业化、科学化、民主化、法制化"。②

二 现代理念带来的教育危机

现代化的追求对推动教育发展及社会发展起到了重要的作用，在承认教育的现代化诉求的巨大积极意义的基础上，也应认识到随着现代化进程的发展产生了诸如工具理性的过盛等问题，到现代教育取得了卓越的成就，但其危害也很严重，需要用建设性后现代教育思想加以改造。这里的现代教育特指在现代性作用下的教育现象与机制。尤其是现代社会存在的实体哲学思想、理性主义、科学主义、机械世界观、工业主义、欧洲中心主义、资本主义制度下的市场经济机制、个人主义、消费主义、狭隘民族主义、极端自由主义和非此即彼的二元对立思维方式给教育带来的危害值得警醒。这些危害在教育中主要表现为教育工厂化、理性扩大化、标准化、功利化、片面化、学科化、机械化、二元对立、庸俗化等现代特征，其主要不良影响体现在如下两个方面。

（一）使教育中的理性窄化为工具理性

工具理性又称"目的—工具"理性，是指"通过对外界事物的情况

---

① 褚宏启：《教育现代化的路径——现代教育导论》，教育科学出版社2015年版，第30页。
② 喻聪舟、温恒福：《融合式教育现代化——新时代中国特色社会主义教育现代化的新趋势》，《教育学报》2018年第1期。

和其他人的举止的期待，并利用这种期待作为'条件'或者作为'手段'，以期实现自己合乎理性所争取和考虑的作为成果的目的。"① 这种理性是以目标是否达成作为评判事物的根本出发点思考问题的理性。正如冯建军教授所言教育中"现代病"的产生根源不在于对理性的推崇，而在于"使理性变成了单一的实证理性、科学理性"，② 工具理性的过盛是当代中国教育发展的一个严重问题。

首先，教育对工具理性的过度追求将不可避免地导致教育中实质的非理性。正如乔治·瑞泽尔所论证的，对工具理性的偏执运用会导致"理性系统不可避免地衍生大量的非理性，进而限制、抵消甚至损害它们的理性"，③ 教育中对工具理性的偏执应用可能造成事与愿违的结果，主要表现在如下两个方面。

一方面，工具理性的过盛会导致为了部分利益不顾整体利益的短视行为。工具理性是一种追求以效率最大化方式实现既定目标的理性。按照传统观点，系统内部各子系统按照工具理性的思维实现各自效率的最大化，便能实现系统效率的最大化。如亚当·斯密提出在市场这只"看不见的手"调控下，每个人按照各自的工具理性追求各自利益的最大化，将有利于实现整个系统资源的优化配置，实现整个系统状况的改进。然而正如约翰·纳什所论证的，在很多情况下每个人按照各自工具理性去寻求自己利益的最大化，其结果可能会如"囚徒博弈"模型的"纳什均衡"一样，带来的是整个系统最差的结果。同样，在教育系统中，若各子系统都仅从各自角度出发，以工具理性思维追求自身利益的最大化，将不可避免地使教育发展陷入"囚徒博弈"的困境，各个部分的工具理性带来作为教育整体的实质非理性。如在教育中各系统不顾其他系统的发展，盲目追求自身发展，导致学校与学校间、学生与学生间激烈的竞争。

---

① ［德］马克斯·韦伯：《经济与社会》上册，李荣远译，商务印书馆1997年版，第56页。

② 冯建军：《教育现代性的反思与批判》，《南京师大学报》（社会科学版）2004年第4期。

③ ［美］乔治·瑞泽尔：《汉堡统治社会?!——社会的麦当劳化》，姚伟等译，中国人民大学出版社2013年版，第185页。

另一方面，工具理性过盛导致发展的不可持续，以短期的发展损害长远的发展。工具理性是一种不考虑目标合理性，只考虑如何更有效地实现目标的思维，这种思维方式存在短视性弊端。受工具理性思维的影响，个体可能会以牺牲长远利益和整体利益为代价去追求当下目标的实现，当代社会工业化对生态的破坏就是典型的例子。这种工具理性思维在教育中同样容易导致教育的不可持续发展，如为达到应试的目的不惜扼杀、耗光学生对学习的热情。

其次，教育中工具理性的盛行导致了教育中理性对于非理性的压制，使学生身体、意志、情感、信仰的蓬勃发展受到了理性的规训，使教育中价值、情感、理想方面的因素消褪，导致教育的"祛魅"。按照马克斯·韦伯的观点，祛魅的世界中"只要人们想知道，他任何时候都能知道，从原则上说，再也没有什么神秘莫测、无法计算的力量在起作用，人们可以通过计算掌握一切，而这就意味着世界祛魅。"[1] 祛魅的时代中如马克斯·韦伯所言"因为它所独有的理性化和理智化，……那些终极的、高贵的价值，已从公共生活中销声匿迹。"[2] 随着教育中的工具理性的盛行，教育越发重视"价值中立""价值无涉""绝对客观"，使中国当前的教育"缺乏人情味、生动和'自由'，还可能变得死板、冷漠，让人失去对自身精神世界的关注与体验"，[3] 在以应试为导向的教育模式下，使学生身体、情感、意志、理想信念的发展受到忽视甚至规训，交往能力与实践能力的发展受到限制。更为严重的问题在于，工具理性是以目标达成为指向的理性思维，缺少价值、情感、理想约束的工具理性容易成为无边界的理性，使目标达成成为人类唯一的行为指向，容易导致为达目的不择手段、甚至不惜损害他者利益。按照工具理性的思考，为了达到社会整体的改进，损害一部分人的利益是完全合理的，在这个意义上讲，齐格蒙·鲍曼所言的"正是现代文明化的理性世界让大屠杀变得可

---

[1] ［德］马克斯·韦伯：《学术与政治》，冯克利译，生活·读书·新知三联书店2016年版，第29页。

[2] ［德］马克斯·韦伯：《学术与政治》，冯克利译，生活·读书·新知三联书店2016年版，第48页。

[3] 栾天：《为了理性的信仰：教育观的现代性与后现代之思》，《东北师大学报》（哲学社会科学版）2009年第6期。

以想象"并非危言耸听。① 同样的逻辑，从工具理性的角度考虑，为了整个班级教育效率的改进，应当将更多的精力放到培养那些有天赋、聪慧、努力上进的学生身上。这就导致了当前教育中存在的为了提升整体的升学率、为了班级多考出"清华""北大"的学生，一些天赋不够或不够上进的学生可能会被弃之不顾的现象。这严重地损害了教育公平，违背了以人为本的现代性精神，从而使教育现代化的追求走向了反现代化的结果。

（二）数字崇拜理念冲击教育的健康发展

毫无疑问工业化是现代化的重要进程，将工业化理念引入教育之中也在一定程度上推动了教育的发展，完全地拒斥工业式的教育必然会导致教育发展的倒退，工业化对教育的冲击的一个直观方面就是对数字的崇拜。数字崇拜的表现就是重视结果评价的可操作性、可测量性，将数字指标作为评价事物的重要标准，以数字取代事物本身成为衡量事物的标准。数字崇拜的理念同样对教育造成了严重的冲击，教育是育人活动，人的发展的特点导致了教育结果的"不可测度性"。一方面，所谓十年树木，百年树人，教育对人的影响往往要通过十几年甚至几十年的时间才能显现出来，尤其是学生在学校中获得的真正成长往往是那些真正触动他心灵的、能够对他一生产生影响的理念，而这些东西恰恰是不可立即评估的。另一方面，学生通过教育获得的成长是方方面面的，而这些方面中人性的丰盈、情感的升华、为人处世的能力、待人接物的礼节往往是难以通过数字所反映、评估的。上述两个方面的问题使教育大部分内容成为不可数字化、标准化的。数字崇拜的理念导致教育放弃了对教育中这些不可数字化的方面的关注，转而关注教育中可数字化测量的方面。而在教育中最容易通过数字化的方式表现出来的方面就是学生的考试成绩，因而教育中数字崇拜的最直观结果就是学生的考试成绩成为评价教育成败甚至决定学校兴衰、教师发展的最重要因素。教育中工具理性的倾向使达成目标成为评价教育成败的唯一问题，教育中数字崇拜的倾向又使学生的考试成绩成为教育最为关注的目标之一，在工业化的两种观念的合谋之下，中国的教育不得不在应试教育的泥淖中艰难前行。

---

① ［英］齐格蒙·鲍曼：《现代性与大屠杀》，杨渝东、史建华译，译林出版社 2015 年版，第 18 页。

第二节　解构性后现代理念带来的
教育危机的反思

后现代"与其说是一个时代，不如说是一种态度，一种反现代的态度"，① 作为"一种反现代态度"的后现代主要表现为一种反现代的思潮，而非真实的社会发展趋势，因此后现代思潮主要表现为从现代性精神角度展开的批判、反思。

一　解构性后现代理论的特征分析

正如孙正聿先生所言，"终结哲学""消解哲学"的观念"其实质正是以'消解''终结'哲学的方式而批判地反省近代哲学所弘扬的'理性'"。② 这一时期的时代精神就表现为对现代性核心的理性精神的批判。理性精神是现代性精神的核心，解构性后现代思想家对现代性的批判主要表现为对理性精神的批判，对理性精神的不同态度是区分现代性与后现代性的重要理论边界。

中世纪以来西方理性精神的觉醒有力地推动了人的启蒙，将人类在宗教的"神圣形象"的笼罩下解放出来，有效地推动了社会工业化、市场化、民主化、法治化的发展。后现代精神所批判的现代性的危机是在理性的发展过程之中孕育的，是理性自身发展的必然结果，是理性自身发展所导致的反理性。从近代以来笛卡尔提出的作为"我思"的理性发展到了德国古典哲学时期地位不断高扬。康德强调"人的理性为自然立法"，将理性提升为万物的法则。黑格尔更进一步提出"凡是现实的东西都是合乎理性的"，③ 使"合乎理性"成为一切"现实之物"存在的标准，将"绝对理性"作为现实事物得以存在的本体论根基。后现代思想家对现代性的批判主要就是集中在反思理性的僭越造成的独断与盲目乐

---

① 王治河：《后现代哲学思潮》，北京大学出版社2006年版，第10页。
② 孙正聿：《塑造和引导新的时代精神——面向新千年的马克思哲学》，《中国社会科学》2001年第5期。
③ ［德］黑格尔：《法哲学原理》，范扬等译，商务印书馆1961年版，序言第11页。

观，致使"现代性的自我理解问题在理性的嘲弄中迷失了方向。"① 因此解构性后现代思想家的核心任务就是批判理性过盛带来的危机。后现代思想家认为现代性对理性精神的过度推崇造成了理性的独断，因此批判作为现代性核心的理性精神是一种"狂妄的理性"，冀图通过对"狂妄的理性"的批判消解理性的独断。

首先，从批判精神角度而言，后现代思想家提倡消解理性自身的"元叙事"② 地位。利奥塔提出后现代以"不相信元叙事"为标志，按照利奥塔的观点元叙事主要指"具有合法化功能的叙事"。③ 后现代思想家拒斥为知识合法地位提供保证的任何类型的宏大叙事。后现代思想家批判作为"元叙事"本身的理性。理性作为一种批判精神，质疑一切来自信仰、情感、身体感官的"不证自明"的信念的合理性，将一切"不证自明"的权威置于理性的法庭进行批判，作为批判精神的理性对人类的解放具有重要作用。但在解构性后现代思想家看来，理性对神权、君权、信仰、欲望、情感进行彻底的批判反思的同时，却恰恰忽略了对自身的批判，视理性为人类认识世界的唯一合理途径，认为在人类诸多理解世界的方式中，理性处于中心、深层的地位，其他方式处于边缘、表层的地位。在解构性后现代思想家看来，作为评判事物合理性的终极标准的理性是一种典型的"元叙事"，应当拒斥其作为"元叙事"的地位，从而使理性与身体感官、情感价值、崇高信仰之间的对话得以可能。

其次，"反本质主义是后现代主义的一个重要组成部分"④，基于反本质主义的立场解构性后现代思想家强调"世界中没有最高的普遍的本质，只有合理的家族类似"。⑤ 任何理论都不是对世界唯一可能存在方式的解答，而是在具体情境下产生的"语言游戏"，离开了具体的情境不存在绝对真理。我们可以用这样一个比喻来看待中世纪思想、现代化、解构性

---

① ［德］尤尔根·哈贝马斯：《现代性的哲学话语》，曹卫东译，译林出版社2011年版，第49页。
② ［法］利奥塔：《后现代性与公正游戏——利奥塔访谈、书信录》，谈瀛洲译，上海人民出版社1997年版，第169页。
③ ［法］利奥塔：《后现代的状况——关于知识的报告》，车槿山译，生活·读书·新知三联书店1997年版，引言第2页。
④ 石中英：《本质主义、反本质主义与中国教育学研究》，《教育研究》2004年第1期。
⑤ 石中英：《本质主义、反本质主义与中国教育学研究》，《教育研究》2004年第1期。

后现代思想的差别，如果把这几种思想比作一段旅途，中世纪思想是背着沉重负担的朝圣之旅；现代化是有明确目的地、有固定行程计划的旅游；解构性后现代则是完全没有目的地，全凭出行者自己喜好而行的游牧。

最后，后现代思想家拒斥现代思想家力图通过理性建立笼罩万物的宏大体系的努力，批判理性对笼罩万物的普遍必然性的寻求，强调关注差异性、断裂性。因此后现代思想家提出以"开放体系""局部决定论""反方法论"等"后现代知识法则"取而代之，[1]并旗帜鲜明的号召向整体性开战。福柯倡导以"力图认真对待这些差别……并在它们之间建立它们的差别的系统"[2]的知识考古学的方法代替对普遍规律的寻求，以对监狱、精神病史的研究取代"人性""真""善""美"等宏大概念的研究。解构性后现代思想家摒弃对理性基础上的普遍性、系统性的宏大理论体系的探究，转向对差异、细节、断裂的关注。

二 解构性后现代理念对教育的不良影响

如上文所述，解构性后现代对理性采取彻底否定的态度，这种思潮在一定程度上也对中国当代教育的发展产生了不良影响。作为现代性核心的理性精神是个体主动运用自己的理性去思考、批判、置疑的能力，对理性精神的过度消解容易造成教育中的个体丧失主动思考、辨别、批判的能力，成为"无思之人"，从而教育带来"无思"的危机。

首先，教育中的"无思"表现为只顾对知识的占有，忽视对知识本身的思考。教育中理性的缺位使受教育者成为占有知识的"饕餮"，面对学习的内容，不能真正以自己的理性去理解他们学到的知识，去真正审思这些知识的意义。在这样的情况下，也就使灌输成为教学的主要方式，机械记忆成为主要的学习方式。在基础教育阶段通过机械记忆的方式掌握一定数量的知识固然对学生发展是必要的，但忽视学生通过理性分析

---

[1] [法]利奥塔：《后现代的状况——关于知识的报告》，车槿山译，生活·读书·新知三联书店1997年版，第130页。

[2] [法]米歇尔·福柯：《知识考古学》，谢强、马月译，生活·读书·新知三联书店1998年版，第220页。

去掌握知识，容易使学生学习停留在浅层的学习的层面上，甚至将机械记忆误当作学习本身，从而为学生的终身学习乃至未来发展埋下隐患。在基础教育阶段灌输教学加机械记忆的学习可能有利于学生对知识的掌握、成绩的提升，但这种教学方式容易扼杀学生的兴趣，不利于终身学习的开展。更为重要的是，随着学生学习的深入，在科学教育方面学生的创新思维和想象力会扮演越来越重要的角色，但只有当学生在真正对问题进行深入思考的前提下创新和想象才能发生；从人文教育方面看，古往今来人文学科研究者、学习者都要从经典书目的学习入手，然而阅读同样的经典每个人的收获却可能完全不同，就在于学习者能否真正对阅读的内容进行深入的思考，离开理性的思考对知识的盲目占有不利于学生未来的发展。

其次，教育中的"无思"还表现为对学习内容的意义"无思"，导致学生不能将在学校学到的知识与自己的实际人生相结合，使学到的知识成为空洞的、外在于人性的知识，不能通过知识的获得真正实现自身的成长。这种现象容易造成个体知识层次与人生行为的脱节，个体所具备的高学历、大学问并不能真正实现对他们人性的提升。西方思想史上的大思想家如培根、叔本华、海德格尔等是典型的例子，这些思想家的学说是人类思想史上永恒的丰碑，但他们实际生活中的品行与其崇高的思想存在一定脱节。[①]还比如说18年在中国互联网上引起热议的"高铁霸坐"，刷新了人们对于博士的认知。其原因在于不通过对知识的思考将抽象的知识与学生实际的人生相结合，抽象的知识是外在于学生真实的人生的，难以对学生产生真正的影响。麦金泰尔认为伦理学的"三重构架"分别为"偶然所是的人性、伦理的训诫和可能所是的人性",[①] 教育在于通过伦理的训诫使"偶然所是的人性"转化为"可能所是的人性"，这一观点无疑是启发性的。教育的关键在于通过知识的传授，引导学生从"实现偶然所是的人性"向"可能所是的人性"的转化，而真正促成这种转化就必须经由学生对知识的"思"，以明了知识与人性的结合。对知识的"无思"将造成上述"三重构架"的断裂，从而影响教育真正实现人

---

① [美]阿拉斯戴尔·麦金泰尔：《追寻美德：道德理论研究》，宋继杰译，译林出版社2011年版，第67页。

性的转化。

　　再次，教育中"无思"的危机还表现为，过度重视知性教育，造成学生对自己社会责任感的"无思"，带来教育中"平庸之恶"的危机。平庸之恶是与"根本恶"相对应的一个概念，是现代生活中更常见也更难以被认识到的恶。平庸之恶的根源在于无思，"这种恶是不思考，不思考人，不思考社会"，① 缺乏对什么是善的思考，丧失明辨善恶的标准、尺度。越界的知性教育，助推了"平庸之恶"的蔓延。知识教育成为学校教育的核心，为了在各级各类考试中取得优秀地位，学生不得不皓首穷经发奋苦读，不得不以"两耳不闻窗外事"取代了"家事国事天下事事关心"，将教育的主要精力放在对个体掌握知识能力的培养上，忽视了对个体社会责任感的培养，正是认识到这一趋势，作为中国教育大政方针的素质教育中明确将社会责任感作为教育的核心问题，但由于中国教育政策变迁速率过快，应试教育趋势的引导，当前中国教育对学生社会责任感的相关教育并没有取得太大进展。正是因为智育的过盛以及社会责任感教育的缺位，容易造就教育中个体对"平庸之恶"的"集体无意识"。无思的现代性的根源，就在于个体对国家、社会、民生问题的敏锐性的消解，以冷漠的、犬儒主义的态度对待社会问题，并且在虚无主义的影响下使个体丧失反思行为的社会性后果的敏锐性，沦为"把本己的此在完全消解'他人的'存在方式之中"的"常人"，② 从而陷入对平庸之恶的集体无意识之中。他们的行为"以对权威的服从为动机，从事的是一种和普通事务工作没有区别的办公室犯罪"，③ 将按要求完成自己分内之事当成行为的准则，完全不反思自己行为可能的社会后果。如阿道夫·艾希曼将屠杀数以千计的无辜平民的责任，归因为上级的命令，而自己不过是一个服从命令的尽职军官；或是魏则西事件中搜索引擎的员工，仅仅按照公司的要求完成了自己的工作，没有考虑行为可能造成令人惋惜却又难以挽回的社会性后果。一旦不再将对国家、社会、民生的

---

　　① 刘铁芳：《面对我们生命中的"平庸之恶"》，《读书》2006年第8期。
　　② ［德］马丁·海德格尔：《存在与时间》，陈嘉映、王庆节译，生活·读书·新知三联书店2014年版，第147页。
　　③ ［德］汉娜·阿伦特：《〈耶路撒冷的艾希曼〉：伦理的现代困境》，孙传钊译，吉林人民出版社2010年版，第225页。

"思"作为个体行为的出发点，个体的社会行为如果不以对自己内心的善恶标准的责问为准绳，会使现代社会中的个体"遇善而不知其善，遇恶而不知其恶"①。

最后，教育的无思还导致教育发展的去崇高化。无思的最大的危机则体现为意义的消解。随着拒斥宏大叙事、反对本质、回到事情本身、合理的成见、不同文本之间的对话等口号的提出，后现代思想消解了对意义的追求，这种对意义的无思给教育发展带来很大的危害。

意义的消解在后现代文化、艺术中体现尤为明显，如 1917 年马塞尔·杜尚以命名为《喷泉》的瓷质小便器参加独立画家画展，杜尚给蒙娜丽莎画上胡子的行为，更是鲜明地反映了现代艺术对传统艺术的态度。"包豪斯模式""波普艺术""达达主义"等艺术形式将工业化、商业化、娱乐化、颓废化的精神气质引入艺术、审美领域，使艺术作品离开美术馆、展览馆、走向街头、走向日常生活、走向大众媒体乃至自媒体，这些光怪陆离的后现代艺术思潮使审美从高雅的精神享受日渐庸俗化，以致有美学家惊呼在现代社会"谈论艺术的终结是可能的"，②这种艺术发展的趋势带来艺术表达模式多元化的同时也拉低了艺术的门槛，消解了对于美的理解的标准，造成了审美的庸俗化。

同样文艺作品也放弃了对意义性与教化性的追求，一些所谓的"作家"为了吸人眼球、"赢得流量"不惜误导大众，倡导低俗的生活方式。比如所谓的"网红作家""咪蒙"更加直白地将自己的书命名为《我喜欢这个"功利"的世界》，该作者"爆款"的文章更是鲜明地体现了这一风格。从这个角度看，文化的大众化带来了文化的浅薄化、媚俗化。以审美滥用和网络文化为代表的去意义化的文化的盛行导致了我们的生活日益"没有高雅与庸俗之分、没有好诗与坏诗之分、没有经典著作与垃圾作品之分。一切都是扯平的、平等的，因此最通俗、最流行、最大众化的就是最好的"③。

---

① 魏传光、胡旖旎：《道德教育视野下现代犬儒主义的批判与重构》，《中国教育学刊》2016 年第 9 期。
② ［美］阿瑟·丹托：《艺术的终结》，欧阳英译，江苏人民出版社 2005 年版，第 89 页。
③ ［美］列奥·施特劳斯：《自然权利与历史》，彭刚译，生活·读书·新知三联书店 2003 年版，第 32—33 页。

这种对意义的无思模糊了学生对于美与善的理解，拉低了学生的文化品位，抹平了学生对卓越人性的追寻，严重地影响了学生高雅和低俗的辨别能力。这种庸俗、媚俗思潮泛化到具体生活中，直接导致学生对于美丑之间的标准模糊，各种娱乐取代高雅的艺术成为备受追捧的审美的对象，造成光怪陆离的娱乐消息、各种艺体明星"小鲜肉""嘻哈文化"成为部分年轻人的审美焦点；各类直播、小视频软件不断因为传递负面信息饱受批评但依然在青少年群体中大受欢迎；一些哗众取宠之举，被冠以"行为艺术"之名，经互联网的传播吸引眼球。直接造成的结果就是学生有限的精力全被庸俗化的信息所占据，在无暇顾及高雅、正面的消息，使当前学校中的学生对各种娱乐明星的八卦耳熟能详、津津乐道，对各种素质不高"网红"庸俗的行为争相模仿，"韩流""日流"的艺体明星受到热捧，一些素质不高的"小鲜肉""网红"成为学生争相模仿的对象。[1] 习近平总书记要求文化工作者们"要自觉抵制不分是非、颠倒黑白的错误倾向，自觉摒弃低俗、庸俗、媚俗的低级趣味"。[2] 警惕对意义无思可能带来的"低俗、庸俗、媚俗的低级趣味"的文化对教育的侵蚀，是新时代中国教育发展的关键问题。

第三节　新时代中国教育发展呼唤超越现代教育与解构性后现代教育的新可能

现代教育与解构性后现代教育都有其理论的合理性与具体时代中的意义性，但这两种教育也都给中国当代教育的发展带来了一定的危害，因此探索建设性后现代教育以寻求超越上述两种教育弊端的新可能具有积极的意义。

一　解构性后现代理论难以真正为中国教育发展提出建设性的意见

作为一个饱受争议的理论流派，解构性后现代理论存在自身的缺陷。

---

[1] 喻聪舟、温恒福：《重归人生境界教育：我国现代德育的返本开新》，《中国教育学刊》2019 年第 4 期。

[2] 习近平：《在中国文联十大、中国作协九大开幕式上的讲话》，《党建》2016 年第 12 期。

解构性后现代思想家关注的是对现代性过盛的批判本身，强调对现代性予以彻底的抛弃。但正如伊格尔顿所言，"后现代主义是处于问题的最后部分而不是解决办法的最后部分"，① 解构性后现代的观点批判性有余建设性不足。解构性后现代思想家更加重视教育学发展的"反基础""反本质""拒斥宏大叙事"，警惕教育现代化相关概念、相关理论背后的价值预设与"权力型"，重视通过不断地对教育现代化背后的价值预设、"权力型"加以批判，以"逼迫"教育现代化实现自身理解上的澄明、消解教育现代化不证自明的"神圣形象"，消解教育现代化的"进步神话"，② 以彻底解构教育现代化的话语独断与形而上学地位。过度地推崇解构性后现代思想家所强调的"祛除中心""消解本质""解构标准""反对基础"会使教育发展陷入"意义丧失""价值迷茫""体系破碎""崇高消解"的虚无主义困境，会使教育理论建构过程中面临"无标准的选择""无本质的意义""无中心的体系"等一系列"存在主义的焦虑"，批判之余不能为教育现代化的发展提供有效指导路径。③ 就中国当前教育发展实际看，解构性后现代强调对差异、断裂的关注，要求消解对教育概念的统一性理解，按照这种观点教育理论、教育概念的提出无须考虑与中国的政策方针、教育方针以及教育目的、教育目标的一致性，无须考虑与前期教育政策的继承性、连续性，这种看法不利于中国新时代教育现代化的发展。石中英教授曾指出当前中国"教育概念满天飞的现象是这个教育改革年代的一个不争的事实，"④ 而问题在于不澄清与国家教育方针的一致性以及与中国前期教育政策的连续性，突兀提出的教育概念、教育理论能否真的有助于中国教育现代化发展？教育是一项育人活动，面对中国广大的受教育群体，教育的任何微小的变革都将产生巨大的影响，因而与后现代强调的差异、断裂相比，当前中国教育发展不应过度地强调当代的教育现代化理论与前期教育理论的断裂性，而应当更加注

---

① ［英］特里·伊格尔顿：《后现代主义的幻象》，华明译，商务印书馆2000年版，第192页。
② 胡君进：《论"教育现代化"观念的终结》，《教育科学研究》2017年第2期。
③ 喻聪舟、温恒福：《中国教育现代化的融合式发展研究》，《中国教育学刊》2018年第6期。
④ 石中英：《穿越教育概念的丛林》，《北京教育》2017年第6期。

重教育理论、教育概念的一致性与连续性,以站在巨人的肩膀上更好地推进教育事业发展,审慎地对待教育发展的差异性,在与国家的教育方针以及全面发展的教育目标的一致的前提下审慎地建构新时代的教育理论。

后现代理论主要还是表现为反思现代性弊端的思潮,尽管当代社会发展的一些趋势体现出了后现代的精神,一些实在性的建筑艺术、文学作品也出现了后现代形式的表达,后现代的思想也正不断成为社会上广泛存在的人类的精神状况,但上述形式主要还是表现为思想性、精神性的"后现代性精神",作为"后现代化"的社会发展趋势并没有真正出现。这一方面在于解构性后现代不提倡任何的确定性,因而无法产生对应的社会趋势;另一方面也在于建设性后现代理论尚在蓬勃发展之中,其对应社会形态尚在生成建构之中。正如王策三先生所强调的"走现代化之路……是全世界教育发展共同的道路,我们别无选择,""更不能绕过它,跳(转型、转轨)到谁也不知道究竟是什么样子的所谓'后现代'教育上。"[①] 从后现代角度来理解新时代的现代化的过于超前,后现代思想更适合成为反思现代性弊端丰富对教育现代化的理解的理论资源,但就其理论自身而言尚不能成为新时代中国教育发展的合理路径。

二 新时代教育发展需要超越现代教育的建设性后现代教育

西方现代化发展的历程真实地展现了现代化发展进程中利弊共存的事实,教育的现代化诉求对推动教育发展、社会发展具有巨大的积极意义,但同时现代性的过盛也给社会的发展、教育的发展带来不良的影响。正如上文所分析的,中国教育中也已经在一定程度上存在着因过度工具理性、工业化、市场化而导致的危机,这些危机已经实然性地给中国当前教育的发展带来了危害。新时代中国教育的发展应当在借鉴西方经代化的优点的同时,有意识地避免他们走过的弯路和已经有所显现的弊端,更应当纠正中国当前教育中已经存在的现实问题。因而借鉴建设性后现代思想的理论资源,批判教育现代性过剩导致的可能存在或者已经存

---

① 王策三:《恢复全面发展教育权威:王策三新世纪教育文存》,人民教育出版社 2018 年版,第 4 页。

的弊端，对新时代中国教育的发展具有重要意义。

大卫·雷·格里芬认为"中国可以通过了解西方所做的错事，避免现代化带来的破坏性影响。这样做的话，中国实际上是'后现代化了'"。① 这一观点可谓道出了建设性后现代思想对中国教育现代化发展的实质启示。后现代思想家们以理论性、思想性的方式对现代性存在的弊端进行敏锐地反思，有助于从更为清醒敏锐、更具理论性、深刻性的层面上反思教育中现代性过剩导致的问题与存在的弊，"在完善和继承先进现代性的基础上，批判和改正中国教育现代性的弊端"② 是推进中国教育转型升级的关键，应当在继承现代性的优点的同时借鉴后现代思想的批判，更正教育中现代性的弊端，从而推进中国教育发展的转型升级。具体就中国教育实际状况而言，后现代思想对现代性的弊端的批判可以分为两种情况，一种情况是后现代思想所批判的现代性的弊端有些已经在中国教育中开始有所体现；另一种情况则是后现代思想所批判的现代性弊端是西方现代化进程中已经出现的一些问题，但这些弊端在中国现代化发展中并未有所显现。分别就两种情况加以讨论：

一方面，如上文所批判当前中国教育中已经实然性地存在现代性过剩的弊端，这些弊端已经严重地影响了教育的立德树人本质，危害到了教育的健康发展。新时代中国教育的发展应当辩证地吸收建设性后现代思想对现代性弊端的批判，反思中国当前教育中存在的问题，尤其是反思理性过盛的倾向，反对教育中无边界的工具理性、唯科学化、利己主义倾向，警惕中国教育的课程、教学、教育管理中理性过盛的现象并努力阻止这些伪现代化现象的出现。因而有必要借鉴建设性后现代理论发现并批判中国教育中实际存在的现代性弊端，并借助建设性后现代思想所提供的建设性的方法论和意见探寻超越这些弊端的可能路径。更要借鉴建设性后现代思想所提倡的不走极端、动态平衡、积极中庸、对他者开放、多元共融、包容共生、推崇历险与创新的思维，合理地对待现代性精神在新时代中国教育发展中的地位，在谨防现代性的过盛给教育发

---

① 大卫·雷·格里芬：《后现代科学——科学魅力的再现》，马季方译，中央编译出版社1995年版，序第13页。
② 温恒福：《推进教育转型升级的建设性后现代观点》，《当代教育科学》2015年第4期。

展带来不良影响的同时也借助现代性的优势推动中国教育更好地发展。

另一方面，由于西方一些发达国家比中国更早进入经典现代化阶段，并且在某些方面比中国现代化发展水平更高，也正因此西方发达国家已经出现一些中国尚未出现的影响教育发展的危机。比如弗洛姆曾指出西方现代化最发达的国家"显示出了最严重的精神障碍症状，"[1] 随着现代化的发展、现代性的增长，西方发达国家所预期的社会进步、经济增长、科技进步并没有真正带来现代化所许诺的幸福，现代性的过盛使人的精神陷入空前的危机。尽管中国现代化的发展过程中这些危机并没有像西方社会一样明显，但在这些危机尚未对中国现代化发展造成显著不良影响之前，对它们有足够的清醒认识和警醒，并力求避免这些不良影响，有助于中国教育发展避免重走西方走过的弯路，从而实现中国教育发展的后来居上、弯道超车，这更是中国教育发展的后发优势之所在。因而对建设性后现代理论的借鉴还在于以西方教育现代化发展进程中已经出现的问题为鉴，提示中国教育现代化发展中可能出现的问题，借鉴建设性后现代思想对这些问题的分析与批判以及建设性意见力求避免这些问题的可能，从而为中国教育发展的后来居上探求可能的路径。

---

[1] ［美］艾伦·弗洛姆：《健全的社会》，孙恺详译，上海译文出版社2018年版，第7页。

第四章

建设性后现代教育的基本追求与基本教育思维

正如北京大学陈学明教授所指出的"中国真正的'强起来'……必然与超越现代性、超越资本联系在一起",① 推动中国"强起来"需要超越工业式现代化的传统模式,真正有益于促进新时代中国"强起来"的教育也应当超越现代教育的追求同时注意避免解构性后现代教育弊端的教育。

探索建设性后现代教育的发展路径,首先,应当明晰建设性后现代教育的基本追求,并立足上述基本追求探寻建设性教育发展的可能。其次,应当探索建设性后现代教育的基本思维,为建设性后现代教育理论的建构提供一般性指导。因而本书首先拟从建设性后现代教育的基本立场和思维方式两个方面展开讨论。

第一节 建设性后现代教育的基本立场

一 建设性后现代教育的机体存在论

作为生理科学的"机体"概念,最早是由法国著名进化论的哲学家亨利·柏格森(1859—1941)引入了哲学中的,怀特海深受柏格森影响,以机体假说作哲学基础,构建了一个庞大的有机哲学体系,他在其代表作《过程与实在》开篇就明确表明,"这些演讲力求阐明的哲学体系称为

---

① 陈学明:《马克思与当代中国》,人民大学出版社2018年版,第122页。

有机哲学"认为"所有原初的个体都是有机体,都具有哪怕是些许的目的因""世界是由机体组成的一个共同体"①,不仅人和动物是有机体,"只要是有一定规律的有序结构体都是有机体",② 整个世界是有机体,社会组织是有机体,分子和原子也是有机体。旗帜鲜明地批判"现代机械论",认为世界上不存在能够不依赖任何其他事物的独立实体,机体之间不仅存在着外部影响,而且具有"内在的联系",事物之间是实质性的相互包含的。人与事物都是关系的存在,关系先于性质,性质影响关系,关系决定性质,关系是世界的本质。在人与自然之间,有机论认为人是自然界的组成部分,而不是自然的主人,其他生命不再是达成我们目的的手段,而是当成它们自身的目的。建设性后现代非常重视生态学,倡导对他人、对动物、对自然和环境的尊重与爱护,把对人的福祉的特别关注与对生态的考虑融为一体。王治河先生指出:"所谓信奉有机论,意味着改变现代人的械论世界观,改变现代人习惯占有的心态。现代人统治和占有的欲望在后现代被一种联合的快乐和顺其自然的愿望所代替。"③ 在人与人的关系上,后现代主义则摈弃现代激进的个人主义,主张通过倡导主体间性来消除人我之间的对立。在后现代思想家看来,个人主义已成为现代社会中各种问题的根源。对"自我"的坚执往往是以歪曲、蔑视、贬低他人为条件的,其结果是导致人我的对立。后现代主义将人不是看作一种实体的存在,而是关系的存在,每个人都不可能单独生活,他永远是处在与他人的关系之中的关系网络中的一个交汇点。在这方面,有机论与生态论的观点一致,"认为个人都彼此内在地联系着;因而每个人都内在地由他与其他人的关系以及他所做出的反映所构成"④。

建设性后现代教育不仅在课程中渗透和宣传这样的观念,积极营造传授机体文化,而且将有机论原理应用于教育问题的思考,建构机体教

---

① [英]A. N. 怀特海:《宗教的形成·符号的意义及效果》,周邦宪译,贵州人民出版社2007年版,第98页。
② 陈奎德:《怀特海》,东大图书公司印行1994年版,第109页。
③ [美]大卫·雷·格里芬等:《后现代精神》,王成兵译,中央编译出版社2011年版,序言第8页。
④ [美]大卫·雷·格里芬等:《后现代精神》,王成兵译,中央编译出版社2011年版,第214页。

育思想，并以此指导教育教学行为。有机论视野下的教育系统是一个富有生命力的有机体，教师、学生、课程、教学方式方法、教育教学资源以及教育思想等都是彼此紧密联系、相互影响、相互制约的关系性存在，用怀特海的话说就是"相互内在"地存在着，学生的成长是伴随性成长，教师的发展是伴随性发展，离开了其他一方，另一方也就不存在了。"教师中心说""学生中心说"和"课程中心说"都是实体主义的表现，都是偏激的观点，机体教育论倡导教育系统各要素的彼此适应与互相配合，倡导建设有生命力的教育系统，特别是坚持将师生关系作为不可分割的教育世界的基石，以此为基点描绘和构建教育世界的美丽图景与大厦。

二 建设性后现代教育的过程本体论

怀特海的有机哲学又称为过程哲学，强调过程原则，认为一个现实实有如何生成便如何构成该现实实有本身。它的生成构成它的存在。[①] 有机体每时每刻都在生成转化过程中，"现实世界是一个过程，过程就是现实实有的生成"[②] 世界是有机的，也是过程的。事物的存在与发展是许多潜在性不断实现的合生过程，将过程看作世界的本体正是怀特海过程观的彻底性和高明所在。现实实有作为经验之滴，是转瞬即变的，人不仅不能两次踏入同一条河流，而且不能两次思考同一个问题。人生的每一个过程都是真的人生，教育就是人们利用爱心和人类优秀文化陪伴和帮助学生学习与成长的过程，每一个或长或短的陪伴与帮助过程都是教育的真谛。不能脱离每一天的学习和生活过程去寻求什么其他的意义。真正的教育就是要忠实于每一个教育过程，把握住了教育过程就坚持了教育的真理，就是在从事真正的教育。过于追求教育过程之外的目的，反而会有悖于教育的本意，导致教育的异化。后现代的过程观不反对预期的目的，但更重视生成；不反对知识的讲解，但更重视学生的亲身经历；不反对为明天做准备，但更重视今天的感受、体验与进步。从建设性后

[①] ［英］怀特海：《过程与实在——宇宙论研究》，李步楼译，商务印书馆2011年版，第39页。

[②] ［英］怀特海：《过程与实在——宇宙论研究》，李步楼译，商务印书馆2011年版，第38页。

现代教育看来，明天就是昨天与今天的融合与创生，把握住了今天的愉快体验与进步，就会赢得将来。

三　建设性后现代教育的整体效能论

建设性后现代反对"还原论"和"片段式思维"，倡导生态学的整体思维方式，认为整体是第一位的，部分是第二位的，要"从整体出发"①。就像全息摄影的整体信息都包含在它的每一部分之中一样，事物的整体包含于每一部分之中，部分被展开成为整体。有机体的一部分一旦离开了整体，就如同人的"手"一旦离开了身体，就不再是"手"一样，部分的性质与功能决定于整体。万物都是通过相互的包含而彼此具有内在联系的，在人与自然的关系上，人是自然的一部分，人与自然是一个整体，"我们将不再只满足于为了自己的利益而机械地操纵世界，而会对它怀有发自内心的爱。我们将像对待我们至爱之人一样呵护它，使它包含在我们之中，成为我们不可分割的一部分。"② 从宇宙的角度讲就是"天人合一"。组织中的任何一个人不仅要尊重他人，更要重视整体的利益和整体效能。

整体效能论强调教育组织与系统的整体性，认为整体价值与个人价值都很重要，应该兼顾。在教育实践中努力追求个人没有而只有整体才具有的整体涌现性和1加1大于2的效果，强调扩大视野，从整体的角度考虑问题，用整体的方式方法处理和解决问题。不仅重视学生、教师、课程、教育方法与教育条件等教育要素的质量与品质提升，更重视彼此之间的连接与整个教育系统的运作与效能；不仅重视每个教师的作用，更强调教师团队的整体影响力；不仅重视各个阶段的教育质量与服务能力，更强调幼儿教育、基础教育、高中教育、职业教育、大学教育、继续教育构成的终身教育系统的整体效能与社会服务能力。在教育目的方面，建设性后现代教育反对片面发展的人和单向度的人，主张培养感性、

---

① ［美］大卫·雷·格里芬：《后现代科学——科学魅力的再现》，马季方译，中央编译出版社1995年版，第93页。
② ［美］大卫·雷·格里芬：《后现代科学——科学魅力的再现》，马季方译，中央编译出版社1995年版，第95页。

理性与灵性兼容、身心和谐、健康积极的完整人。在课程与教学上主张建立丰富多彩的完整的课程体系，重视以整体为重的全身心教学法，用整个身心教，用整个身心学，增加身体经验，承认直觉，鼓励整体性顿悟和基于系统思考的洞见。

四　建设性后现代教育的积极中庸论与有机整合改革论

建设性后现代反对非此即彼的二元论对立和我胜你败、你死我活的斗争论，极力倡导尊重万物的生存权，尊重各种各样的多元存在，在正反之间、左右之间、现代与后现代之间、肯定与否定之间、主动与被动、重点与全面之间等相互对立的事物与力量中寻求第三种可能，努力做到兼顾与融合。其宗旨是既发挥现代化的积极力量，又避免现代化的缺欠与灾难；既吸收否定性后现代的合理意见，又不走向极端。用中国传统智慧来解释，就是一种中庸之道，不过这种中庸不是消极的，而是旨在建设的积极的中庸之道。用马克思对立统一规律来解释，就是寻求一种适度的"统一点"或"度"。推而广之，也就是要在现实与理想之间寻找可行的"实践操作点"。从这个意义上说，建设性后现代不仅是一种形而上学，也是一种实践哲学。格里芬说："我已表明，建设性的后现代哲学既不是基础主义的，也不是激进的反基础主义的。现在，我将说明在这两个极端之间所持的立场。"[1] 王治河认为"真正的后现代思想家既不是乐观主义者也不是悲观主义者。因为他（她）知道，眼泪和傻笑都会模糊人们的视线，妨碍人们直面人生"。"后现代所崇拜的英雄就是游刃于两种对立之间的人。"[2]

建设性后现代的积极中庸论运用在教育改革上，不仅表现为两点之间的中庸，而且进一步追求整体结构的中庸，使整体中的要素与关系各安其位、相互支持、不断融合，共存共生，和谐发展，整体效能最大化，积极倡导有机整合改革论。也就是通过教育事务中各要素的品质、位置、

---

[1] ［美］大卫·雷·格里芬等：《超越解构：建设性后现代哲学的奠基者》，鲍世斌等译，中央编译出版社2001年版，第33页。

[2] ［美］大卫·雷·格里芬等：《后现代精神》，王成兵译，中央编译出版社2011年版，第17页。

关系和运作机制的结构性调整与再造，改进教育事务的品性、功能与文化，创建新的教育文明。教师与学生的作用发挥、分科教育与综合教学、东方传统与西方精神、接受教学与发现教学、旧系统诸要素的整体改造、教育质量与效能的提高等问题的解决，都可以通过这种位置调整、重新划分比例、重新确定重点、重新分配权利、重建运作机制与重新分配资源等改变结构方法来完成。

五 建设性后现代教育的和谐共生论

"共在"与"合生"是机体哲学描述自然状态基本概念，共在是现实，合生是权利、发展方式与应有状态。建设性后现代教育欣赏与倡导生态理念，强调事物的关系性存在和生态在人的生存与发展中作用。主张尊重各种存在，发挥各自的作用，通过自然进化、转化、相互选择和积极地的整合、融合达到和谐共生持续发展的状态。和谐共生是一种新的人生观和世界观，要求对他者与自然的尊重，并且学会自我节制。后现代文明既是一种充分发挥人的创造性，重视个性价值的文明，也是倡导节制性生存的文明。因为人的潜能无穷，科学的力量无边，但地球是有限的，资源是有限的，在关乎环境、地球与他人生存和发展等问题上，要学会限制自己，否则，人将在无限制的狂妄中毁掉自身。后现代社会中的每一个文明人都要学会约束和节制自己、理解与尊重他者，加强沟通协调、宽容与合作。没有什么人天生高贵，也不存在什么人具有天生的优先发展权。在教育中，各类地区、每一名教师、每一名学生都具有同样的权利，都需要同样的关爱。学生只有个性的不同，没有优劣好坏之分，包容各种各样的个性与自然状况是教育爱的本性，与各种类型的教师合作使教育整体效能最大化既是教师的工作能力，也是教师的职业道德。

第二节 建设性后现代教育的思维方式

建设性后现代教育理论的灵魂是建设性后现代哲学精神，建设性后现代教育实践的生命力在于对现实教育问题的解决，开展建设性后现代教育理论研究与推进建设性后现代教育改革的重要任务是在学习掌握建设性后现代哲学思想的基础上，不断提高建设性后现代教育思维能力。这里所说的建设性后现代教育思维是指从建设性后现代哲学的基本立场与观点出发，解读教育概念，研究教育现象与问题，描述教育事实与真相、开展教育分析与概括，形成教育推理与判断，揭示教育特性与原理，开展教育想象与创新，形成系统的思路与方案，在头脑中解决教育问题、设计建设后现代教育世界的过程与活动。"建设性后现代主义最大的贡献在于扭转了我们的思维定式，拓展了我们的思维视野，激活了人们创造性思维的激情。"[①] 正因如此，研究和掌握建设性后现代教育思维的基本原则、主要特征与逻辑推演机理就成了我们必须完成的基本任务。

一 建设性后现代教育思维是过程哲学与建设性后现代哲学思想指导下的教育思维方式

怀特海的过程哲学又称有机哲学，是建设性后现代教育思维总的世界观与方法论。过程哲学认为世界的本质既不是物质实体，也不是精神实体，而是一个不断生成的动态过程。世界是有机联系在一起的有生命的整体，过程性、有机性和整体性是世界的核心本性。建设性后现代主义认为还原论、机械论、实体论和二元论等现代哲学是对世界的片面的部分的机械的认识和错误的概括，需要反思与批判，过程哲学能更真实地解释世界，并给人们的思维和实践以正确的启示与指导。在过程哲学和建设性后现代思想的指导下，建设性后现代教育思维具有过程性、整体性、有机性、开放性、未来探索性、改革性、创造性、生态性、持续发展性、复杂性、融合性、和谐性、意义性等特征，倡导与坚持整体思维、关系思维、过程思维、开放思维、创新思维、反思思维、辩证思维、批判思维、未来思维、生命思维、生态思维、融合思维、合作发展思维、共生共赢思维、整体和谐发展思维、持续发展思维、中庸思维、多元思维、个性思维、复杂思维、价值思维、意义思维、效能思维、开拓思维、整合思维、美学思维、后现代科学思维等一切有利于催生建设性后现代教育世界的思维方式。建设性后现代教育思维的重要原则可以概括为九

---

① ［美］大卫·雷·格里芬：《后现代科学——科学魅力的再现》，马季方译，中央编译出版社1995年版，第9页。

个：第一，过程原则，教育世界的本源是过程，教育世界是由过程构成的，教育实在的发生过程决定着教育事务的性质与功能，决定着教育事务究竟是什么，研究教育问题与建设教育世界不仅要关注教育实体，更要聚焦于教育事务的过程与关系，要从根本上深入思考与研究。第二，整体有机原则，教育世界是一个有机的整体，其中的过程、关系与事物相互影响，相互内在地联系在一起，构成了一定的结构与功能，催生了丰富多彩的生成与涌现，将分析与综合、部分与整体、独立与联系、预制与涌现统一起来考虑才能更完整地揭示教育存在的原理与品性。坚持从教育系统的内在联系、内外联系和整体结构与功能的角度思考问题，从教育生态、学校生态、学习生态和学生发展生态的维度研究教育问题，是建设性后现代教育的基本要求。第三，批判与继承和建设相统一原则，如同建设性后现代哲学既是批判的哲学，也是继承的哲学，还是积极建设的哲学一样，建设性后现代教育既注重批判教育现代性的错误与危害，也注重对优秀教育传统和现代教育的中先进成分的继承，同时积极设计与建设更加美好的后现代教育。第四，内在一致与现实检验兼顾原则，怀特海说："思辨哲学的目的是要致力于建构一种内在一致的、合乎逻辑的且具有必然性的一般观念体系，根据这一体系，我们经验中的每个要素都能得到解释。"以怀特海过程哲学为理论基础的建设性后现代教育思维首先要与建设性后现代哲学保持立场与方法论上的一致，其次要注意理论建构本身的内在一致，同时还要能够解释现实中的现象与问题，并且引领教育的改革与发展。第五，确定性与不确定性兼顾的原则，教育存在的抽象本质作为"是其所是"是确定的，需要研究与尊重，教育存在的实在本质作为"在其所在"是不确定的变化的，是我们必须面对的具体存在，两者共同构成了具有自身逻辑又千变万化的丰富多彩的教育世界，两者都要研究，都要重视，都要尊重并善于利用。第六，多元丰富，和谐共生的原则，建设性后现代赞成中国古代"和实生物，同则不继"的思想，反对机械化的整齐划一，积极倡导多元化与丰富化，主张个性化发展和多样化生存，憧憬丰富多彩的万物和谐共生的美好景象，这也是建设性后现代教育世界的魅力所在。第七，整合与融合原则，整合与融合是建设性后现代教育在教育改革与发展方面的重要方式方法。正如王治河先生所说："作为一种思维方式，建设性后现代主义指的是一种建立在有机联系概念基础上的鼓励冒险和创新，推重多元和谐的整合性思维模式，它是传统、现代、后现代和当代现实的有机整合。"① 建设性后现代教育思维就是要在建设性后现代教育价值观的引领下，通过整合传统、现代与后现代、整合国内教育现实与国外先进教育经验、整合自身优势与教育改革发展要求等各方力量，达到融合成建设性后现代教育的新生命的目的。第八，人与世界的可持续发展原则，大卫·雷·格里芬认为建设性后现代在本质上是生态的，小约翰·科布则认为："生态学为后现代世界观提供了最基本的要素"②，教育生态学思想与其他生态学思想不同之处在于，除在整体上重视人与环境之间的和谐关系，保证人类的可持续发展以外，还特别重视个体的可持续发展，特别是学生、教师和学校等的可持续发展，这也是教育思维的特别之处。第九，面向未来的建设性冒险原则。怀特海曾将他构建过程哲学体系以解释历史与世界称为冒险，并认为冒险是文明社会最重要的五种品质之一。设计和建设一个更加美好的建设性后现代世界既需要思想观念上的冒险，也需要行动措施上的冒险，没有一点冒险精神和探索的勇气与实际行动，就不可能发现前人没有发现的真理，就不可能创造出世人期盼的更加美好的教育世界。最大限度地解放思想，放飞我们的想象力，过去不可能的事情，今天或明天或许就会变成现实。令人高兴的是我们现在拥有允许甚至是鼓励开展教育探险的良好社会环境。

二 建设性后现代教育思维的起点是对教育现代性的反思与批判

建设性后现代主义以批判和超越现代性，建设更加美好的后现代世界为基本使命，其中对现代性错误与危害的揭示和批判是其立身之本。特别是对现代性中的二元对立、还原论、机械主义、绝对论、人类中心主义、霸道、理性霸权、父权主义与非此即彼思维等弊端提出了猛烈的批判。同样建设性后现代教育思维需要从寻找与反思教育现代性中的错误与根源，揭示与批判教育现代性的弊端与危害开始，这是建设性后现

---

① 王治河、樊美筠：《第二次启蒙》，北京大学出版社 2011 年版，第 55 页。
② ［美］大卫·雷·格里芬：《后现代科学——科学魅力的再现》，马季方译，中央编译出版社 1995 年版，第 145 页。

代教育思维的原点。对教育的现代性开展反思与批判需要注意九个问题：一要既开展现代教育理论的反思，也开展现代教育实践的反思；二要不仅在个人和学校层面上开展反思，也在国家层面和全人类的高度开展现代教育反思，现代性的错误和后现代趋势的形成不是个别现象，而是人类发展的普遍逻辑；三要学会辩证分析与批判思维，要对教育现代性表现出来的问题开展辩证分析与深刻系统的批判，这是建设性后现代教育的首要任务；四要保证反思与批判的问题是教育现代性方面的问题，而不是将所有当代教育问题都贴上后现代或建设性后现代的标签；五要透过现代教育的浮华，发现其前提、内在和未来的荒谬、痛苦与失败，其实，教育现代性携带的病毒正在侵蚀着教育的机体，已经严重危害到了教育的健康；六要坚持以后现代哲学为指导，以最先进的后现代科学技术为基础开展反思与批判，特别要关注生物学、生态学、信息科学、智能计算机、网络技术、相对论、量子力学和复杂科学的新成果，要努力学习怀特海、小约翰·科布、大卫·雷·格里芬等前辈将有机哲学建立在先进科学基础上的做法，将建设性后现代教育的观点建基于先进的后现代科学基础之上；七要养成建设性后现代的思维习惯与风格，在基本精神与整体上与建设性后现代主义哲学保持家族相似；八要防止绝对化和走极端的风险，避免重犯解构性后现代的错误；九要处理好教育现代化与建设性后现代教育的关系。越来越多的迹象表明，当今时代的教育现代化实践实际上越来越具有建设性后现代的味道。当然，这个先进的"后现代化"不是"解构性后现代主义"含义上的后现代化，而是建设性后现代意义上的后现代化。

三　建设性后现代教育思维是后现代教育世界的积极性建设思维

建设性后现代思维不仅是反思思维、批判思维，更是积极的建设思维，是以建设更加美好的后现代世界为最终追求的思维过程。这既是建设性后现代思维与否定性后现代思维的不同之处，也是建设性后现代的生命力所在。具体到建设性后现代教育思维，其愿景就是建设更加美好的后现代教育世界。那么建设性后现代的教育思维的建设性特征是什么？是彻底的批判？是无中生有式的创造？还是完全替代式革命？都不是，而是辩证性继承、广泛性摄入、校正性改革、补充性完善、包容性合作、吸引式联合与同化融合式创生。"辩证性继承"主要表现在对传统和现代性的辩证分析与弃劣择优上，既重视对优良传统的继承，又不是简单地回归传统，而是依据理论的内在一致性和现实与未来的需求，继承和发扬优秀的教育传统基因。例如，注重自学和个性化教学的传统就需要大力发扬；对现代教育的批判也不是全盘否定，而是在批判其弊端的同时，积极吸收其先进的合理的成分。"广泛性摄入"主要是指建设性后现代教育世界的生成与发展是积极吸收人类先进文化与科学技术成就的过程，是建设性后现代哲学与建设性后现代科学技术，及其相应政治与社会文化的大融合。"校正性改革"是指对现代教育中的错误思想与行为的改革，以催生其新生命。例如，教育教学中的机械化问题就需要大力改革。"补充性完善"是指补充完善现代教育中的缺失，增进教育的健康与生命力。"包容性合作"是指在教育研究和实践中对于不同的教育理念与相异教育措施，要尊重与理解，并采取包容合作的方式，努力做到和谐共生，合作共赢。"吸引式联合"是指通过建设性后现代教育自身的先进性、高效能和可持续发展等优良特质与美好前景吸引越来越多的人与组织参加到建设性后现代教育事业之中。"同化融合式创生"是指在沟通与共事中慢慢施加影响，逐渐赢得认可与同化，共同走向建设性后现代教育世界。

四　建设性后现代教育思维的目标指向是增进人的后现代品质，促进人的后现代化，培养后现代人

教育是培养人的社会活动，正如传统教育培养传统人，现代教育培养现代人一样，后现代教育致力于培养后现代人。这是一切建设性后现代教育思维的最终目标与指向。关于后现代人，在中国知网上没有找到专门的研究，"后现代人"作为一个名词只在"《变形记》——后现代人零散化的预示""后现代人需要轻生活"等几篇相关文献中出现，而且都是指解构性后现代主义指导下的"解构性后现代人"。以"建设性后现代人"为主题词，在中国知网上没有找到相关文献。我们目前也拿不出一个关于建设性后现代人的标准形象，也许本身就不应该有这样的标准。后现代人是在后现代活动中逐渐生成的，增进人的后现代品质的过程就是促进人的后现代化的过程，就是培养后现代人的过程。人的后现代品质究竟有哪些，哪种后现代品质最根本最重要，这些问题仍在研究中，其答案可能是多维度的，就目前的研究来说，至少以下品质应该是建设性后现代所倡导的人格特征：（1）和谐中庸，自信而谦恭，热情而平和，智慧而厚道；（2）积极乐观，自强不息，厚德载物，关心、操心与负责任；（3）批判性与继承性并存；（4）重视科学，热爱学习，喜欢研究与探索，愿意冒险，有变革与创造习惯；（5）信仰真善美，理解现实，适应需求，积极行动；（6）尊重他者，尊重差异，追求和谐共生、包容式发展与合作共赢；（7）法、理、情并重，刚与柔同在；（8）物质与精神并重，价值与效率统筹，原则与策略兼顾；（9）超越机械思维、静态思维与分隔式思维，习惯于有机思维、关系思维、整体思维与过程思维；（10）既有广博的文化修养，又有专业精神与才能；（11）高生态意识，追求持续发展，关注生态和谐与友好；（12）有全球意识，谋求个体和全人类的安全、和平与幸福。建设性后现代教育思维在解决教育问题时，要以有利于学生形成以上后现代人格品质为导向，设计教育制度，运营教育组织与机构，致力于后现代人格特征的培养。其实这样的后现代教育思维每天都在世界各地的学校中发生着、存在着，我们的任务是发现她，认识她，有意识地发扬她，推广她。

五　建设性后现代教育思维的核心特征是有机思维与生态思维，超越现代工业机械化，增进教育的人文化与生态化

现代工业化机械思维在提高教育效率的同时，造成了教育工业化、学校工厂化、教学灌输式铸造化、学生产品化、评价功利化标准化、学生成长片面化与平庸化等弊病，限制了教育，扭曲了学校，僵化了教学，耽误了学生。建设性后现代教育用后现代有机思维与生态思维替代工业机械化思维，以生命、生活、人性和生态为基本出发点，回归教育的人性原理，还学校和教学的本真状态。笔者赞成王治河先生的以下观点："如果说机械教育是现代工业文明的产物的话，那有机教育则是后现代生态文明的诉求，从机械教育到有机教育的转变可以看作人类教育史上的一场重大变革。"[①]有机思维和生态思维正是推动和实现这一"重大变革"不可或缺的力量。有机思维反对机械思维，反对物化的加工式教育，

---

① 王治河、樊美筠：《第二次启蒙》，北京大学出版社2011年版，第92页。

反对极端化的非此即彼的决定论与各种教育和管理霸权，反对僵化的标准件式教育与评价方式，还教育属人的世界，从活生生的教师与学生、有机的教育活动与学校开始，注重从生命、生活、关系与联系、交互作用、有机结构与功能涌现、生命的健康与成长状态、多元与包容、有机与统一、和谐发展与持续发展等维度来思考教育问题，使教育充满生命的气息，充满关怀与爱，使学校成为丰富多彩的健康成长的乐园。教育生态思维是有机思维的必然延伸，是有机教育思维开放性的自然结果，主要是从教育、学校、学生与教师的发展条件与环境，以及学生、学校和教育与环境之间的相互适应、相互促进等角度来思考和解决人与教育的持续发展问题。受生态可以分为外生态与内生态的启示，我们可以将有机体发展的内部状态称为"生命状态"，简称"命态"，命态是生命生活与成长的整体状态，包括生理机能的健康、心理态度、精神状态、积极性、智力、个性、动机、兴趣、志向、创造性、人格的和谐性、社会适应性、成长趋势等各个方面的整体表现。学生的健康与发展取决于自身命态与外部生态的相互作用。生态思维引发的这种命态思维，是观察和研究学生、教师、学校和教育组织的新维度，由此可以发现许多以前没有注意到却很重要的教育问题，例如，我们的教育平时过于关注考试成绩和勤奋学习，经常为应试而违背成长与学习规律过度学习，从而损害学生生命的成长状态，这是与教育爱护和壮大生命的宗旨相违背的，不仅有害于即时的生活，更为以后的持续发展埋下了重大隐患，应该禁止。生态思维在教育上的运用集中于两大领域：一是积极推进生态教育与生态文明建设，运用生态课程和生态教学方法，提高人的生态意识、生态觉悟和生态文明建设的能力，促进社会的生态文明水平的提升，保障生态安全；二是运用生态学原理思考和解决教育问题，将生态因子作用原理、生态位原理、生态系统理论等运用于教育问题的分析研究。其实，教育上的有机思维与生态思维虽然出发点不同，但其运思与推理原理是一致的，都是尊和爱护生命，站在生态系统和持续发展的高度，从相互相联系、相互影响、内外关系、整体协同、环境影响与环境适应能力、生态建设与改进、组织协同与个性和谐发展、整体结构与功能、学生、教师和学校的持续发展等维度来审视与研究教育问题，使教育活动更加人文化，学校生态更加安全、友好、丰富、有营养，使学生和教师的成长更加健康、发展更加可持续。

六 建设性后现代教育思维的基础形式是过程思维与事件思维，设计和组织实施一系列后现代教育事件与过程是推进后现代教育的途径

过程哲学的"过程原理"告诉我们"存在是由其生成构成的"①，现实事物如何生成，就决定了这个现实事物是什么。而且，"一种存在只有在对其自身有意义时才是现实的，"② 教育是如何生成的？是由教师和学生互动生成的，教师教学生学和学生向教师请教问题以求解答的活动就生成了教育，没有教师就没有学生，没有学生也不存在教师，教师和学生都具有构成教育的潜能，但单独都生成不了教育。如果将每一次师生的互动称为一个教育事件，那么，教育就是一次次教育事件生成的，教师、学生与课程等只有在教育事件中才具有了教育意义，教育就是一系列教育事件的生成与有机融合。现代教育中提出的"教师中心论""学生中心论"和"教师主导，学生主体论"都是有问题的，都是现代实体世界观指导下的结果，都没有揭示出师生在教育合生中的本性，也难以解释教育教学质量与师生之间的关系。教育的过程与事件思维给了我们许多新的认识与启发：第一，过程与事件思维告诉我们，教育世界真正的起始点是师生开始教学互动的那一瞬间的教学事件，只有师生开始教学互动了，教师和学生才具有了真正的教育意义，才获得了自己真正的教师和学生的价值，没有开始教和学之前，教师只是潜在的教师，学生只是潜在的学生。第二，过程与事件思维使我们摆脱了在实体哲学陷阱中纠缠多年的"教师中心""学生中心"与"双中心说"，开始从新的角度研究教育教学活动。第三，教育教学的生命力与教学质量和效能都取决于师生互动的频率、形式与内容、沟通交流的深度与感觉、互动的丰富程度、师生互动达到的融通度与默契程度等，这些新指标为我们深化教育研究和教育改革提供了全新的思路与崭新的策略。第四，过程与事件

---

① ［英］怀特海：《过程与实在：宇宙论研究》，杨富斌译，中国人民大学出版社2013年版，第29页。

② ［英］怀特海：《过程与实在：宇宙论研究》，杨富斌译，中国人民大学出版社2013年版，第32页。

思维引领我们将建设与改进的注意力集中于教育事件与过程的设计、组织与实施,为我们找到了增进后现代教育推进教育后现代化进程的"杠杆点",只要我们从每一天、每一堂课、每一项教育教学活动中的教育教学事件入手,让每一个微小的教育事件与过程逐渐增加后现代品性,建设性后现代教育就会健康成长,其先进性就会日益被人发现,就会赢得越来越多的"点赞"。

七 建设性后现代教育思维是复杂性思维,努力实现对简单性思维的超越,用复杂性思维研究和建设复杂的教育世界

后现代哲学与复杂性科学关系密切,后现代主义主要从哲学、文化与宗教等角度解读、批判与超越现代性,复杂性科学则是从科学技术的角度寻找解决现代性问题的理论与技术。二者的核心目的相同,路径与方法各异,互相促进,互为支撑。"后现代主义问题本身是复杂性的呈现,而后现代主义问题的解决则有赖于复杂性问题的探索,复杂性科学的发展。"[①] 复杂性科学属于建设性后现代所倡导的后现代科学中的重要内容,是建设性后现代教育积极依赖的科学基础与手段,其中复杂性思维正是建设性后现代教育思维的重要内涵。首先,建设性后现代教育思维从思维品质上要努力超越简单性思维,在分析思维、线性思维、机械思维、静态思维、逻辑思维、确定性思维、二元对立思维等现代性思维方式的基础上,学会并善于运用后现代的整体思维、非线性思维、关系思维、过程思维、形象思维、不确定性思维、多元共生思维、网络思维、共赢思维、和谐发展思维、持续发展思维等建设性后现代思维。例如,教育的本质规律等教育的"是其所是"是重要的,需要研究,教育的时态性与个别性等"在其所在"也是不能忽视的,也需要研究,两者需要兼顾,不能非此即彼。学生的学习不仅取决于教师的讲这一个单一因素,教与学不是简单的线性关系,而是非线性的复杂关系,学生的学习受原有基础、对学习内容的兴趣、对教师本人的情感、家庭、同学、学校和社会的背景,当时的身体与精神状态等多种因素的影响,这些影响源之间又存在着像互相影响,相当复杂,高水平的教学不是讲的又多又细,

---

① 北京大学现代科学与哲学研究中心:《复杂性新探》,人民出版社2007年版,第7页。

更不是将结论直接告诉学生,让他们记住那么简单。其次,要努力推进教育思维与逻辑判断的创新,运用与完善教育的非标准逻辑、非线性逻辑、多值逻辑、模态逻辑、模糊逻辑、整体逻辑、开放逻辑与辩证逻辑等逻辑形式,解放教育思维,放飞教育想象,开拓教育理论与实践的新领域。例如,依据现代教育的标准逻辑,达到标准的就是高质量的,没有达到标准的就是劣质的,过于强调标准的结果则使教育现代化成了教育的高标准化,在提高其物质条件与规范性的同时,扼杀了学生的个性、学校的特色和丰富多彩的过程。另外,对学生、教师和学校的评价不宜过于精确,考80分和90分都是好学生,大学排名前80和前70不一定有什么重要差别,教育上的模糊判断比精确的数字更真实。最后,努力将简单思维与复杂思维融合成一个思维统一体,有效揭示教育的本真状态,解决现实教育问题,提高教育质量,实现持续发展。将简单性作为复杂性的一种极端化状态,用复杂性指导简单性,用简单性简化复杂性,实现简单思维与复杂思维的融合是有效解决实际问题的有效策略。正如钱学森感悟到的那样:"不要还原论不行,光要还原论也不行;不要整体论不行,光要整体论也不行。摆脱困境的出路在于既要还原论,又要整体论,把两者结合起来,以整体论克服还原论的弊端,以还原论克服整体论的弊端。这不是机械式结合,而是有机的、具体的、历史的结合,即辩证的结合。"① 例如,教育活动是复杂的,甚至可以说是世界上最复杂的活动,但是运用分析还原的方法将复杂的教育活动简化为教师、学生、课程、教学、教育技术等要素,对认识教育活动具有重要的作用。但是,只局限于静态的具体的简单实体思维是不可能真正认识教育的,还必须进一步研究各要素之间的相互作用,以及要素与整体的发展状态等深层次问题,才能更全面地反映教育的实情。

八 建设性后现代教育思维是中国教育改革者的必要修炼与进步力量

由现代"工业机械文明"走向后现代"信息生态文明"是人类社会发展的大趋势,各个国家的进程或快或慢,工业化的成熟度或高或低,具有一定的不确定性,但走向后现代的大趋势是确定的。中国不仅具有

---

① 苗东升:《复杂性科学研究》,中国书籍出版社2013年版,第191页。

良好的后现代基因和较好的现代化基础,更具有充满后现代性品质的梦想与社会改革政策,具有世界水平和中国特色的先进教育迫切需要和呼唤建设性后现代教育觉悟与教育思维。教育者要免受"中国现代化还没有完成,搞后现代为时过早"等错误观点的影响,提高后现代觉悟,自觉开展后现代的"第二次启蒙"。从全人类和整个国家的角度看,文化的发展进程不是整齐划一地由简单的现代工业文明到复杂的后现代信息与生态文明的直线式段段清模式,国家与国家之间有差距,同一国家不同地区之间也有差距。对于当今中国而言,绝大多数国民的人身安全和物质生活已经有了保障,罗纳德·英格尔斯的判断"随着人们越来越强调自主、自我表现和生活质量,后物质主义价值观就出现了"[1]正在变成现实。中国发达城市的现代化水平已经非常接近国外发达国家的现代化程度,人们普遍存在着后现代文化需求,全国人民对片面追求 GDP 的工业化粗放式生产与经营模式和环境污染、过度消耗资源、发展不可持续,以及机械化管理、贫瘠与单调的文化、理性霸权等"现代病"有了较深刻的认识,同时政府明确提出了生态文明建设和可持续发展的目标,并制定了相应的制度与法规。所以,不论从文化发展的内在逻辑上讲,还是从中国社会发展政策的内容导向上讲,中国已经走在了建设性后现代的道路上。

因而,在一定意义上可以说中国的教育现代化是具有后现代品性的现代化,中国式的教育后现代化正在教育现代化的进程中慢慢地成长。缺少后现代教育思维既看不懂今天的中国教育改革,更难以引领和推进中国教育未来的改革与发展。在这种背景下,教育改革者要运用建设性后现代教育思维对现代教育中的现代性弊端开展深刻的全面的批评,针对突出问题开展深入研究,拿出系统的后现代解决方案,通过一系列的"后现代教育事件"实实在在地除旧布新。例如,针对现代工厂式教育造成的"千校一面,万生同语"的问题,提出的学校与学生发展的多样化、特色化、个性化和异步教学等后现代教育策略就是深化中国教育改革的正确方向。中国教育改革和发展的希望在于融合传统、现代与后现代教

---

[1] [美]罗纳德·英格尔·哈特:《现代化与后现代化——43 个国家的文化、经济与政治变迁》,严挺译,社会科学文献出版社 2013 年版,第 2 页。

育之精华。在这一过程中,后现代教育思维的地位会越来越高,所起的作用将越来越大,最终成为主导性思维方式。从这个角度看,今后中国教育改革者的后现代觉悟和后现代教育思维能力是影响其教育改革先进性和实效性的重要品性与才能。建设性后现代教育思维正随着中国社会文化后现代品质的增多,理所当然地发展成为推进中国教育改革和发展必不可少的进步力量。

第 五 章

建设性后现代教育倡导以"信息—生态"文明引领教育现代化

建设性后现代思想倡导追求任何的理论建设都应当与时代的发展节奏相一致，与时代精神的前沿相契合、与时代的先进性相一致。因而建设性后现代教育理论的建构应当具体体现"当代—中国"之中的具体"时间—空间"性的要求，兼顾教育理论建构的"是其所是"与"在其所在"[①]。因此讨论建设性后现代的教育理论建构问题，首先应当澄清从建设性后现代角度出发如何理解时代的先进性，并将这一把握到的时代先进性作为定位教育发展的立足点。

第一节 建设性后现代倡导以"信息—生态"文明引领现代化的发展

按照上文分析，有机哲学是最彻底的倡导生态文明的哲学，建设性后现代思想家继承了有机哲学中的生态意蕴，并且按照"在其所在"的理念立足当代社会发展的特点、借鉴当代社会的新技术思考如何实现生态文明的追求。信息文明的到来是当代社会发展的重要趋势，信息技术代表了当代社会发展的先进技术，加之信息文明理念上与建设性后现代

---

① 杨丽、温恒福：《怀特海的认识论及其对中国教育学发展的启示》，《教育研究》2013 年第 8 期。

思想具有一致之处，按照建设性后现代的观点，当代社会的生态文明应当是借鉴信息化趋势的先进技术与重要理念实现的生态文明。因此建设性后现代所倡导的文明可以称之为"信息—生态"文明。

一　信息化的来临是当代社会发展的重要趋势

按照丹尼尔·贝尔的观点，世界文明的发展历程大致经历了前工业社会、工业社会与后工业社会三个阶段，后工业社会来临是当代社会发展的重要趋势。信息化社会是讨论后工业社会时常被提及的一个概念，信息化的发展趋势也是后工业社会来临最为重要的趋势。正如孙伟平教授所指出的，尽管人们对如何概括当代社会发展的新特征"还存在一定的争议，不过，大多数人愿意称其为'信息社会'"，[①] 可以大致将后工业社会称为信息社会。信息社会的来临还带来了"网络社会""虚拟社会"以及新出现的"互联网+""人工智能""智慧地球"等新兴观念。信息社会是受信息科技尤其是互联网科技高度发展影响而产生的新兴社会发展趋势，科斯特提出信息社会的特点在于"信息技术范式"将成为影响社会发展的重要规则，成为影响"财富的产生、权力的运作与文化符码的创造"的核心力量。[②] 信息社会的来临对当代社会发展具有重要影响，能够适应信息化社会发展的需要是影响一个国家能否成为发达国家的关键因素。

2015年7月，中国率先颁布了《国务院关于积极推进"互联网+"行动的指导意见》，提出了"开放共享、融合创新、变革转型、安全有序"的基本原则与"互联网+"重要行动战略。使互联网生产方式、互联网思维方式、互联网文化、互联网生活方式嵌入中国人的学习、工作与生活的各个方面。智能制造、个性化定制、智慧医疗、智能交通、泛在学习、创新驱动、精准扶贫、云服务、便捷服务、朋友圈已经开始进入百姓生活。按照麦肯锡全球研究院推出的 iGDP 指标，2013年，中国的 iGDP 指数是4.4%，已经达到全球领先国家的水平。中国互联网经济占

[①] 孙伟平：《大变革时代的哲学》，广西人民出版社2017年版，第383页。
[②] [美]纽曼尔·卡斯特：《千年终结》，夏铸九、黄慧琦等译，社会科学文献出版社2003年版，第403页。

GDP 的比重已超过美国、法国和德国。互联网经济、互联网文化、互联网价值观、互联网思维是最具代表性的后现代力量，"互联网+"正以前所未有的全面性和深刻性，推动着后现代社会与后现代文明的繁荣发展。如果说美国因为坐在汽车轮子上，在"个人主义、市场经济、自由、科学"等价值观指引下引领了世界的现代化进程，那么中国正在成为生活于互联网上的国家，并在信息与生态文明建设和中国特色社会主义思想的指引下实践和引领世界后现代的发展。

二 信息化趋势的基本特点

信息化趋势的来临是当代社会发展的基本趋势，为更好地理解这种当代社会发展的趋势，需要进一步阐明信息化趋势的基本特点。

首先，重视迭代式创新。信息技术的重要特点就是技术的迭代性，"迭代"原本是数学领域中的一种计算方法，按照这种计算方法"任何事物经过几次迭代之后都会蜕变成新的事物，这一方法在移动互联网时代被称为迭代思维。""迭代思维的核心是在最短的时间内要将产品推出，"[①] 迭代思维的核心就是对技术创新的极度推崇。按照传统工业生产理念，只有产品设计完成，才能投入开发。信息化时代推崇的迭代思维颠覆了传统的工业思维，这种思维方式与当代艺术观具有相似性，按照这种思维需要开发的产品如同塞尚的"印象派"艺术，永远都是未完成的作品，是可以"无穷无尽"地开发下去的。微信这一软件的开发、升级过程就很明显地体现了互联网的迭代思维，腾讯团队设计微信软件的第一个版本只用了3个月时间，并在4个月后就推出相应的升级版本，截至2018年11月微信已经更新至7.0以上版本。[②] 按照迭代思维看，产品设计永远是未完成的，需要不断通过创新推动。因此信息技术发展的迭代性归根结底表达的就是对创新的极度重视。信息技术的发展尤其是技术迭代式的发展，使不断创新成为推动社会发展的重要力量。

[①] 李光斗：《移动互联网时代的迭代思维》，《福建质量管理》2014 年第 Z3 期。

[②] 注：从 2011 年 1 月 21 日到 2019 年，微信从 1.0 到 7.0 进行了几十次的更新升级，其中 2.0、2.5、3.0、3.5、3.6、4.0、4.2、4.3、4.5、5.0、6.0、6.1、6.2.0、6.3.5、6.3.29、6.5.1、6.5.2、6.5.3、6.5.4、6.5.6、6.5.19、6.6.0、6.6.1、6.6.7、6.7.0、6.7.2、6.7.3 等 20 多个版本做出了较大改动。

其次，推崇共享共赢理念。经典现代化时期受工业化、市场化观念影响，"竞争"的理念在近代时期对西方文明的政治、科学、经济理论产生巨大影响。霍布斯《利维坦》中提出，人与人在自然状态下不可避免的处于战争的状态。马尔萨斯在《人口原理》悲观地预见，若听任地球人口呈几何级数式的增长，战争、饥荒、紧缺状态的出现将不可避免，直至"较强的人口增殖力，为贫困和罪恶所抑制"。① 此外从科学领域看，经典现代化时期达尔文的进化论学说与经典牛顿力学影响了整个西方世界，这两个学说也对征服观念的盛行起到了推动作用。恩格斯认为达尔文的进化论"不过是把霍布斯一切人反对一切人的战争的学说和资产阶级经济学的竞争学说以及马尔萨斯的人口论从社会搬到生物界而已"，②"物竞天择，适者生存"的进化理念，强调了在物种之间"竞争"导致的优胜劣汰对物种进化的重要性。而牛顿力学的发展，推动了近代机械工业的极大发展，人类探索自然、征服自然的能力。在经济学领域亚当·斯密意识到"只有在完全竞争成立时，市场机制的优点才能充分体现出来"③，经济的发展应当在市场机制这只看不见的手的引领下，由个体自发的竞争来实现。上述都是西方文明推崇"竞争"理念的表现，按照这种观点文明之间的主要交往方式便是竞争，"无论往什么地方望去，每一件事物的上面无一不写有'竞争'一词。"④ 经典现代化对"竞争"的推崇给西方文明带来物质繁盛、科技进步、经济发展的同时，也带来了许多问题。在人与自然方面，对竞争的推崇，导致人对自然的不断占有、开发甚至掠夺，带来当代社会严重的生态危机；在文明与文明方面，对竞争的推崇，造成文明之间的冲突不断。"新殖民主义""中国威胁论"等不和谐的声音甚嚣尘上，就在于以推崇竞争的传统思维方式看待中国的崛起。信息化社会发展的趋势带来的一个重要影响就是使经典现代化对竞争的推崇转变为对共享、共赢的推崇。在经典现代化时代物质资料的占有成为影响社会发展的决定性因素，物质资料是独占性的，与他者

---

① [英] 马尔萨斯：《人口原理》，朱泱等译，商务印书馆1992年版，第55页。
② 《自然辩证法》，人民出版社1971年版，第284页。
③ [美] 萨缪尔森：《经济学》，萧琛译，人民邮电出版社2008年版，第30—31页。
④ [英] A. N. 怀特海：《观念的冒险》，周邦宪译，译林出版社2012年版，第38页。

分享意味着自己所占有资料的减少,因此在工业社会人类不可避免地与他者处于竞争关系。而"信息化社会更强调把信息作为资源",[①] 信息资料不同于物质资料的一个重要特点在于信息不仅不会通过分享而贬值,反而可能会通过正确的分享而产生增殖,因此在信息化时代个体能够通过为他人提供便利而实现多方共赢。如"淘宝"平台本身并不生产任何产品,主要是为多方买家与卖家提供便利,不仅促进了买家与卖家的福利,也实现了自身的发展。因此如果说工业化时代人与人之间可能处于霍布斯所言的战争状态,在信息化时代注重为他者提供便利、实现多方共赢的思维将成为主要思想。

最后,注重用户体验。在市场经济背景下,产品的设计以销售为最终目的,只有受到用户的认可,才能成功占有市场。"互联网+"的发展推动了世界的扁平化,一方面,通过互联网使整个网络的用户都成为商家潜在的用户,极大地增加了潜在的用户数量,因此商家只要真正抓住一部分的潜在用户即可实现自身的发展。另一方面,互联网的发展真正实现了用户"用脚投票"的可能,使用户能够自由地在众多的产品中进行选择。在市场经济不发达的时代,商品并不丰富,市场处于"卖方市场"的状态,卖家可以按照自己的理念设计产品,产品的相对稀缺使生产效率最大化而非客户体验满意度最大化成为商家考虑问题的出发点,因而更重视通过传统工业化的模式生产齐一化、标准化的产品。在信息化时代,随着商品的丰富,以及互联网的平台使潜在消费者增加的同时也增加了潜在的竞争卖家,从而使市场处于"买方市场"状态,传统的生产方式难以抓住客户的需求,因而信息化时代更加强调以用户的体验为中心,以为用户创造最大价值、为用户提供最佳体验实现盈利。小米手机在这个方面做出了典范,小米产品更新设计并不仅仅从专家的设计理念出发,而是高度重视用户的参与,通过互联网平台收集用户对产品的反馈,尊重用户的反馈进行更新换代。这种模式使小米手机在短短的几年了培养了众多的手机"发烧友",形成的大量的"米粉",对小米的高速发展起到了巨大的推动作用。

---

① 褚宏启:《教育现代化2.0的中国版本》,《教育研究》2018年第12期。

三 建设性后现代思想倡导追求"信息—生态"文明

随着现代社会的发展,生态的问题越来越受到关注,如蕾切尔·卡逊所言"今天我们关心的是一种潜伏在我们环境中的完全不同类型的灾害——这一灾害是在我们现代的生活方式发展起来之后由我们自己引入人类世界的",[①] 由人类自己引发并终将危及人类自身的生态危机是21世纪最大的危机之一,因此可以毫不夸张地说21世纪是一个呼唤生态文明的世纪。生态的问题受到中国政府的高度关注。2009年党的十七届四中全会中明确地把生态建设提升到与经济建设、政治建设、文化建设、社会建设相并列的战略高度,形成五位一体的局面。2015年4月中国政府在世界上率先颁布了《中共中央国务院关于加快推进生态文明建设的意见》(以下简称《意见》)。该《意见》明确指出"生态文明建设是中国特色社会主义事业的重要内容,关系人民福祉,关乎民族未来,事关'两个一百年'奋斗目标和中华民族伟大复兴中国梦的实现","加快推进生态文明建设是加快转变经济发展方式、提高发展质量和效益的内在要求,是坚持以人为本、促进社会和谐的必然选择,是全面建成小康社会、实现中华民族伟大复兴中国梦的时代抉择,是积极应对气候变化、维护全球生态安全的重大举措。要充分认识加快推进生态文明建设的极端重要性和紧迫性,切实增强责任感和使命感,牢固树立尊重自然、顺应自然、保护自然的理念,坚持绿水青山就是金山银山,动员全党、全社会积极行动、深入持久地推进生态文明建设,加快形成人与自然和谐发展的现代化建设新格局,开创社会主义生态文明新时代"。该《意见》还确立了2020年生态建设目标,提出了一系列重大生态文明建设制度和重大战略措施。党的十九大报告更是明确提出"生态文明建设功在当代、利在千秋"。并将美丽作为实现社会主义现代化强国的重要维度。从这个意义上看,建设性后现代思想家对生态的关注既符合世界发展的趋势,更与新时代中国发展的方向具有一致性。与传统生态观相比,建设性后现代提倡具有创建性的"信息—生态"文明的生态观,顺应了时代发展的

---

① [美]蕾切尔·卡逊:《寂静的春天》,吕瑞兰、李长生等译,吉林人民出版社1997年版,第162页。

要求，对推动中国生态文明建设具有创建意义。

建设性后现代思想家以更加冷静温和的态度对待现代科学，与现代思想家对科学的过度推崇相比，建设性后现代思想家对科学的态度更为冷静；与解构性后现代思想家对科学的绝对抵触相比，建设性后现代思想家对科学更为温和。建设性后现代思想家"并不反对科学本身，而是反对那种允许现代自然科学数据单独参与建构我们世界的科学主义"。①即在建设性后现代思想家看来，作为现代社会重要推力的科学本身是应当是社会发展的重要动力，在一定限度内现代社会的发展离不开科学技术的促进，谈科学而变色、甚至提倡完全抛弃科学的思想是倒退的，只是当科学一味地超越自身的合理限度发展为不证自明、不可批判的"唯科学主义"，这种倾向在建设性后现代思想家看来是危险且需要受到批判反思的。因此建设性后现代思想家对现代科学技术并不完全持反对、排斥的态度，而是强调应当以"对他者开放"的态度接纳现代新兴科学技术的同时对现代科学技术的弊端有所认识，要理性地反思科学同时也要合理地捍卫科学，强调以建设性后现代的理念去指导现代科学的发展，使现代科学的有益成果为生态文明的实现而服务。按照上文分析，信息化是当代社会发展的重要新趋势，反映了当代科学技术发展的新兴成果，信息技术革命是人脑的解放，是人脑的替代，是人类文明走向人类命运共同体和地球命运共同体的转折点，是人类走向智能文明的科学力量，因此建设性后现代思想家所提倡的生态文明离不开对信息化趋势重要理念、先进技术的借鉴。建设性后现代文明提倡生态理念的同时，并不像某些环保主义者一样要求通过废除科学技术来实现生态文明的追求，而是强调当代的生态文明应当是一种合理利用先进科学技术尤其是信息技术来实现的生态文明，是一种与生态文明相比更高级的后工业文明。

同时根据上文对信息化特点的分析可以看出，信息化是一种以"信息范式"为核心的社会发展趋势，这种社会发展趋势的出现给社会发展带来了许多新变化，产生了许多新的发展理念，尤其以重视创新、关注共赢、重视他者的体验的理念为典型代表。而信息化社会重视创新、关

---

① ［美］大卫·雷·格里芬：《后现代科学——科学魅力的再现》，马季方译，中央编译出版社1995年版，英文版序言第18页。

注共赢、重视他者的特点与建设后现代思想中将创造作为宇宙发展的根本动力、强调内在联系以及关注对他者开放的理念具有高度一致性，因而信息化能够且应当成为建设性后现代思想中的合理资源，成为实现生态文明的重要推力。

综上所述，生态文明与信息文明都是对工业文明的否定与超越，因而在一定意义上讲二者都可以被理解为后工业文明。从这个意义上看，建设性后现代所倡导的生态文明不是回到"鸡犬之声相闻，民至老死不相往来"的"小国寡民"式的"前工业文明型"的生态文明。也不是根植于工业文明理念、完全依靠工业文明技术的"工业文明型"的生态文明。若将"前工业文明型"的生态文明称为1.0版本的生态文明，将"工业文明型"的生态文明称为2.0版本的生态文明，则可以将建设性后现代思想家所倡导的生态文明称为3.0版本的"后工业型的生态文明"——"信息—生态"文明。

因而建设性后现代思想认为信息文明与生态文明二者相互支撑相互促进，两者的耦合形成了21世纪人类社会发展的大趋势，创造出了更加先进更加美好的人类新文明形态——"信息—生态"文明。这一耦合文明既是中国现代化的重要内容，也是我们不可或缺的梦想成真的力量。21世纪人类的发展一方面应当以有机哲学思维促进信息文明更好的发展，使互联网、物联网、5G技术、卫星技术等都需要按照有机整体的思想来建设，使建设性后现代倡导的互通互联、内在联系、小而美、相互尊重、和谐共生、相互内在、相互依赖、互补并茂、平等对话、独立发言、共建共享、差异之美、多元化、多样化、个性化、有机联系、厚道科学、深度自由、为富须仁等文化引领互联网文化更加良好的发展。另一方面更要利用好、借鉴好信息文明的新进技术、先进理念提高保护生态和监控污染的效率与质量，让互联网、物联网、5G技术、卫星技术等新兴技术更好地为实现生态文明来服务，如利用无人机、物联网等技术更好地实现对污染的监控、防治，同时也以信息化的理念与生态理念相结合，发现信息化理念与生态理念的一致之处，以信息化的发展、普及带动信息化理念的发展、普及，进而以信息化的理念的发展普及带动生态理念的发展、普及。

第二节 以"信息—生态"文明理念引领新时代中国教育现代化的发展

从邓小平同志提出教育要面向现代化、面向世界、面向未来以来，实现教育现代化一直是中国教育发展的重要目标，党的十九大报告将"加快教育现代化，办好人民满意的教育"，作为新时代教育发展的整体定位。2019年的全国教育大会上习近平总书记将"加快推进教育现代化、建设教育强国、办好人民满意的教育"作为新时代中国教育发展的总体要求，2019年中国更是出台了《中国教育现代化2035》，这一文件是中国首个以教育现代化为主题的中长期战略规划。这一文件指明了实现教育现代化是未来中国教育发展的核心任务，必须坚定不移、毫不动摇地推进教育现代化的发展。问题在于新时代中国的教育现代化应当是怎样的教育现代化。新时代中国的教育现代化不应当按照西方国家的现代化路径亦步亦趋，任何现代化的历史都是在具体历史情境中的现代化，正如钱乘旦先生所指出的就当前阶段而言民族国家"是现代化不可缺少的支架，没有这个支架，现代化就不能发生"。[①] 虽然从终极意义上讲现代化最终应当是整个人类文明的进步，但就当前阶段而言，现代化过程的主体主要是民族国家，当前人类的世界史还是建立在民族、国家基础之上的历史，因而当前的现代化问题主要表现为国家现代化的问题。将民族国家作为现代化的主体去理解现代化问题，现代化意味着不同民族国家"追赶、达到和保持"世界先进水平的过程。[②] 就发达国家而言，现代化意味着通过发展保持自己的先进地位的过程，就发展中国家而言，现代化是"追赶先进水平的过程"。[③] 就新时代中国的实际国情而言，中国的教育现代化就是以实现中华民族伟大复兴为目的，以有效促进中国步入世界中央舞台的教育。建设性后现代思想作为一种提倡在保留现代文

[①] 钱乘旦等：《世界现代化历程》（总论卷），江苏人民出版社2016年版，第181页。

[②] 何传启：《如何成为一个现代化国家——中国现代化报告（2001—2016）》，北京大学出版社2017年版，第9页。

[③] 温恒福、杨丽：《中国教育现代化的操作定义探索》，《教育理论与实践》1999年第4期。

明合理因素基础上超越西方现代文明的思想，能够为新时代中国的教育现代化发展提供新的发展可能。

现代化从根本上说"是一种文明进步"，[①] 是作为整个共同体的人类文明不断进步的过程，是人类文明不断具备现代性质、达到现代水平的过程。如人类从农业文明向工业文明的发展就是一个现代化的发展过程。按照本书的分析，如果将"现代"理解为"新近的、当前的"先进水平，现代化过程就是人类文明通过借鉴先进理念、先进制度发展先进科学技术促进人类社会发展、文明演进的过程。根据褚宏启教授的观点，教育现代化的关键在于教育现代性的增长，若将现代化实现的过程理解为达到世界先进水平或追赶世界先进水平的过程，那么也不应简单地将现代性理解为几个固定不变的标准，而应当随着时代的发展不断地丰富对现代性的理解，而判断现代性的根本标准应当是是否与时代的先进性相一致，或者说如恩格斯所言的是否体现了"时代精神的精华"。

大卫·雷·格里芬强调"考虑到生态问题压倒一切的重要性，它应当成为教育的核心"，[②] 从中国的实际国情看，中国政府一直高度重视生态问题，党的十九大报告中更是将反映生态追求的"美丽"作为实现社会主义现代化强国的重要方面，生态文明的实现离不开教育的作用，适应生态文明发展需要新时代中国教育发展的应有之义，新时期教育现代化的发展，必然要吸收、借鉴生态文明的理念、与生态文明的基本理念相契合。同时教育现代化的发展应当体现时代先进性的要求，引领中国教育现代化发展的生态文明不应是1.0版本的"农业—生态"文明，也不应是2.0版本的"工业—生态"文明，而应当是"人类社会发展过程中出现的较工业文明更先进、更高级、更伟大的文明"，[③] 是对人类已有文明尤其是工业文明的有保留的超越，这种生态文明应当是建设性后现代所提倡的"信息—生态"文明。因此从建设性后现代角度审视新时代

[①] 何传启：《如何成为一个现代化国家——中国现代化报告（2001—2016）》，北京大学出版社2017年版，第5页。

[②] 曾繁仁、[美]大卫·雷·格里芬：《建设性后现代思想与生态美学》（上卷），山东大学出版社2013年版，第24页。

[③] 申曙光：《生态及其理论与现实基础》，《北京大学学报》（哲学与社会科学版）1994年第3期。

中国教育现代化的发展，应当借鉴建设性后现代思想的方法论特点和基本理论追求思考教育的发展，更要借鉴"信息—生态"文明的先进技术推动教育的发展，以"信息—生态"文明的理念引领教育现代化的发展，使教育现代化发展与新时代语境下的时代先进性相一致。

综上所述，按照建设性后现代的观点，应当以"信息—生态"的理念引领中国教育现代化的发展，立足"信息—生态"文明的时代特点是思考中国教育发展的立足点。然而正如褚宏启教授所言教育现代化关键在于让"教育目标、教育内容、教育教学方法、教育管理等越来越具有现代精神"，[1] 只有真正深入到课程与教学等问题之中才能真正的使教育现代化的建构"接地气、有灵魂"，[2] 因此按照建设性后现代的理论审思中国教育现代化的发展问题，应当将建设性后现代思想的核心理念、关键方法、基本追求具体深入到课程教学问题之中去，在中国具体的课程教学问题之中展开探讨。

---

[1] 褚宏启：《教育现代化的灵魂是现代精神》，《中国教育学刊》2018 年第 6 期。
[2] 褚宏启：《教育现代化要接地气有灵魂》，《中小学管理》2018 年第 1 期。

第六章

建设性后现代课程观

在后现代教育思想中,后现代课程观对中国教育的实际影响最大,在中国基础教育课程改革的理论与实践中处处可见后现代教育课程观的影子。① 美国的威廉·F. 派纳和小威廉姆·E. 多尔是后现代课程的先驱。前者的《理解课程:历史与当代课程话语研究导论》被誉为是与泰勒的《课程与教学的基本原理》同样重要的"只可超越不可跨越的经典之作",是"当代课程领域的'圣经'"② 派纳批判了工具理性的"课程开发范式"创造性地提出了"理解课程范式",并指出"课程开发的时代已经过去"③ 另一个"理解课程"的时代已经开始。课程不再是预制好的分门别类的讲授材料,而是需要被理解和建构意义的"符号表征"。需要把课程理解为历史的、政治的、种族的、美学的、制度的、国际的等多种多样的文本。派纳的理解课程理论贯彻了多元化、开放性、复杂性、生活化和过程、关系与生成等建设性后现代理念。多尔的课程思想深受大卫·雷·格里芬的影响,他在自己的代表作《后现代课程观》的英文版序言中坦承是大卫·雷·格里芬带他步入后现代与过程思想,汪霞教授认为多尔是最早进行建设性后现代课程研究的研究者。④ 正是因为建设性后现代思想在课程领域产生了如此大的影响力,因而以建设性后现代思

---

① 温恒福:《建设性后现代教育论》,《教育研究》2012 年第 12 期。
② [美] 派纳等:《理解课程:历史与当代课程话语研究导论》,张华等译,教育科学出版社 2003 年版,译者前言 1。
③ [美] 派纳等:《理解课程:历史与当代课程话语研究导论》,张华等译,教育科学出版社 2003 年版,第 7 页。
④ 汪霞:《课程研究:现代与后现代》,上海科技教育出版社 2003 年版,第 105 页。

想为资源，立足新时代中国的实际国情建构适应新时代中国实际状况的建设性后现代课程体系有重大的意义。

就新时代中国具体情景而言，建设性后现代课程体系的建构应当以扎扎实实地做好体系化、结构化、基础化的知识教育为基础，着力建构"掌握知识"—"运用知识"（智慧）—"创新知识"的"顺序性"动态结构体系。

第一节　建设性后现代教育以对现代知识教育的批判性继承为基础

建设性后现代教育并不是一味地强调否定现代教育，而是追求在保留现代教育合理性因素的基础上寻求克服现代教育弊端的可能。因而建设性后现代课程体系的建构首先应当以对现代课程体系中合理因素的继承为基础。现代课程体系在一定历史阶段内适应了时代的要求，并且在很大程度上推动了社会生产力的快速发展，因此在一定限度内以系统化的学科知识体系为核心的现代课程体系有其存在的价值。虽然随着时代的发展现代课程的弊端逐渐开始显现，但并不能因此因噎废食地对其进行全盘否定，应当按照建设性后现代思想强调的，"积极的中庸"思路，立足新时代的实际对现代课程体系进行"在其所在"的审视，根据"时代的合理性"的要求保留现代课程体系中的合理发明，在此基础上建构建设性后现代的课程体系。具体而言应当在扎实地做好系统化、客观化、基础化的知识教育的基础上，通过更加丰富多样的课程形式来丰富课程体系。

一　仍需关注系统化的学科知识体系的重要作用

就新时代中国教育的具体情况看，现代课程体系对系统化学科知识体系的重视依然值得借鉴。尽管解构性后现代提出了"拒斥宏大叙事"的要求，但应当明确拒斥宏大叙事的理论背景是西方经过几个世纪的努力已经在科学与人文领域建构了足够宏大的理论体系。当经典理论体系的建构已经达到顶峰时，才需要通过拒斥宏大体系来为未来的创新提供可能，在这个意义上讲强调解构、重视多元的后现代知识观是以体系化的知识发展到一定水准为前提的。然而就中国实际情况而言，首先，中国诸多学科并未真正建立起完善的宏大体系；其次，基础教育课程包含的知识也并没有达到后现代知识观所需要的前提；最后，作为教育对象的学生头脑中更没有足够宏大的知识体系，在这种实际情境下过早地强调拒斥宏大知识体系无疑会造成学生知识体系的破碎化、知识结构的零散化，不利于学生系统地掌握知识。

另外，有观点认为现代教育应当体现以学生为中心的原则，尊重学生对课程内容的自主选择，尊重学生的需要设置学习内容，然而由于基础教育阶段的学生并不具备足够成熟的理性，轻易地放弃学科基本的体系，片面地遵从学生的意愿、选择安排基础教育的内容，容易造成教学的浅层化、娱乐化、碎片化，给教育的发展带来不良影响。对学生而言教师课堂幽默的"段子"可能比深刻的课程内容更吸引他们，互联网上五花八门、光怪陆离的娱乐信息、毒鸡汤与课本知识相比更具吸引力，"咪蒙""同道大叔"们比爱因斯坦、牛顿更加有趣。但更多"段子"、更具娱乐性的课堂可能使学生一无所获，就基础教育阶段学生成长而言课本知识比互联网上的娱乐信息更加有益，与"咪蒙""同道大叔"们相比爱因斯坦和牛顿才是学生需要学习的。因此离开必要的指引，一味地遵照学生的需求去设计教育，容易造成教育的浅层化、娱乐化，甚至使课堂沦为取悦学生的表演，"新高考"改革面临的很少有学生选考物理学科的情况也真实地反映了这一问题。加拿大的 Nashon 教授在讨论西方的 STEM 教育时曾谈到"在理解 STEM 时，很重要的一点是：我们不能试图忽视 STEM 中每一门学科的独立价值"，[①] 西方当前的课程改革也并没有完全否定各门学科的独立价值，在中国当前发展阶段放弃以系统的学科教育为基础谈"模块""综合"是不符合时代状况的。因而基础教育阶段的课程主要还应当按照学科的逻辑，重视课程中知识体系的完整性、概念之间逻辑的严密性、知识点之间的连续性，以系统化、结构化的学科知识为主要教育内容。

---

① 李雁冰：《"科学、技术、工程与数学"教育运动的本质反思与实践问题——对话加拿大英属哥伦比亚大学 Nashon 教授》，《全球教育展望》2014 年第 11 期。

二 继续强调客观性、普遍性的知识观

知识观对理解教育中的知识具有重要影响，因而有必要以建设性后现代的态度审思。按照建设性后现代强调的"积极的中庸"的态度，尽管后现代知识观提出了许多极富启发性和创见性的观点，以后现代知识观丰富学生对知识的理解也确有必要，作为现代化课程体系基础的重视客观性、普遍性的本质主义知识观给中国教育发展带来了一定的不良影响，但并未达到需要彻底抛弃这种知识观的程度，在教育内容领域拒斥知识的普遍性、客观性务必慎之又慎。只有在学生真正理解现代知识观的意义与价值的基础上，才能引导学生了解这种知识观的局限及适应范围，在此基础上才能以后现代知识观以及与前沿科学相关的知识观丰富学生对知识的理解。

从基础教育阶段知识的特点看，学生在基础教育阶段学习的知识主要还是以基础性知识为主，如牛顿力学、二元方程组、简单的解析几何和基本的文学、政治、历史知识，构成这些知识的知识论基础主要都是强调客观性、普遍性的本质主义知识观，过早地以强调"差异"、重视不确定性的后现代知识观"丰富"学生的思想容易给学生对这些内容的理解带来混乱。比如牛顿定律的核心就是通过简单的公式描绘整个宇宙的运动规律，在物体的初始条件和受力状况给定的条件下，物体在任何时刻的运动状况都是确定且可计算的，在讲牛顿第二定律时告诉学生世界是不确定的，任何的定律都不具有普遍性，科学的价值在于"证伪"，学生就会对牛顿定律的意义感到茫然。

更为重要的是，就中国实际情况而言，正如本书一直强调的，新时代中国向"强起来"的转变离不开强大的科技支撑。在基础教育阶段过分强调后现代知识观的指导作用不利于科学教育的展开。正如爱因斯坦所强调的，"相信世界在本质上是有秩序的和可认识的这一信念，是一切科学工作的基础"。[①] 过早地在后现代知识观的基础上建构课程体系容易破坏学生对数学以及自然科学的整体感觉，影响学生科学素养的发展。

---

① [美] 阿尔伯特·爱因斯坦：《爱因斯坦论科学与教育》，许良英等译，商务印书馆2016年版，第1页。

解构性后现代知识观尽管在人文领域极具建树,也对科学的发展具有借鉴意义,但建立在后现代思想上的"后现代科学"难以受到科学界的真正认可,后现代知识观也并不能在真正意义上动摇本质主义知识观对科学的影响,过度延伸科学成果的人文意义,不仅是对科学的误解,也会使人文结论建立在不牢靠的基础上。就如一度轰动学界的"索卡尔事件"所反映的,如果某一"后现代思想"声称自己是建立在新兴科学基础之上,而这种科学与这种"后现代思想"的联系是不真实的(如索卡尔的诈文)或是对科学的理解是错误的,就会使这门学科本身的合理性与合法性受到置疑。而"后现代科学"中大量存在着对科学的借鉴、理解尚停留在字面意思上的现象,在没有真正理解前沿科学意义的前提下盲目地对它们进行"人文性"的引申。比如认为海森堡的"测不准原理"给世界的不确定性提供了可能,相对论原理说明了任何事物都是相对的"相对性"原则,薛定谔的波函数给意志自由提供了可能。然而海森堡本人曾明确地对这些观念提出否定,海森堡认为"量子力学并不包含主观的特征,它并不引进物理学家的精神作为原子事件的一部分",[①] 前沿科学理论的提出并没有大量考虑其在意志、情感方面的意义,正如陈嘉映教授所言,人们"引用量子力学所依赖的波函数来表达反对牛顿—拉普拉斯的决定论,捍卫意志自由。"然而"量子活动的概率性质对自由意志并未投以青眼,我们且莫自作多情。"[②] 因而上文谈到"有边界的理性"时,将对情感的培养的任务限制在人文教育领域,在科学教育领域依然以培养学生的理性为主,就是为了防止对科学在情感、意志方面意义的过度解读,反过来影响科学教育的效果。正如于伟教授所言,就科学教育而言"与其说给学生一个似是而非的后现代观念,远不如给学生一个经典的、客观的科学主义观念",[③] 最有效推动科学发展的知识观依然是以客观性、普遍性为基础的知识观,完全放弃知识的客观性、普遍性,会陷入反智主义的误区,甚至使知识滑向虚无主义的泥淖。

---

① [德] W. 海森堡:《物理学和哲学》,范岱年译,商务印书馆1984年版,第22页。
② 陈嘉映:《哲学·科学·常识》,中信出版社2018年版,第9—10页。
③ 于伟:《现代性与教育》,北京师范大学出版社2006年版,第323页。

三 进一步扎实做好"两基"教育

以传授学生基础性知识为主，进一步落实对学生的"两基"教育。尽管当前民族的复兴、国家的振兴迫切地需要尖端知识，适应新时代社会发展趋势需要使学生了解一定的前沿知识，但一定要注意好在基础教育中引入前沿知识的方法和度。尖端的前沿知识并不是凭空生长的，前沿科技的发展需要建立在扎实的基础知识之上。知识的发展是有其学科的逻辑的，在大多情况下知识的学习应当遵循"必要性优先"的原则，不掌握牛顿力学很难教会学生量子力学，不掌握好欧几里得几何很难教会学生非欧几何，没有学习求导的学生很难理解什么是积分。同时如果不扎实地掌握一定的基础知识，盲目地引入前沿知识很容易导致对前沿知识的误解，不仅不利于对学术新发展趋势的把握，甚至会对学生造成误导，影响学生未来的发展。如将哥德巴赫猜想中的证明"1+1"解释为证明算术意义上的"1+1=2"，[①] 或是在不了解陈寅恪先生任何学术著作的情况下以"轶事"的形式讨论陈寅恪。[②] 因而从课程角度看，建设性后现代教育不应放弃对学科知识中基本原理、基本概念的重视，在扎扎实实做好"双基"教育的基础上再谈如何以前沿知识的教育丰富学生的视野。中国教育一度曾以扎实的"双基教育"（基本知识、基本技能）而著称，上海考生在"PISA"测验中所取得的优异成绩也反映了中国基础教育中学生基础知识的过硬。无疑对"双基"的过分重视也给中国教育带来学生课业负担过重、教学中灌输法盛行等问题，但因为这些问题而放弃对科学知识中基础知识的关注，转而强调教育中科学知识的"前沿性""活动性""综合性""生活性"无疑是一种矫枉过正。近些年中国在国际奥数比赛中的排名不佳也在一定程度说明了这种矫枉过正带来的不良影响。

---

① 哥德巴赫猜想又被称为 1+1，这个容易引起误解的名字是怎么来的 [EB/OL]．(https：//baijiahao. baidu. com/s? id = 1603195168759498952&wfr = spider&for = pc&isFailFlag = 1)

② 易中天：《劝君免谈陈寅恪》，《全国新书目》2010 年第 11 期。

就这点而言，美国课程改革的经验非常值得我们借鉴，受进步主义运动影响美国教育一度过分强调教育的"以学生为中心""以活动为中心"破坏了对基础知识的关注，因而"回到基础"就成为美国战后一系列教育法案、教育改革的重要主题。[1] 按照布鲁纳的观点"不论我们选教什么学科，务必使学生理解该学科的基本结构。"而学科的基本结构主要是"一切处于自然科学和数学的中心的基本观念以及赋予生命和文学以形式的基本课题"，[2] 即各学科中居于核心地位的基本原理与基本概念。布鲁纳的观点深刻地说明了基本原理、基本概念对于知识体系建构的重要性，在教育的知识领域中过于激进地放弃对基本原理、基础概念的关注会造成教育发展的不讲科学、不重积累、根基不牢，不利于学生对前沿知识的真正理解、真正把握，不能真正通过教育培养高水平的创新人才，推动国家在新时代的崛起、腾飞。

综上所述，建设性后现代课程的建构应当以对现代课程观中普遍性、客观性、基础性知识教育的继承的基础上，探求超越现代知识教育的可能。同时也应当注意过于重视现代学科课程的危害。怀特海谈到教育的"两条戒律"时首先谈到"不可教太多的科目"。[3] 根据建设性后现代的观点，教育发展既不能放弃基础性的学科教育，也应当注意对前沿内容的聚焦。建设性后现代课程体系的建构应当进一步聚焦在新时代需要培养学生关键能力，探索"以科学性、时代性和民族性为基本原则，以培养'全面发展的人'为核心"的"核心素养"，[4] 聚焦新时代背景下满足民族振兴、人民幸福需要的关键能力，以这些关键能力为依据精选知识教育的内容，精心选择数量适当、学生能够理解且对于理解学科具有重要意义的基本知识、基本原理作为课程内

---

[1] 美国战后出台的《国防教育法》《国家在危机中：教育改革势在必行》《普及科学——美国2061计划》等法案以及与之相应的改革都体现了这一趋势。

[2] ［美］J. S. 布鲁纳：《布鲁纳教育论著选》，绍瑞珍、张渭城等译，人民教育出版社2018年版，第27页。

[3] ［英］阿尔弗雷德·诺思·怀特海：《教育的目的》，徐汝舟译，生活·读书·新知三联书店2002年版，第2页。

[4] 核心素养研究课题组：《中国学生发展核心素养》，《中国教育学刊》2016年第10期。

容的基础。

第二节　建设性后现代思想家强调以智慧教育超越现代知识教育

建设性后现代课程体系的建构应当以更加温和的态度对待现代课程体系，并且应当继承现代课程观的优点，但也绝不能停留于现代课程体系，而应当探求超越现代课程体系的可能。建设性后现代的智慧教育思想对教育内容提出了更高的要求，在怀特海与建设性后现代思想家看来从西方古典教育到现代教育经历了从智慧教育向知识教育的转变，这种转变"标志着在漫长的时间里教育的失败"，[1] 建设性后现代课程应当在继承现代知识教育优点的同时复归智慧教育的传统。

一　智慧教育含义的历时态考察

怀特海认为"从古人向往追求神圣的智慧，降低到现代人获得各个科目的书本知识，这标志着在漫长的时间里教育的失败"，[2] 为区分两类教育本身，将前者称为"智慧教育"后者称为"知识教育"。怀特海认为从古代教育到现代教育经历了从"智慧教育"下降为"知识教育"的过程，因此要思考怀特海的智慧教育思想，应当对原初状态的古典教育向知识教育转变的过程进行历时态的考察，思考从古希腊时期到近代以来西方思想如何从对智慧的关注转向对知识的关注，以及受这种观念变化对教育学的影响。

（一）古希腊时期智慧向知识转变的肇始

智慧与知识之争可以追溯到古希腊时期，"几乎与'哲学'这个词出现的同时，希腊人就把'智慧'与'普遍的知识'混淆在一起，从而使哲学事实上从热爱智慧的方向转变到了追求普遍知识的方向。"[3] 哲学

---

[1] [英]怀特海：《教育的目的》，徐汝舟译，生活·读书·新知三联书店2002年版，第43页。

[2] [英]怀特海：《教育的目的》，徐汝舟译，生活·读书·新知三联书店2002年版，第43页。

[3] 俞宣孟：《本体论研究》，上海人民出版社2005年版，第4页。

"philosophy"意为"爱智之学",对智慧热爱与寻求乃哲学原初意义上的核心问题。"人类的思想并不是从抽象开始的,而是从具体开始的。因此,初期的哲学家最早探讨的问题还不是抽象的'存在',而是具体的、变化着的万物"。①

前苏格拉底时期的哲学家如泰勒斯、赫拉克利特对世界的本源进行思考时,将世界的本源视为"水""火""四根"等鲜活、真实、具体、动态之物。更为重要的是,在前苏格拉底时期的哲学家看来,哲学乃对智慧的追求过程而非智慧的占有,按照毕达哥拉斯的观点"除神之外,没有人是智慧的"②,智慧只能不断追寻而不能真正被凡人占有。这种对智慧的探求在苏格拉底处发生转向的萌芽,苏格拉底通过产婆术步步诘问,最终追求达到对问题普遍性、抽象性的共识。"知识即美德"意味着"凡认识这些事的人绝不会愿意选择别的事情;凡不认识这些事的人也绝不可能把它们付诸实践。……正义的事和其他一切道德的行为,就都是智慧",③ 将对普遍知识的掌握等同于对智慧的热忱之爱,正是在这个意义上,尼采"把苏格拉底看作所谓的世界历史的一个转折点和旋涡。"④柏拉图将世界分为理念的世界和现实的世界,理念的世界永恒不变,现实的世界变动不居,永恒的理念世界高于变化的现实世界。从这种观念出发,柏拉图一方面认为理念世界的知识"只有理智这个灵魂的舵手才能对它进行观照,而真正的知识就是关于它的知识",⑤ 另一方面认为教育的目的乃通过促成"作为整体的灵魂必须转离变化世界,"⑥ 通过灵魂中的理性透过变动不居的现实世界去认识抽象恒定的理念世界。基于理念论的哲学思想,柏拉图进一步提出了著名的"线段隐喻"来说明人类对世界的认识,按照认识的清晰程度将之分为知识与对象两类。⑦ 知识的

---

① 汪子嵩等:《希腊哲学史》第1卷,商务印书馆1988年版,第446页。
② [古希腊]第欧根尼·拉尔修:《名哲言行录》,徐开来、溥林译,广西师范大学出版社2010年版,第6页。
③ [古希腊]色诺芬:《回忆苏格拉底》,吴永泉译,商务印书馆1986年版,第117页。
④ [德]尼采:《悲剧的诞生》,孙周兴译,商务印书馆2012年版,第111页。
⑤ [古希腊]柏拉图:《柏拉图全集》第3卷,王晓朝译,人民出版社2002年版,第161页。
⑥ [古希腊]柏拉图:《理想国》,郭斌和、张竹明译,商务印书馆1986年版,第139页。
⑦ [古希腊]柏拉图:《理想国》,郭斌和、张竹明译,商务印书馆1986年版,第223页。

清晰程度高于对象，关于恒定不变的理念世界的认识处于认识的最高等级，客观上促进了知识的分类，按照对理念世界的分有程度将人类的认识划分为从高到低的等级。受这种观念的影响，柏拉图放弃了苏格拉底在现实中展开对话的教学方式，进一步将教育具体化为在学园中的七艺教育，七艺中除"雄辩术"外的"算数、几何、天文、音乐、文法、修辞"都是摒弃了现实世界的抽象知识。正如王晓朝教授所言，"苏格拉底以前的哲学家回答了'什么是万物的本原'，而亚里士多德回答了'什么是本原'"，亚里士多德在柏拉图的基础上，进一步将对世界的探求转变为对作为抽象范畴的存在是什么的寻求，在此基础上进一步将智慧表述为"就是有关某些原理与原因的知识"，① 将智慧归为知识的一种。受这种理念影响，亚里士多德在秉承灵魂教育理念的基础上，进一步将知识分门别类，细化成"物理学""诗学""形而上学""政治学""伦理学"等学科体系。亚里士多德成为"希腊科学的化身，并因此在两千多年的时间中充当'哲学家'的代表。"② "柏拉图、亚里士多德把哲学从热爱智慧引向了追求普遍知识，这一方向性的转变决定了西方哲学的形态"，③ 从苏格拉底开始一直到亚里士多德，西方思想家对世界的探求从关注鲜活的万物本原转向为关注抽象性、概念性的世界本体，是从古典的智慧教育向现代的知识教育的转变的源头。

（二）智慧向知识的转变在近代的完成

若说苏格拉底及柏拉图、亚里士多德开启了知识向智慧的转向，近代哲学的认识论转向与自然科学的发展则促成了知识替代智慧的完成。

从时间背景上看，怀特海正处于认识论哲学发生转向的时期，怀特海的过程哲学作为"另类的后现代哲学"表达了对认识论哲学的批判，出于与其哲学思想的一致性，怀特海的智慧教育思想也是源于对认识论转向的批判反思。近代哲学的认识论转向与自然科学的发展则促成了知识替代智慧的完成。近代哲学的认识论转向使"epistemology"替代"phi-

---

① ［古希腊］亚里士多德：《形而上学》，吴寿彭译，商务印书馆1995年版，第3页。
② ［德］文德尔班：《古代哲学史》，詹文杰译，上海三联书店2009年版，第213页。
③ 俞宣孟：《本体论研究》，上海人民出版社2005年版，第9页。

losophy"成为哲学的代名词，"episteme 表示知识，sophia 和 phronesis 表示智慧，"[1] 认识论的转向使知识进一步替代了智慧。近代哲学的认识论转向始于弗朗西斯·培根对"新工具"的发现以及笛卡尔对"第一哲学的沉思"，将精神性"我思"作为对存在的思考的起点。二者从唯理论和经验论两个不同向度并以分别以归纳和演绎的方式，致力于为具有普遍必然性的知识体系奠定基础。大卫·休谟提出不包含"数和量的任何抽象推论"或是"关于实在事实和存在的任何经验的推论"的书应当付之一炬，因为"它们所包含的没有别的，只有诡辩和幻想，"[2] 进一步为对普遍性、抽象性的知识的寻求打牢地基。康德做出"物自体"与"现象"的区分，作为真实世界的"物自体""离去吾人所有感性之一切感受性，则完全非吾人之所能知，"[3] 人只能把握由"感性—知性—理性"三个阶段加工而形成的"现象"。这一方面意味着真实、鲜活的自然成为不可言说的物自体，应当从认识领域中驱逐出去。另一方面意味着感性阶段所把握到的杂多现象只有经过知性阶段的范畴，并最终通过理性把握为具有普遍必然性的抽象性概念，才是认识的最高目的。经由理性抽象形成的知识，才是对人类最有价值的知识。近代哲学的认识论转向强调不经过认识论的本体论无效，将对世界的把握从鲜活的"在"转变为静态的"知"，知识成为人类理解世界最有力的武器，进一步推动了智慧对知识的取代。

如果说近代认识论哲学通过观念性的方式促成由智慧向知识的转变，近代自然科学的发展则通过它给人类生活带来的巨大改变使人类认识到"知识就是力量"。在近代力学基础上发展起来的工业社会"在它的不到一百年的阶级统治中所创造的生产力，比过去一切世代创造的全部生产力还要多，还要大"，[4] 以牛顿力学为基础建造起来的近代物理学的大厦，可以计算整个宇宙一切事物的运动规则。近代科学发展从方方面面改变了人的生活方式，让人们直观地体会到了知识的重要性。

---

[1] 俞宣孟：《本体论研究》，上海人民出版社 2005 年版，第 5 页。
[2] ［英］休谟：《人类理智研究》，吕大吉译，商务印书馆 1972 年版，第 145 页。
[3] ［德］康德：《纯粹理性批判》，蓝公武译，商务印书馆 1960 年版，第 64 页。
[4] 《共产党宣言》，人民出版社 2014 年版，第 32 页。

近代科学则在认识论哲学基础上，促成了从智慧向知识的转向的完成。古希腊哲学的核心是在思考世界是什么，近代认识论哲学则意识到超出人的认识能力之外的世界是无法把握的更无法言说的"存在着的无"，我们能够讨论的世界的本质必然是以人的认识能力为中介所把握到的世界。对世界的把握从鲜活的"在"转变为静态的"知"，认识成为理解世界的关键。近代科学通过"拷问自然、逼迫自然说出自己的答案"，极大地改进了人类的生活状态，以科学为代表的知识从原初意义上以诗性的眼光审视自然转变为从"为我们完满的生活做准备"，① 将对宇宙的思考从"求知是人的本性"转向了对现世生活的价值的关注，也就使教育关注的焦点从对智慧的热忱之爱变为对"什么知识最有价值"的孜孜以求，并依此对知识的重要性做出排序。从历史的视野看，这一问题提出对教育学发展具有里程碑式的意义，推动了教育学独立化、科学化的发展。沿着这一思路带来了科学主义与人文主义、形式说与实质说等一系列教育争鸣，产生了要素主义、永恒主义、存在主义等一系列教育思潮。这些争鸣其实质仍然是对"科学知识"还是"人文知识""古典知识"还是"现代知识"何者更有价值的探索。这些思考并没有超出"什么知识最有价值"的思考，尽管教育家们在不同程度上、不同层面上对这一问题的答案做出反思，但很少有人就这一提问本身的合法性进行前提性的批判，很少有论者真正置疑这一追问所蕴含着的隐性前提（知识的价值即教育的价值）的合理性。

（三）建设性后现代思想家倡导回归智慧教育的传统

建设性后现代思想家敏锐地认识到了现代知识教育存在的问题，提出除知识教育外"智力教育还有另一个要素，比较模糊却更加伟大，因而也具有更重要的意义：古人称之为'智慧'"。② 认为在传授知识之上，教育有更为重要的目的——教人智慧，提倡应当在保留现代知识教育优点的基础上，复归古典智慧教育的传统。怀特海将理性分为实践理性

---

① ［英］斯宾塞：《斯宾塞教育论著选》，胡毅、王承绪译，人民教育出版社1997年版，第58页。

② ［英］怀特海：《教育的目的》，徐汝舟译，生活·读书·新知三联书店2002年版，第43页。

（尤利西斯理性）与知识理性（柏拉图理性），从古典教育向近代教育的转变是不断遗忘实践理性使知识理性成为理性的全部的过程，也就是知识取代智慧的过程。怀特海提倡的智慧教育是对知识教育的继承性超越，强调在发展学生知识理性的同时兼顾学生实践理性的发展，恢复知识理性与实践理性的平衡。按照怀特海的观点智慧教育的核心就在于培养学生在恰当的情境中对知识的实际运用的能力。

二 智慧教育的基本含义

智慧教育是对经典现代化所强调的知识教育的超越，建设性后现代思想家认为知识源于对真实经验的抽象概括，在这抽象、概括的过程中为了实现知识的普遍性需要牺牲经验的现实性，从鲜活的经验到抽象的知识的转化过程中信息遗漏不可避免，北京大学汪丁丁教授在讨论怀特海的思想时谈到"智慧被知识取代。我以为，这就是文字的代价"，[1] 将真实、鲜活的事件规训为抽象、客观的概念性文字，这一过程是以智慧向知识的转变为代价的。怀特海不否认抽象的知识对现实的实践具有巨大指导作用，但并不能认为知识一定高于实践，将抽象的知识直接等同于真实的存在乃"具体性误置的谬误"。

正因此，怀特海认为仅仅传授知识而不顾知识在现实世界的应用的"知识教育"会造成"呆滞的思想"。呆滞的思想指知识"仅为大脑所接受却不加以利用，或不进行检验，或没有与其他新颖的思想有机的融为一体"。[2] 教育中"呆滞的思想"的典型就是那些被我们称为"高分低能"的学生，他们能够通过各种考试技巧取得高分，却不能实际利用学到的知识解决问题、提升自己，不能以自己的批判性思维对学到的知识进行创造性地反思，不能将学到的新的知识与其他知识联系在一起形成有机整体。这样"教育就变成一种存储行为，学生是保管人教师是储户"，[3] 这样的学生仅仅是知识的容器，而不是知识真正的拥有者。在当

---

[1] 汪丁丁：《经济思想史进阶讲义》，上海人民出版社2015年版，第620页。
[2] ［英］怀特海：《教育的目的》，徐汝舟译，生活·读书·新知三联书店2002年版，第2页。
[3] ［巴西］保罗·弗莱雷：《被压迫者教育学》，顾建新等译，华东师范大学出版社2001年版，第25页。

今社会电脑、云储存的发展，科技能够更好地完成储存知识的工作，对知识不加应用、不加反思的占有不再是教育的关键，教育不应培养知识的容器。社会的发展需要能够发现问题、解决问题的人，因此"使人类走向崇高的每一次知识革命无不是对这种呆滞的思想的激烈反抗"，[1] 怀特海提倡以智慧教育克服"呆滞的思想"的弊端。

在怀特海看来，知识的价值不仅仅在于它是否符合客观的"认识论问题"，更在于如何对知识加以运用的"实践问题"。在知识社会，谁也不能否认"知识就是力量"，但知识能否成为力量不仅仅在于知识本身，还取决于知识的"转化率"，取决于对知识的实际运用。因此怀特海认为智慧不是既定的原理、定律范畴、不是一成不变的概念更不是现成的结论，而是真实情境下对知识的选择与运用。怀特海明确地讲"教育是教人们掌握如何运用知识的艺术"[2]，传授智慧的关键就是使学生能够将抽象的知识转化为可为自己所用的知识、能够解决问题的知识。"直到你摆脱了教科书，烧掉了你的听课笔记，忘记了你为考试而背熟的细节，这时，你学到的知识才有价值，"[3] 教科书、笔记或考试中的知识都不是真正有价值的知识，只有超越了课本、课堂、考试的条条框框在真实生活中运用的知识才是真正有价值的知识。智慧教育的目的不仅在于传授学生抽象的知识、帮助学生通过考试，更在于帮助学生能在真实的生活情境中选择恰当的知识，并恰当地运用所选择的知识解决自己的问题。

三　实现智慧教育的基本要求

在提出智慧教育应当关注知识的应用的基础上，怀特海及建设性后现代思想家进一步对如何实现智慧教育进行讨论。

（一）智慧教育的实现以扎实地做好知识教育为基础

怀特海提倡的智慧教育并不是完全摒弃知识教育，而是强调以知识

---

[1] ［英］怀特海：《教育的目的》，徐汝舟译，生活·读书·新知三联书店2002年版，第2页。

[2] ［英］怀特海：《教育的目的》，徐汝舟译，生活·读书·新知三联书店2002年版，第6页。

[3] ［英］怀特海：《教育的目的》，徐汝舟译，生活·读书·新知三联书店2002年版，第39页。

教育为基础而展开的智慧教育。怀特海认为"智慧是平衡发展的结果。教育所要达到的正是这种个性平衡的发展"。① 怀特海所说的平衡主要是指分科性的知识教育与综合性的运用知识（智慧）的教育的平衡。尽管怀特海智慧教育思想是建立在批判知识教育的基础上，但现代知识教育的价值同样不可否认，知识教育的形成是经集柏拉图到约翰·洛克、斯宾塞、夸美纽斯、赫尔巴特等伟大教育家思想的成果发展而成的。以唯物史观的眼光去看，这些教育思想在其历史的进程中都具备其历史的合理性，从古典智慧教育到现代知识教育的发展正是辩证性的扬弃的过程，因而按照辩证法"正—反—合"（否定之否定）的发展过程，扬弃现代知识教育发展向建设性后现代式的智慧教育符合"否定之否定"的辩证过程，符合历史与逻辑相统一的要求。怀特海所提倡的智慧教育是对知识教育的辩证扬弃，而不是将知识教育与智慧教育截然对立起来，以全盘摒弃知识教育的方式发展智慧教育。与古典智慧教育相比，建设性后现代思想家提倡的智慧教育恰是在"觉解"并继承现代知识教育优点基础上，对现代知识教育缺点的辩证扬弃。怀特海强调智慧教育是培养运用知识的能力的教育，然而没有扎实地掌握一定的知识对知识的运用根本无从谈起，没有掌握体系化的知识，根据实际情况选择适合解决问题的知识更是毫无可能。因而怀特海所强调的智慧教育是建立在知识教育基础之上的智慧教育，是经历了从古典智慧之"正"和教育到现代知识教育之"反"之后形成的古典智慧教育与现代知识教育之"合"，这一点是学界对怀特海智慧教育思想的研究所没有关注到的。在这个意义上讲，怀特海的智慧教育正是以"积极的中庸"的方法论实现古典智慧教育与近代知识教育的有机统合。怀特海的智慧教育不仅没有彻底摒弃知识教育，反而非常强调在扎实地做好知识的基础上培养学生运用知识的智慧。

（二）智慧教育是经"浪漫"、"精确"阶段丰富而达到的"综合"

为实现知识教育基础之上的智慧教育，怀特海创造性地提出了以立体化、顺序化的方式去理解掌握知识与运用知识之间的关系，通过动态

---

① ［英］A. N. 怀特海：《科学与近代世界》，何钦译，商务印书馆2012年版，第218页。

的"浪漫—精确—综合"教育节奏螺旋式的循环、上升过程达成知识与智慧的平衡。按照怀特海的观点"浪漫—精确—综合"的周期性循环不仅是学生整个教育过程的发展阶段,每一学科的知识、每一阶段的学习、每一堂课以及课堂的每一个知识点都应按照这种"教育的节奏"展开。教育应当以作为整体的"浪漫"为起点,呵护学生的好奇心与对知识的兴趣,这个阶段的教育是鲜活实际且贴近生活的,但"浪漫"阶段的教育并不能称之为智慧。如前文所述智慧的核心是对知识的运用,问题就在于不掌握一定数量的知识谈何运用知识?因此智慧教育的实现还需在知识教育的基础上继续发展到以知识教育为主要形式的"精确阶段",在"浪漫阶段"掌握的材料和激发的兴趣的基础上促进学生更好地学习体系化、专业化的知识,完成现代知识教育的诉求。在学生经过"精确阶段"的学习扎实地掌握了体系化的学科知识的基础上,在最后阶段培养学生综合运用这些知识的能力,最终实现智慧教育的诉求。因而可以说怀特海的智慧教育追求的是培养学生良好掌握系统化的学科知识基础上对知识的运用,是通过"浪漫""精确"阶段的丰富所最后实现的"综合"。

就新时代的状况看,推动社会现代化建设需要培养的智慧应当是运用现代知识的智慧。中国的传统中并不缺乏一般意义上的智慧,借用红楼梦中的对联"世事洞明皆学问,人情练达即文章",中国的传统文化中并不缺乏"世事洞明"与"人情练达"层面的智慧,中国的教育传统中也不缺乏对"政治智慧""处世智慧"的培养,可以说中国教育传统所培养的智慧主要是"世事洞明""人情练达"层面的智慧,而缺乏的恰恰是怀特海所提倡的运用现代知识的教育。尽管抽象的知识教育会造成"具体性误置的谬误""旁观者的知识"等一系列问题,但缺乏对现实世界的抽象性的思考会带来更大的问题,集中表现为科学技术得不到有效发展和法治意识不能真正得到推广。正因此,建设性后现代思想家强调教育需要培养的智慧,应当是在"浪漫""精确"阶段的发展之后达到的"综合",是在扎实掌握抽象性的现代知识基础上对知识的运用。

(三)智慧教育强调重视学生模糊之感悟

怀特海将人的感觉称为"感觉—知觉","感觉—知觉"分为两个部分：思想和不包括思想的感觉知觉——"感觉—意识"。以此为依据将人类认识自然的方式区分为"同质地"想到自然与"异质地"想到自然两类。[1]"异质地"想到自然的思想强调自然是通过思想的加工才能够被认识。"同质地"想到自然是指"可以在不想到思想时想到自然"。[2] 异质地想到自然是知识的思维方式，当我们以这种思维方式思考问题时，我们首先意识到自己在思考问题，然后根据问题寻找理论依据，按照数学、物理、生物、化学等知识固有的范式去研究问题，进而解决问题。

智慧的思维方式则是同质地想到自然的方式思考问题，正如海德格尔所指出的，事物首先是作为"上手"之物存在的，如锤子的生产首先是为了解决我们生存的需要，然后我们才会在研究认识论意义上去研究锤子的构造、锤子的意义以及与语言论意义上的锤子为什么被称为锤子。当我们在真实生活中使用锤子砸物体时，我们不是先经由知识思维按照化学的知识去分析锤子的材质、按照物理的知识去对砸的动作进行受力分析、按照生物的知识思考这一动作的生理机能，然后才去砸物体。因此"认识论意义上的客观性是从这种事物的元素的上手性（即实践性）中派生出来的。"[3] 智慧的核心是实际情况中解决问题的实践，当我们在实践情况中解决问题时，学生不是遇到问题先想到知识，再根据知识找到解决方法，而是在实际场景中直接找到解决问题的办法，通过事后的反思才会发现解决问题用到了哪些知识。在这个意义上怀特海曾言随着智慧的增长，知识将减少，因为在实践的情境中，知识不再作为"条条框框"储存在学习者的脑海里，而是成为与学习者的日用常行结合在一起的作为整体的智慧。这种智慧不同于知识，是不能够通过简单的课堂教育灌输给学生的，而更多的是来自学徒式的经验传递，通过学生观察教师在具体情境中的应对而习得。怀特海在《思维方式》一书中对重要性与表达做出了区分，认为对世界的"摄入"是一种天地万物内在联系

---

[1] ［英］阿尔弗雷德·诺思·怀特海：《自然的概念》，张桂权译，译林出版社2000年版，第2—3页。

[2] ［英］阿尔弗雷德·诺思·怀特海：《自然的概念》，张桂权译，译林出版社2000年版，第2页。

[3] 张汝伦：《现代西方哲学十五讲》，北京大学出版社2003年版，第232页。

的模糊感悟，根据汪丁丁教授的观点，这种模糊感悟与哈耶克提出的"模糊型头脑相似"，[①] 与之不同的在于哈耶克将两者头脑类型视为对立的，而怀特海则认为这种感悟方式是万事万物（即所有现实存在）所共同具有的，并且这种模糊型的感悟是先于清晰型的感受的。怀特海认为作为世界本体的"现实存在"对整个世界的摄入首先是模糊的整体性感悟，这种模糊的感悟因为"重要性"的感受而产生了清晰有限的"表达"。与"表达"不同，在怀特海看来"重要性"既有模糊、整体的一面，也有清晰、有限的一面，是从模糊向清晰之间的过渡。进而在怀特海看来模糊的整体性感悟与清晰的有限性表达都是人类重要的理解方式。教育必要意识到表达的有限性，不仅要关注能够以语言传授的知识，还要关注不可表达的智慧，而真正的在实践中形成的智慧只能由学生在实践中去感悟。因此真正的教育不仅是言传的更是意会的，要认识到语言所能表现出的"重要性"的有限性，帮助学生摆脱对教师的盲目的崇拜，鼓励学生自己去感悟教师语言之外所传递的教育本身所蕴含的无限性。因为真实的场景中很多的因素是缄默性的，无法用语言所传递的，因此智慧教育不仅要关注可言传的规范性的知识，还要注意只能通过身教的传递的，在具体情境中找到解决问题方法的模糊的感悟，重视教育的场景性与际遇性。

（四）智慧教育应当是与个人密切相关的风格教育

古典教育中的"爱智"是在真实生活中寻求世界的本源，智者学派的教育虽有相对主义的倾向，但也强调了智慧与人的相关性。智者学派强调"人是万物的尺度，是存在者存在的尺度，也是不存在者不存在的尺度"，教育不离"人的尺度"自然"因人而异"，虽然教育的客观性不足，但也强调了教育与个体的一致性。苏格拉底强调教育最终要达到抽象理念，以祛除教育因"人的尺度"带来的随意性，为追求知识的普遍性、客观性，牺牲了知识与人身的密切联系，强调教育对话中所使用的任何知识体系都必须以明确和严格且抽象的概念为地基，使知识更加严谨、客观的同时，也促成了知识的"无人化"。怀特海认为"古代的作品精美绝伦，现代的作品则丑陋不堪。其原因就在于，现代作品按精确的

---

① 汪丁丁：《复杂秩序涌现与现代世界诞生》，《读书》2013 年第 11 期。

尺寸设计制作，而古代的作品则随工匠的风格而变化"，① 因此怀特海提倡智慧应当是与个人密切相关的风格教育。"教育绝不是往行李箱里装物品的过程"，"与这种过程最相似的是生物有机体吸收食物的过程"，② 往行李箱中装物品的过程所装物品不会因行李箱而变化；而有机体吸收食物的过程中，有机体不同需要吸收的养分便不相同。智慧是对知识的实际运用，而运用的主体是人，因此只有与人相适应、相结合的知识才能为个体所用。因此教育"最好的做法取决于以下诸项不可忽视的因素，即教师的天赋，学生的智力类型，他们生活的前景，学校周围环境提供的机会，以及与此相关的各种因素。"③ 其关键在于不将传授建立在理性基础上的普遍必然性的知识作为教育的全部，而应当"合理安置理性的位序、划定理性的边界、提倡审慎、谦逊的理性，处理好理性与感官、情感、信仰之间的关系，"④ 在关注理性教育的同时，关注学生个体性的身体感官、情感价值在教育中的重要性。

综上所述，建设性后现代课程体系在强调掌握知识的基础上，还应当重视通过培养运用知识的"智慧"，超越现代知识教育的弊端。

第三节 建设性后现代课程以培养创新性为最高追求

如前文所述，建设性后现代思想家将创新视为宇宙生成的终极动力，并且将创造性视为一切人的根本属性，并认为作为理论的命题根本价值在对创新的"诱惑"，强调应当以培养创新性来丰富建设性后现代课程体系。同时袁振国教授曾指出"培养创新人才是素质教育的最高目标"，⑤

---

① ［英］怀特海：《教育的目的》，徐汝舟译，生活·读书·新知三联书店2002年版，第14页。

② ［英］怀特海：《教育的目的》，徐汝舟译，生活·读书·新知三联书店2002年版，第47页。

③ ［英］怀特海：《教育的目的》，徐汝舟译，生活·读书·新知三联书店2002年版，第8页。

④ 喻聪舟、温恒福：《融合式教育现代化——新时代中国特色社会主义教育现代化的新趋势》，《教育学报》2018年第1期。

⑤ 袁振国：《教育新理念》，教育科学出版社2015年版，第108页。

就中国新时代的情况来看，经济发展与科技腾飞是社会主义现代化强国建设的两个重要方面。从经济发展角度看，新时代中国真正实现从"富起来"向"强起来"的转变，必然要实现从制造大国向创造大国的转变，中国的崛起面临着日趋复杂的外部环境，只有加强创新能力中国才能真正把握住自己发展的命运，因而创新能力日益成为影响中国"强起来"的关键因素。从科技腾飞角度看，随着前沿科学不断向更加宏观（如相对论）和更加微观（如量子力学）的方向拓展，很多现代科学的重大发展是在假想、假说的基础上建立的，尤其是一些前沿科学理论远远超出该时代的实验水平，很难再以传统的实验、实证方式推进这类科学研究的成果。爱因斯坦的相对论、德布罗意的波粒二象性、薛定谔的概率波等科学理论在提出之初都是无法用实验直接验证的，著名的"薛定谔的猫"[1]"双生子佯谬"[2]等思想更加是完全不可实验的。就当代科学发展的状况看，再循规蹈矩地按照传统的科学方法难以真正推动前沿的发展。因而在当代除扎实的理论功底之外，研究者的想象力和创新能力日益成为推动科学发展的关键因素。正如爱因斯坦强调的"想象力比知识更重要，因为知识是有限的，而想象力概括着世上的一切，"[3] 当代科学的重大发展离不开人类的想象力和创新思维。因而培养学生的创新能力应当是建设性后现代课程的重要构成。因而在运用知识的智慧之上，建设性后现代课程体系的建构还需要培养学生创新知识的能力。当学生能够创新知识时，基本已经实现了对知识的掌握与运用，因而从知识的纵向结构角度看，对学生创新知识能力的培养是建设性后现代课程最高层面的要求。

---

[1] 薛定谔的猫是物理学中一个著名的思想实验，大意是一个盒子里装有一只猫，向盒子中注射毒气，在盒子打开之前根据量子力学"态叠加原理"猫处于"非生非死""方生方死"的"态叠加"状态（量子纠缠态 quantum entanglement），只有当盒子打开时猫的生死才真正得以确定下来。这一实验显然是无法完成的，因而只能是思想实验。

[2] 双生子佯谬同样是物理学中著名的思想实验，根据爱因斯坦的相对论当物体速度接近光速时，会发生时光倒退，因而将一对即将出生的双胞胎放在以光速飞行的飞船上，由于时光的倒退后出生的弟弟反而成了哥哥。无论是出于伦理原因（把产妇放到飞船上）还是出于技术原因（达到光速的飞船），这一实验显然都是难以达成的，因而只能是一个思想实验。

[3] ［美］阿尔伯特·爱因斯坦：《爱因斯坦论科学与教育》，许良英等译，商务印书馆 2016 年版，第 1 页。

进一步思考新时代语境下应当培养学生哪些方面的创新能力。首先，推动社会主义现代化建设，"各行各业都需要一大批创新人才，要尽快形成一个由创新人才组成的'创新阶层'"①。通过教育培养广泛的"创新阶层"，造就各行各业的创新人才，关键在于培养学生超越具体行业、具体学科之上的一般性"创新能力"，有了这种一般性的创新能力，学生就能在走出校门后将这种一般性的创造能力应用到具体的行业中、现实的生活中。因而培养学生的创新能力首先应当包含培养学生一般性的创造性思维（心智模式）。钱颖一教授曾指出，创新能力的培养取决于学生的知识和心智模式两方面的因素，中国教育难以培养创新人才的问题在于过于重视知识教育，忽视了对有利于创新的心智模式的培养。② 因而关注培养学生与创新相关的心智模式对培养学生的创新能力确有积极意义，但并不能因此忽略对学生的知识教育。理查德·弗罗里达认为一定的知识水平是创新阶层的必备特征。就培养学生的创新能力而言，心智模式的培养与知识教育而绝不是截然对立的，二者应当紧密地结合在一起。中国教育当前存在的问题在于过于重视知识教育而忽略了对心智模式的培养，但纠正这一问题不能从一个极端走向另一个极端，放弃知识教育另搞一套创新教育，基础教育阶段尤其应当注意这一问题。更为重要的问题在于，是否存在知识教育之外纯培养学生心智模式的教育。正如恩格斯所深刻指出的，培养理论思维"除了学习以往的哲学，直到现在还没有别的办法。"③ 对理论思维的培养不能超越具体知识的学习而展开"纯思维"的教育，同样离开了以知识教育为载体，培养创新思维（心智模式）的教育也难以有效展开。因而改进中国当前教育不利于培养学生创新精神的弊端，应当改变现代知识教育将学生对知识的掌握当作教育的全部的倾向，将培养学生的创新精神（心智模式）作为知识教育的一个重要方面，在促进学生对知识的掌握的同时，以知识教育为载体，培养有益于发展学生创新精神的心智模式。

---

① 项贤明：《创新人才培养是教育现代化的战略核心》，《中国教育学刊》2017年第9期。
② 钱颖一：《批判性思维与创造性思维教育：理念与实践》，《清华大学教育研究》2018年第8期。
③ 《马克思恩格斯选集》第3卷，人民出版社2012年版，第873页。

其次，进一步而言，创新精神可以分为很多种，建设性后现代教育应当更关注学生科学创新、理论创新的能力。一方面，离开扎实基本理论功底的"创新"，并不能形成真正有影响力、真正推动科学发展甚至对人类发展具有革命性影响的创新。有论者认为"当下创新的主要矛盾是不断增高的门槛与大众普遍参与之间的沟壑。……现在的研究已经到了原子结构层面，这时需要的是深厚的科学积淀。"[1] 尽管万众创新已经成为新时代发展的重要趋势，培养创新阶层是教育现代化的重要任务，但前沿科学层面的创新只能由具备扎实科学基本功的专业人员完成。这也是为什么我们总能听到在民间科学领域有研究者"推翻"了牛顿力学，民间科学家发现了新的农业技术，但不能真正产生像非欧几何对传统几何的颠覆、袁隆平先生的杂交水稻对人类发展的推动那样真正具有创新性的科学理论、科技成果。再比如网络走红的"快手爱迪生""发明"了很多博人一笑的物品，但这些"创新"除"搞笑"与博人眼球之外实际意义不大。[2] 或是乔纳森·斯威夫特在小说《格列佛游记》中讽刺的"拉格多科学院"的科学家们的创新，都不能真正对推动社会主义现代化强国建设起到积极作用。另一方面，与其他方面的创新相比，新时代民族振兴、国家崛起更需要基础科学领域和尖端工程领域的重大创新，更需要像屠呦呦一样能够获得诺贝尔奖的创新，更需要能够推动"天宫、蛟龙、天眼、悟空、墨子号、大飞机等重大科技成果相继问世"[3] 的创新。让民众一直耿耿于怀的"李约瑟难题""诺贝尔奖难题"归根结底还是在理论创新、基础科学创新层面能力不足的问题。就中国正在崛起的时代状况而言，中国当前经济发展的优势于一定程度上在于无与伦比的劳动力市场、强大的制造能力，在过去阶段中国强大的制造能力在一定程度上掩盖了中国高科技层面上创新能力不足的劣势，但随着特朗普政府推动的美国制造业回流，西方各国也开始

---

[1] 王煜全、薛兆丰：《全球风口：积木式创新与中国新机遇》，浙江人民出版社2016年版，第62—63页。

[2] "快手爱迪生"，百万粉丝支持其发明创造，但不敢发明有用的东西［EB/OL］.（https://baijiahao.baidu.com/s?id=1614122495423760492&wfr=spider&for=pc）

[3] 习近平：《决胜全面建成小康社会　夺取新时代中国特色社会主义伟大胜利——在中国共产党第十九次全国代表大会上的报告》，人民出版社2017年版，第3页。

竞争制造业市场，更为关键的是，在未来随着人工智能的发展机器人制造成本将会不断变低，一些危险行业或是不受欢迎行业的劳动将由机器人来从事，这无疑将会对中国制造业优势构成巨大挑战。这一未来并不遥远，中国现代化发展必须以具有远见的眼光对这一趋势做出应对，教育现代化发展更是应当对这一问题予以关注，这正是教育优先发展的要求。同时中国真正实现现代化强国的建设、真正步入世界舞台中央必然要面临挑战，而科技创新的挑战正是这些挑战的一个重要方面。2018年开始的中美贸易战，美国及西方各国对中国"华为""中兴"等企业的限制，现实地说明了在当前社会背景下中国要实现真正的崛起，必然要依靠高端的科技创新才能真正把握自己发展的话语权，才能真正实现现代化强国建设。因而党的十九大报告在讨论"加快建设创新型国家"问题时首先谈到"要瞄准世界科技前沿，强化基础研究，实现前瞻性基础研究"，[①]这无疑是非常具有深刻性和启发性的。社会主义现代化强国建设更加需要的是理论层面的创新与科技前沿层面的创新，这种创新能力不是凭空培养的，它需要建立在扎实的学术基本功、头脑中丰富的理论资源以及在这些领域创新相应的思维范式、思维习惯基础之上。因而为社会主义现代化强国建设培养具有科技创新能力的尖端人才，不仅仅需要高科技企业、科研院所、大学在未来的努力，也需要中国的基础教育从现代、当下积极地做好准备、做出应对，为培养这类创新人才打下坚实的基础。因而建设性后现代教育需要发展的创新能力是建立在培养学生具有扎实的科学基本功的基础上的科技创新、理论创新能力。

适应新时代发展的需要，应当培养学生的一般性创新能力与科研创新、理论创新能力，这两个方面创新能力的培养都应当建立在学生扎实地掌握好基础知识的基础上，都应当以知识教育为载体，因而可以将对这两个方面的创新能力简称为"创新知识"，"创新知识"同样是建设性后现代课程体系的一个重要方面。

[①] 习近平：《决胜全面建成小康社会 夺取新时代中国特色社会主义伟大胜利——在中国共产党第十九次全国代表大会上的报告》，人民出版社2017年版，第31页。

第四节 建构"掌握知识—运用知识—创新知识"节奏性建设性后现代课程体系

如上文所述,建设性后现代课程体系强调应当以现代学科知识教育为基础,以培养学生的智慧与创新能力超越现代知识教育,问题在于如何理解掌握知识、运用知识(智慧)、创新知识几者之间的关系。一方面,几个方面的要求都应当是建设性后现代课程体系的有机构成,都对推动建设性后现代教育发展具有重要意义,不能片面地强调某一部分的内容,而忽略其他部分的要求。另一方面也应当注意,按照新时代的时代要求,这些方面在建设性后现代课程体系中也并不是并列关系,而是处于不同地位的顺序式关系。因而有必要进一步从建设性后现代的角度对这一问题进行思考。

怀特海认为生命本质上是周期性的,他说:"我用教育的节奏来指一个特定的原则,这个原则在实际应用中对任何有教育经验的人来说都是十分熟悉的"。[①] 那就是教育应当遵循一环套一环螺旋上升的节奏规律、一种不断重复的循环周期。这种周期要比内容的难易和复杂程度更为重要,教育发展要找准节奏,适段而教。怀特海提倡的这种教育节奏是一种"循环",学生学习的每节课、每门课、每个阶段的课程乃至整个的学习过程都渗透着这样的"循环",都是按照这样递进式的顺序性结构层层上升,循环往复。

从教育节奏的角度来看建设性后现代课程体系,只有在扎扎实实促进学生对知识的掌握的基础上才有可能进一步发展学生"运用知识""创新知识"方面的要求。同时在促进学生对知识的掌握的基础上,建设性后现代教育应当在帮助学生扎实地掌握知识的基础上以此促进学生的"运用知识",并最终发展学生"创新知识"的能力,形成从对"掌握知识"—"运用知识"—"创新知识"层层递进、不断上升的顺序性课程

[①] [英]阿尔弗雷德·诺思·怀特海:《教育的目的》,徐汝舟译,生活·读书·新知三联书店2002年版,第27页。

体系，这一课程体系也很好地呼应了素质教育对培养学生实践能力与创新精神的要求。具体结构如图6—1所示。

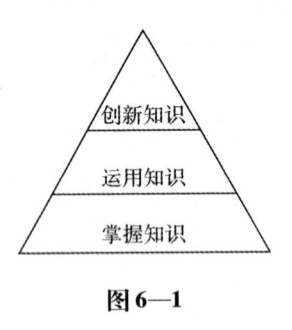

图6—1

从顺序性结构上看，图片下方内容构成上方内容的基础，掌握知识是整个课程体系的最基本要求。上方内容在下方内容的基础上实现，如对知识的运用是在掌握知识的基础上，对学生所掌握的知识的运用；对知识的创新是在学生能够运用知识解决问题的基础上，更高层次的要求。

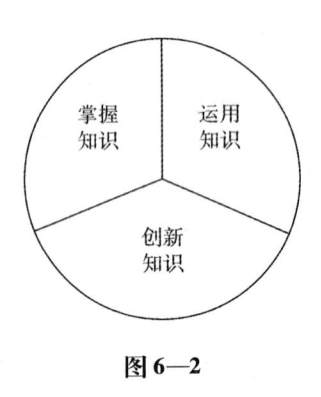

图6—2

从静态角度对建设性后现代教育课程体系进行分析是为了更好地理清课程体系的结构，然而真实的课堂是动态性的、过程性的。真实的教育过程中"掌握知识"—"运用知识"（智慧）—"创新知识"之间并非静态的处于同一时期，真实的教学并非要通过同一次教学同时实现"掌握知识""运用知识""创新知识"的要求，而是在完成每一个阶段的基础上实现下一个阶段的动态发展过程,从"掌握知识"到"创新知识"构成了一个完整的循环过程,整个循环的过程与全面质量管理中的戴明环①类似(见图6—2)。

当从"掌握知识"阶段开始发展到"创新知识"一个循环完成,则应当按照教育内容的连续性开始下一阶段的循环,从新的"掌握知识"阶段开始新的教育内容的学习。从连续性的角度看如图6—3所示。

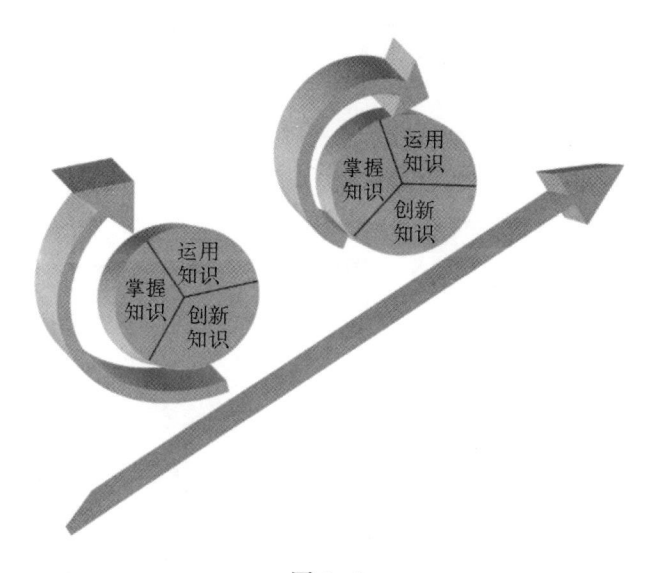

图6—3

建设性后现代课程中的每一个知识点、每一节课、每一学科的教学、每一阶段的学习乃至学生整个的学习过程都由这样的循环过程所构成。最大的循环是整体各阶段的学校教育,最小的循环是每一具体知识点的教育,"整个过程作为一种交织在一起的若干循环周期,而整个过程作为发展中的小旋涡,又受一个具有相同特点的更重要的循环周期控制",②

---

① "戴明环"又称"PDCA"循环是美国质量管理专家休哈特博士首先提出的,由戴明采纳、宣传,获得普及。戴明提出全面质量管理的过程是相续的计划(plan)、执行(do)、检查(check)、处理(act)四个阶段的循环,一个循环结束后在从新阶段的计划开始进入下一阶段的循环。

② [英]阿尔弗雷德·诺思·怀特海:《教育的目的》,徐汝舟译,生活·读书·新知三联书店2002年版,第40页。

大的循环由小的循环周期构成，小的循环周期受大的循环周期的特点、规律约束（见图6—4）。

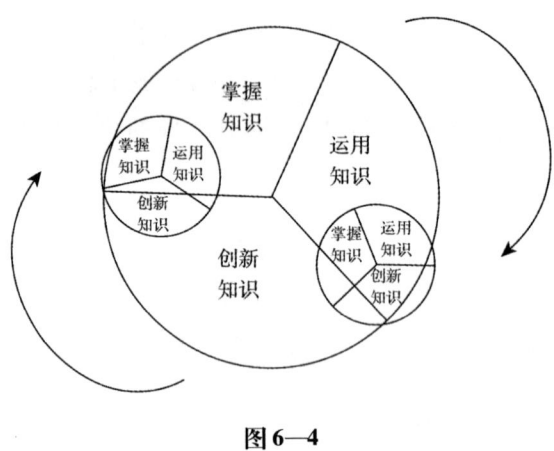

图6—4

第七章

建设性后现代教学观

在初步建构建设性后现代课程观的基础上讨论教学问题，首先应当指出的是就真实教育情境而言，课程与教学是紧密联系在一起的，二者之间无法截然分开。在泰勒创建的现代课程理论框架中，课程是外在于教学的人类经验，教学是组织这些经验的方式方法，两者是分离的。基于建设性后现代的过程思想和生成理念，课程不仅是有形的物化的人类经验，不仅是教材，还包括无形的思想、情感、言行、体验、精神感动和亲历的过程本身，教学与课程有分有合，融成了一体。不存在没有课程的教学，也没有不需要教学的课程。可以说正是教与学、课程与教学这两个不可分离的关系叠加生成的教师、课程与学生的复合关系，构成了完整的实践教学。

但为了更好地对问题进行分析以及更加条理清晰地阐明建设性后现代教育理论展开的具体路径本书将课程与教学分开进行讨论，虽然在一定程度上讲对教学和课程的划分正是怀特海所批判的"具体性误置的谬误"的体现，因而必须指出承认上述课程与教学的有机融合是本书对课程与教学分别进行讨论的理论前提，对课程与教学的划分也仅仅是为了更好地进行理论讨论的"权宜之计"，根据建设性后现代的观点，在真实的课堂情境中教学与课程是有机融合、密不可分的。

第一节　现代教学观与解构性教学观的审视

建设性后现代思想倡导以"积极中庸"态度探索现代与解构性后现代之间的"第三种可能"，这首先应当厘清现代教学与后现代教学理念的产生与发展，厘清两种教学观产生的背景与在新时代语境下的合理之处，在此基础上探寻超越二者的"第三种可能"。

一 现代教学以高效率地"教"为核心追求

无论从历史时期上还是从教学理论的发展上来看，夸美纽斯对经典现代化时期的教学发展产生了深刻的影响，《大教学论》阐明教育是"把一切事物教给一切人的全部艺术"，[1] 提出了普及教育的要求。为了实现这一目的，夸美纽斯将班级授课制作为主要的教学方法，从古典式的"苏格拉底"法到夸美纽斯所倡导的班级授课制，极大地提升了教学对象的数量，在有限的教育资源下使教育的普及成为可能，适应了工业革命对劳动者知识水平和科学技能的需要，也符合文艺复兴、启蒙运动所强调"以人为本""平等博爱"的要求，对推动社会的现代化发展具有积极意义。从现代化的进程看，在教育资源有限尤其是师资有限的条件下，教学方式从古典的"苏格拉底法"到夸美纽斯提倡的班级授课制具有进步意义，从古典的教学方式到现代班级授课制的发展过程，凝结了从夸美纽斯到赫尔巴特等许多教育家的智慧。用历史的眼光来看，班级授课制与经典现代化发展的要求相一致，在该历史方位下对推动社会现代化（主要指经典现代化）发展具有积极意义。

在班级授课制与普及教育立法的双重推动下，西方的教育普及获得重大发展。在教育的普及得到保障的同时，教育现代化发展开始也关注教学"效率"的提升。夸美纽斯强调应当通过现代教学"迅速地、愉快地、彻底地"[2] 实现教学目标。赫尔巴特按照科学化的要求，将班级授课的过程总结为"系统—明了—联想—方法"四个固定阶段，将纷繁多变的教学过程概括为明确的教育阶段，以推动教学效率整体性的提升。赫尔巴特的追随者（齐勒、莱茵）又进一步提出了"预备、提示、联想/比较、总括和运用"的"五段教学法"。[3] 赫尔巴特的教育阶段理论为整个

---

[1] ［捷克］夸美纽斯：《大教学论》，傅任敢译，教育科学出版社 2017 年版，封面。
[2] ［捷克］夸美纽斯：《大教学论》，傅任敢译，教育科学出版社 2017 年版，封面。
[3] 黄忠敬等：《移植与重建：中国中小学教学的话语转换》，山东教育出版社 2007 年版，第 23 页。

西方教学的发展打下了深刻的烙印，后来的教育理念尽管对赫尔巴特的教育理论提出批判，但对教育阶段的思考一直被保留、继承，如杜威基于"思维五步法"的教学理论和加涅的信息加工理论，都明确地提出了对教学步骤的看法。教育家对教学步骤的思考就是为了在千变万化的复杂性教学过程中凝练出具有普遍性、一般性的最有效、最合理的教学步骤，并通过将这些教学步骤推广到具体的教学实践中提升教学效率。可以说经典现代化时期西方的教学主要是在班级授课制基础上，对普及教育与提升教育效率的追求。

改革开放以来中国的教学改革也同样将效率作为教学改革的重点问题和"教学改革核心价值取向"。[①] 首先，效率关乎投入与产出之间的比率，因而中国早期的教学改革对教学效率的关注表现为如何在同样的教学时间、师资条件的投入下获得尽可能多的教学产出，对教学效率的追求直接表现为对速度的追求。比如北京幸福村中心一小（现朝阳实验小学）的马芯兰老师提出的数学教学改革，用三年的时间完成了小学五年教材的全部内容，广东星海音乐学院的赵宋光教授仅用两年半时间就完成了小学六年的数学教学任务。[②] 关注"提速"的教学理念与当时整个国民经济正在腾飞、社会发展正在提升的历史潮流以及与之相伴的思想观念相一致，适应了改革开放初期国家飞速发展对各行各业人才的急切需要，适应了这一时期社会发展的需要。但以"提速"为核心的教学改革将完成教学大纲、教材中的知识的传授、提升学生的学业成绩作为教学的唯一目标，在一定程度上忽视了教育教学的规律以及学生身心发展的需要，存在增加学生学业压力的问题。通过对前一阶段教学存在问题的反思，学界认识到只有提升教的质量，才能更好地提升教学的效率，因而中国后续的教学改革更加关注通过教法的变化带来课堂教学的丰富性，提升课堂教学的质量，更加关注学生的发展、成长而非教学的速度和升学率的提升，教学的科目也从以数学为主拓展到各个学科。这一时期涌

[①] 杨小微、胡雅静：《从"以教定学"到"为学而教"：中国教学走向现代化的 40 年》，《全球教育展望》2018 年第 8 期。

[②] Yang, X. W., "The Reinterpretation of Experiment Methodology in Education" Frontiers of Education in China, Vol. 2, No. 3, 2007, pp. 349–365.

现出一系列产生广泛影响力的教学改革。如邱学华老师的"小学数学尝试教学法"、顾冷沅先生的"尝试指导,效果回授教育实验",钱梦龙老师的"三主四式语文导读法",张思中老师的外语教学法实验等都是这一时期出现的优秀教师的典型改革。教学改革由关注尽快地完成教学任务转向关注"教师能够有效教授、有效提问(并倾听)、有效激励"的"有效教学"问题①,强调通过教学方法的改革促进教学质量的提升,在保证完成教学任务的同时将如何提升教学质量、怎样更好地实现师生之间的互动、如何更高效地完成教学任务成为教学改革的主线。

现代教学强调对教学效率的关注,具体表现为通过普及教育与班级授课制的推行推动了教学"量"的维度上的提升,和通过对有效教学的关注强调教学在"质"上的提升。在以班级授课为主要形式的基础上,对教育效率的关注成为教学发展的经典现代化诉求的基本特点,这些特点对中国早期教学改革产生了很大影响。

二 解构性后现代教学与互联网时代的来临导致了对高效率的"学"的关注

解构性后现代思想对教学发展提出了新的挑战,使教学从关注"教师教"的"质"与"量"的两个方面的提升,转向关注"学生学"的有效性的提升。解构性后现代思想强调去中心化、重视个体体验,批判现代教学"教"的中心地位与独断的话语权,提倡变革基于班级授课制的现代教学模式,将对"教师教"的关注转变为对师生间"交往""对话"的关注;反思传统教学模式对"教"的过分重视忽略学生的体验、压抑了学生的身体、规训了学生的生命力,倡导将教学理解为一种存在的方式、生存的体验、"跨文本的快乐"与权利实践等更加开放的方式;② 反对教学目标的预成性强调教学目标的生成性、"游离"性;批判现代方法的单一性,强调教学方法的多元性、多样性、差异性,尊重学生的独特个性。建设性后现代思想家也反对现代教育对教师教的片面重视,也在

---

① 刘良华:《什么是有效教学》,《广东教育》2004 年第 7 期。
② 陈晓端、龙宝新:《回归事件:后现代有效教学的使命》,《陕西师范大学学报》(哲学社会科学版)2007 年第 2 期。

不同程度上强调要"以学生为主体"与"以学习为中心"。①

以知识化、信息化为代表的新现代化趋势，对重视以"教"为核心的教学观念带来了颠覆性的挑战。知识型社会、学习型社会的产生使终身学习的观念日益成为教育发展的重要理念，非正规教育、非正式教育越来越成为教育的重要构成，社会教育、"社会教育力"② 越来越成为教育研究关注的焦点问题。信息化的发展趋势更进一步推动了由关注"教"向关注"学"的转变，大数据、云计算等新兴技术深刻的改变了传统教育的模式与方法，不断的重塑着人们对教育的理解，"慕课""微课"等新兴课程技术更是对传统的课堂提出了新的挑战，"慕课"的产生让学生可以方便地在家接受世界顶尖学府的教育，而"微课"的存在则给学生在上课的时间与地点上更大的灵活性，学生不需要在学校的课堂里就能接受到优质的教育，传统"教师教""学生学"的教学方式已经不能完全满足信息时代的需要。随着教育信息化的发展教育资源的获得已经不再困难，困难的是在海量的资源面前了解自己该学什么、如何学，这种情况下教师应当转而做学生的帮助者，甚至认为"互联网＋"时代的教育应当是一种"不教的教育学"。③

杨小微教授认为中国的教学发展整体上经历了"从'教为中心'到'学为中心'"的转变。④ 近年来"深度学习""学习品质""能动学习""主动学习"等一系列问题日益成为学界研究的焦点问题。在这一过程中学生的主体地位也不断受到重视，教学变革呈现从关注"教"向关注"学"的转换以及以教师为中心向以学生为中心的过渡，相应地使激发学生的主体性促成学生从"被动学习向主动学习"的转变，激发学生从"要我学"向"我要学"的转向是新时期教学变革关注的问题。⑤ 这种转

---

① ［美］小约翰·科布：《过程教育》，《湛江师范学院学报》2011 年第 2 期。
② 叶澜：《社会教育力：〈概念、现状与未来指向〉》，《课程·教材·教法》2016 年第 10 期。
③ 谭维智：《不教的教育学——"互联网＋"时代教育学的颠覆性创新》，《教育研究》2016 年第 2 期。
④ 杨小微等：《从被动接受到主动学习——教育改革发展之路》，华东师范大学出版社 2018 年版，第 1 页。
⑤ 杨小微等：《从被动接受到主动学习——教育改革发展之路》，华东师范大学出版社 2018 年版，第 165—172 页。

变趋势既与世界教育现代化发展的趋势相一致,也体现了以人为本的要求。

第二节 探索"教"与"学"有机融合的建设性后现代教学

如上文分析,受后现代、建构主义思潮以及新现代化趋势的影响,当前教育改革的趋势是从关注教师教的"质"与"量"的提升,转向关注如何更好地促进学生的学习,但也应当注意以美国为代表的西方发达国家在这一教育改革进程中也产生了一些问题,并引发了一系列的深刻反思,这些反思值得中国教育改革借鉴。比如"科施纳等人发表了题为'对为什么在教学过程中的最低限度指导不起作用:关于建构主义教学、发现式教学、基于问题的教学和基于探究的教学之所以失败的分析'的文章",[①] 引发了对建构主义教育理论成功还是失败的激烈讨论,使人们认识到基于建构主义的教学改革可能带来的问题。也有研究者就新的教学模式下"为什么'少教不教'不管用"的问题提出质疑,并对"建构教学、发现教学、问题教学、体验教学与探究教学失败原因"进行反思。[②] 这些思考说明以后现代、新现代化特别是建构主义理论为代表的教学理论发展新趋向值得中国教学变革借鉴,但也同样需要意识到以这些思想指导教学改革也同样会产生问题,建设性后现代教学在借鉴这些教学观念的同时也应当在吸取受这些教学理念推动教学改革的失败教训。

建设性后现代教学既要继承并超越现代教学对高效率的"教"的关注,也要借鉴解构性后现代思潮对"学"的强调,并避免这一趋势带来的问题,立足中国教学实践探寻建设性后现代教学的可能路径。其关键就在于超越对"教"与"学"任何一个维度的片面重视,立足中国教学实践,以高效能为抓手实现"教"与"学"的有机融合。

---

① 何克抗:《对美国"建构主义教学:成功还是失败"大辩论的评述》,《电化教育研究》2010年第10期。

② [荷]保罗·基尔希纳等:《为什么"少教不教"不管用——建构教学、发现教学、问题教学、体验教学与探究教学失败析因》,钟丽佳、盛群力译,《开放教育研究》2015年第2期。

一　以对教学质量和效率的提升为基本内容

提升教学的质量依然是以效能为抓手的教育改革的关键任务。按照建设性后现代教育的基本特点，实现教育的经典现代化的诉求是建设性后现代教育的基本任务。怀特海在《教育的目的》一书中多次表达了对教学效率的重视，这一点在他对教学的"戒律"的强调中可见一斑。怀特海在《教育的目的》特别强调"两条戒律：第一，不可教太多的科目；第二，所交科目务必透彻"。"在儿童教育中引进的主要思想概念要少而精"。[①] 学生要注意对概念的运用，要通过理解、证明、联系、使用对思想和概念融会贯通。"头脑里装大量一知半解的理论知识，其后果是令人悲叹"。[②] 他的这些观点正是表达了对教学效率的重视。

因而按照建设性后现代的观点，对教学效率的追求应当是建设性后现代教学的应有之义，追求教学效能不是要放弃对教学的"质量""效率"的追求，"质量""效率"是"效能"的重要构成，二者是效能的必要不充分条件，高质量、高效率的教学不一定意味着高效能的教学，但低质量、低效能的教学一定不是高效能的教学，因而高效能的教学依然强调教学质量、教学效率的改进，但更加重视以目标更加正确、方法更加合理、过程更可持续的方式实现教学质量、教学效率的改进。

就中国实际情况而言，当代中国地区之间、城乡之间发展"不平衡"的现象仍然存在，一些不发达地区发展的"不充分"现象仍然存在，尽管以信息化为代表的新现代化趋势已经开始对中国教育产生影响，中国教育发展也确实需要进行深刻地变革，但也必须考虑到中国教育发展的"不平衡"问题，对教育发展"不充分"的区域有所关怀。正如新时代中国社会"基本实现现代化"的关键任务在于在基本实现小康社会的基础上通过"精准扶贫"实现全面建设小康社会的目标，新时代的教育现代化应当致力于在实现普及义务教育的基础上，进一步

---

① ［英］怀特海：《教育的目的》，徐汝州译，生活·读书·新知三联书店2002年版，第3页。

② ［英］怀特海：《教育的目的》，徐汝州译，生活·读书·新知三联书店2002年版，第7页。

推动义务教育标准化建设,有针对性地对未达到标准化水平学校展开"精准扶贫"。正如钟启泉先生所强调的,"教育改革的核心环节是课程改革,"[①] 义务教育标准化改革的关键在于推进教学质量的标准化建设。在有限的人力物力资源条件下,传统的班级授课制依然是推动教学质量整体性提升的最有效手段,是推动教学标准化建设的最重要方式。一些西方发达国家比中国更早进入教育现代化发展阶段,在它们教育发展的过程中发现了班级授课法存在的问题,因此提出了诸如"道尔顿制""设计教学法""文那特卡制""特朗普制"等诸多教学改革方法,近些年出现了"反转课堂""项目学习"等依托新的社会发展趋势、借鉴新科技进行的教学改革,这些教育变革都对超越传统班级授课制作出了有益的尝试,但经历如此多的变革性尝试班级授课制依然是当代世界教育中最重要的教学方式之一,这一经验尤其值得中国当代教学改革关注。也正是基于这一原因,我们可以看到虽然作为大教育家以及后现代思想家的怀特海对现代教学、尤其是班级授课制的弊端有着极为清醒的认识,但他在《教育的目的》一书及其他书目讨论教育问题时从未提出过要放弃班级授课制的说法。

同时"减负"问题依然是进一步推进、完善素质教育的关键,只有在有限的学校教育时间内,尽可能高质量、高效率、高效益地完成教学任务,促进学生更好地掌握课程内容,才能减轻学生课下的负担;只有更高效地完成正式教育中的"教学",才能尽可能地减少学生在非正式教育中的"自学"的负担。要将"减负"真正落到实处,真正实现素质教育,改进教学的质量是关键。因而必须承认就中国当前教育实际状况来看,班级授课制依然是当代中国的主要课程组织形式,"任何新的教学组织形式的出现与运用,都只是班级授课制的辅助与有益补充,"[②] 进一步提升班级授课制的质量与效率依然是教学改革的基本任务。新时代的教学改革,不仅不能放弃班级授课制、取代班级授课制,反而应当进一步提升班级授课的质量。具体而言,通过加强教师教育,进一步提升教师

[①] 钟启泉:《"有效教学"研究的价值》,《教育研究》2007年第6期。
[②] 王本陆:《中国教育改革30年》课程与教学卷,北京师范大学出版社2009年版,第135页。

的授课水平（包括教师讲课的水平和与学生的交流、沟通的能力）；在物质条件允许的情况下，适度缩小班额；根据不同班级的实际情况，适当缩减教师的"讲"，在课堂上给学生更多表达自己的机会；在教师讲授的基础上，更加尊重学生的主体性等方式，进一步提升班级授课的质量，以此为基础推动新时代中国教学的改革。

二 强调对教学目标的正确性

效能思维是一种目标导向思维，正如彼得·德鲁克所强调的，"唯有从事'对'的工作，才能使工作有效"①。"效能"强调的是做"'对'的工作"的能力，"效率是办好事，效能是做正确的事"，② 与质量、效率相比"效能"不仅仅关注投入与产出的比例，也不仅仅关注既定目标达成的质量，同时还应当对行为的目标进行"元审思"，以满足"做正确的事情"的要求。按照隐性课程、缄默知识、建构主义等理论，任何教育都会对学生造成一定的影响，因而仅从效率的角度看，无论是将"有效教学"理解为能够对学生造成一定影响意义上的"有效的教"还是"有效的学"，如果不考虑与教育既定目标的一致性，任何的教学都能对学生产生一定的影响（预期的、非预期的），在这个意义上讲任何教学都可以被视为有效的教学。如果不对教学目标的合理性进行反思，教学目标的定位如果不能与促进"人民幸福、民族复兴"的目标相一致，不能与促进学生的"全面发展"的要求相一致，不能符合学生身心发展的实际规律，教学越"有效"越是与教育的核心精神相悖离，越是不具备现代精神的教学。因而高效能教学除注重教学的质量与效率外，更注重对教学目标合理性的审思。

中国现阶段教学的发展也体现了这一趋势：与早期教学改革关注学业水平的提升、教学任务的完成不同，当前阶段中国的教育教学改革以及教育理论的发展更加聚焦于对教育应当培养什么人、发展学生哪些方面的关键能力等问题的审思，并以此为基础推动教学改革。如叶澜先生

---

① ［美］彼得·德鲁克：《卓有成效的管理者》，许是祥译，机械工业出版社2017年版，第4页。

② 温恒福：《学校效能的基本理论问题探究》，《教育研究》2007年第2期。

基于"教天地人事，育生命自觉"①的理念提出的"生命·实践"教育，于伟教授倡导的"保护天性、尊重个性、培养社会性"②的"率性教育"，这些教育理论都是基于对教育应当培养什么样的人、培养学生哪些方面的素质的深刻思考基础之上提出的教育教学理论；中国的"新课改"更是基于对课程目标的重审提出了"三维目标"；当前学界引起广泛关注的"核心素养"，其出发点也是基于对于什么是"学生应具备的，能够适应终身发展和社会发展需要的必备品格和关键能力"的思考；③尤为值得注意的是习近平总书记在全国教育大会上强调"培养什么人，是教育的首要问题"，④并为新时期"培养什么样的人"的问题定下总体性的基调。依照新的时代精神重审教育应当培养什么样的人这一关键问题，在基于国家的需要、理论的要求、实践的经验对目标的正本清源的基础上，推动教育教学改革是高效能教学的必然追求，这一追求正是高效能所强调的以正确的目标为导向的理念的体现。

在新时代语境下高效能的教学应当"以终为始"，首先要强调以正确的目标引领教学的发展，同时集中有限的教育资源、教育力量推进正确的教育目标、教学目标的实现，以教学目标的达成为根本指向实现教与学的有机融合。具体而言以高效能为抓手的建设性后现代教学应当以服务于现代化强国建设的国家现代化为根本目标，以"培养德智体美劳全面发展"的教育方针为具体目标，以促进学生的知识掌握、知识内化、知识运用、知识创新的课程观为直接目标，以上述目标的实现为指向，集中力量实现教学效能的改进。

三 从整体性、全局性层面上思考教学的改进

效能思维是一种整体性、全局性的思维，这一点也与建设性后现代

---

① 叶澜：《突破回归："生命·实践"教育学论纲》，华东师范大学出版社 2015 年版，第 310 页。

② 于伟：《教育就是要保护天性、尊重个性、培养社会性》，《中国教育学刊》2017 年第 3 期。

③ 核心素养课题组：《中国学生发展核心素养》，《中国教育学刊》2016 年第 10 期。

④ 《坚持中国特色社会主义教育发展道路 培养德智体美劳全面发展的社会主义建设者和接班人》，《人民日报》2018 年 9 月 11 日第 1 版。

的整体效能思维相一致。第一，从学校发展的角度看，效能思维的整体性表现在从整个学校教育体系的一致性、连续性思考教学的改革。教学效能的改进是以目标达成为指向的变革，因而应当从教育系统的整体性角度考虑教学的改进，切忌"头痛医头，脚痛医脚"式的思维方式和"拆了东墙补西墙"式的变革方式，不能为了提升某一阶段教学的改进牺牲其他阶段的教学，为了解决教学中某一方面的问题而带来其他方面的问题。不能以损害下一个阶段教育的质量为代价提升本阶段教育的质量，如为了保证基础教育的质量，向学生灌输中学时苦一点到了大学就可以尽情放松的理念。第二，从学生发展的角度看，效能思维的整体性表现在以学生的终身发展去定位教学目标，关注学生发展的可持续性。教育效能应当是"可持续发展的能力"，[1] 因而高效能的教学不应只关注教育目标的实现而忽略个体可持续发展的能力，不应为了学生的此刻、当下的教育发展，损害学生在未来的教育发展。因而高效能的教学不仅要关注学生学识的增长，更应该致力于学生人生气象的更新；不仅要使学生达到学业标准、取得优异成绩，更要呵护学生对知识的热情与好奇，为学生埋下终身学习的种子；不仅要着眼学生当下的生存、快乐，更要关注学生明天幸福、完满的人生；不仅关注眼前看得见的进步与成效，更要重视以后的持续发展，甚至要努力为终身发展打基础，兼顾学生当下成长与未来的持续发展。

四 兼顾教学结果良好和教学过程的积极性

建设性后现代教育语境下提倡的高效能教学，还应当吸收建设性后现代思想的积极性因素，以过程的思想来理解高效能的教学。尽管效能思维是一种强调结果导向的思维，但在效能思维中结果、目标主要是起导向作用，而不是评判作用。正是因为效能思维同时也是一种重视可持续发展的思维，因而高效能的教学不应当将某一固定教育目标的达成作为评判教学效能高低的唯一标准。教育的对象是有血有肉、有思想有感情的活生生的人，因此教学效能的改进绝不仅仅是从投入到产出之间的增量，为了达到增量可以不顾学生在整个教育过程的感受、体验，尤其

---

[1] 温恒福：《教育领导学》，中国人民大学出版社2011年版，第425页。

是为了应试的目标采用灌输式、填鸭式的教学，压抑学生积极向上的朝气、活力与生命力，置学生的身体、情感体验于不顾。因而孙绵涛教授强调"效能是课堂所呈现的一种积极的状态"，① 高效能的教学不仅仅是教学最终是否达成合理的目标，也不仅仅是教学的结果促成了学生怎样的成长，更不是为了达成预定的目标不顾教学展开的过程，甚至不惜在教学过程中压抑、规训学生蓬勃的生命状态。

建设性后现代思想家强调"任何可恰如其分地称作科学的活动和任何可恰如其分地称作科学的结论都必须首先以发现真理的极大热情为基础。"② 因而建设性后现代教学应当在达成合理目标、促进学生良好发展的同时，"用动态生成的观念，重新全面地认识课堂教学"，③ 让整个教学过程以积极的状态得以展开，使学生积极、充分地参与到教育成长的整个过程，使学生在整个教学过程中蓬勃的生命力能够得到激发而不是受到压抑，师生之间交流真诚顺畅、互动良好，学生蓬勃的生命力在教育过程中得以绽放。因而建设性后现代教学强调：尊重学生成长的自然愿望与需求，依靠学生学习与成长的内求动力来设计与开展教育；将激发学生的兴趣、热望和积极情感作为开展学习与教学的重要动力措施；将积极的生活过程和积极的人格特征作为重要的培养目标。

五 以高效能为抓手实现"教"与"学"的有机结合

效能思维为实现建设性后现代教学观倡导的"教"与"学"的有机结合提供了合理抓手。正如上文所述，受后现代思想以及建构主义教学观的影响，中国教学改革的变化趋势是从关注"教师教"转向关注"学生学"。"以学定教""围绕如何学来设计如何教"的观念在基础教育领域越来越具有影响力，然而这一转变趋势却在一定程度上存在将"教"与"学"相分离的倾向，认为能够存在离开"教"的"单纯学"或是离

---

① 孙绵涛、吴功明：《课堂教学效能和质量提升——"三效课堂"改革探索》，《教育研究》2016 年第 9 期。

② ［美］大卫·雷·格里芬：《后现代科学——科学魅力的再现》，马季方译，中央编译出版社 1995 年版，第 37 页。

③ 叶澜：《让课堂焕发出生命的活力——论中小学教学改革的深化》，《教育研究》1997 年第 9 期。

开"学"的"单纯教"。然而实际上二者是不可分离的,过分强调离开了"教"的"单纯学"会消解学校存在的特殊性,片面重视离开学的"单纯教"会压抑学生学习的主动性、影响学生对学习内容的内化。

海德格尔的观点"教难于学,乃因教所要求的是:让学",[①] 无疑具有深刻的启发性。首先"教难于学"突出了教的重要性与任务的艰巨性,"让学生学"的达成离不开"教师教"的引导,离开了"教"的"让","学"也就不能成为"教学"意义中的"学"。同时"让学"也反映了教与学的联系的紧密性,"教"的任务在于帮助学生"学会学",但"让学"并不意味着一味地要求"教"围绕着"学","让"恰恰具有引导的意味,恰恰意味着需要通过"教"的"让"激发学生的"学"、引导学生的"学",恰恰意味着"教"与"学"之间密不可分的关系。

海德格尔对教与学的关系的分析与建设性后现代思想家不谋而合,按照建设性后现代的观点,教与学的对立的产生是由于二元对立的现代实体思维局限了人们对教学的理解,按照这种思维,人们分析事物的运动与因果关系,总要归结于一个物质实体,在人的活动中总要分出独立的主体与客体,而且总是处于对立状态。理解教学不是教师中心就是学生中心,或者是课程中心,总是不能准确地把握教学本质。有机哲学的内在联系、过程本体和关系性存在思想为我们理解教学提供了新的思路。按照建设性后现代的观点教与学是不可分割的整体,离开学就不存在教,离开了教,学就变成了自学,而不再是教学。教的质量取决于学的质量,好教师的标志就是引发好的学习与成长状态,培养出好学生;学的质量有依赖于教的水平,没有高水平的教,学生的学习与成长就会受到影响,就难以成长为好学生。教学一体是教学区别于生产的本质特征,也是教育活动的本质特征。良好的师生关系是一切成功教育的根基与保障,割裂二者之间的关系,就看不清教育,缺少良好的师生关系就不会有高质量的教学与教育。就教学理论发展的实际情况看,教学的发展历程应当是"重视教"——"重视学"——"教学结合"的"正—反—合"的历程,当代教学发展的方向应当是经历了"重视教"和"重视学"阶段,形成

---

① [德]海德格尔:《人,诗意地安居》,郜元宝译,广西师范大学出版社2011年版,第28页。

对"教"的重要性和"学"的重要性的深刻理解的基础上，复归"教"与"学"的有机结合的阶段。正如何克抗教授所指出的，"传统的'以教为主'教学设计和建构主义的'以学为主'教学设计……都有其片面性，"中国的教育变革应当通过"'学教并重'的教学设计来实现"。① 问题在于应当以什么为结合点实现"教"与"学"的结合。

效能这一理念恰好能够为"教"与"学"的有机结合提供抓手，即以高效能为指向引导教与学的融合，以教学效能的改进为导向推动教学变革，具体而言，高效能的教学既不能单纯地重视"教"，也不能单纯地重视"学"，而应当以高效能为抓手，根据不同情境、不同阶段实现教育目的的实际需要，决定教学中教和学的实际关系，推动以实现目的为根本的教与学的有机融合。其关键就在于超越"教"和"学"的截然对立，在新时代教育现代化发展过程中，既不片面强调教的有效性，也不片面强调学的有效性，而是以教学整体的高效能为抓手，以教学效能的改进为根本判别，促进教与学的有机融合，促进不同教学方法的有机融合。

"通俗地讲，高效能教育就是既对又快、既好又省、既全又久地实现教育目的的活动"，借鉴这一提法以高效能为抓手实现教与学的有机融合的关键就在于消解"教"和"学"任何一方的绝对优先性，以实现教学的"既对又快、既好又省、既全又久"为导向而实现的"教与学"的合理组合，在每个具体的实际课堂中以"既对又快、既好又省、既全又久"为导向实现教与学的灵活组合。具体而言，强调"教"的教学和重视"学"的教学都表现具体的教学方法，因而具体落实到实际教学中，追求高效能的教学就在于放弃讲授法、讨论法、探究法、活动法、自学法等任何一种教学方法的优先地位，不能为了教学方法的丰富性盲目地引入各种教学方法，从而使教学过程成为一场华丽且空洞的"表演"过程。评价教学的好坏应当以效能的高低为标准，而非运用了多少教学方法，也非师生之间进行了多少互动。教学不能为了讨论而讨论、为了探究而探究、为了体验而体验、为了互动而互动，而应当审视这些教学方法的运用是否对实现教学目标起到了"正向积极"的作用、是否真正有益于整体教学效能的提升。钟启泉先生强调"教学中的对话是旨在实现教学

---

① 何克抗：《论教育信息化发展新阶段》，北京师范大学出版社2016年版，第125页。

目标而展开的",[1] 教学中对话的引入应当有助于教学目标的达成,而不是师生之间漫无目的的交流。再比如教育信息化是实现教育现代化的重要助推,但也应当注意多媒体等信息化工具的引入有助于教学效能的提升,而不是分散了学生的注意力。或是按照斯皮罗和德施瑞弗等人的研究,建构主义教学方法在结构不良领域效果更明显,而传统教授法教学在结构良好知识领域教学效果更好,[2] 那么建设性后现代教育就不应当按照建构主义的要求对教学采取"一刀切",而应当尊重(传统的和建构的)两种教学方法特点让其在各自效果更好的领域发挥作用,以提升教学的整体效能。最终建设性后现代教育应当从每一个课堂的教学实际出发,以实现教学的"既对又快、既好又省、既全又久"为目标展开教学,在讲授法的基础上灵活运用启发法、谈话法、谈论法、练习法、自学法,合理运用小组教学、活动教学等方式丰富课堂教学的形式,并合理地将"项目学习""深度学习""反转课堂"等新出现的教学模式纳入课堂教学中来,"使它们各自处于正确的位置,扬其利,抑其弊",[3] 真正实现以高效能为抓手,以促进教学的"既对又快、既好又省、既全又久"为导向,实现多种教学方法的融合。

第三节 "信息—生态"文明背景下建设性后现代教学的具体落实

如上文所述,建设性后现代倡导以"信息—生态"文明的文明观引导中国的教育现代化发展,因此对建设性后现代教学观的思考应当进一步考虑在信息文明背景下如何实现以高效能为抓手促进教与学的有机融合。

一 以高效能为抓手促进信息技术与教学的深度融合

"信息技术对教育发展具有革命性影响,必须予以高度重视",以信

---

[1] 钟启泉:《"有效教学"研究的价值》,《教育研究》2007年第6期。
[2] 何克抗:《论教育信息化发展新阶段》,北京师范大学出版社2016年版,第33页。
[3] [日]佐藤正夫:《教学原理》,钟启泉译,教育科学出版社2001年版,第399页。

息化趋势引领教育发展是建设性后现代教育的一个重要方面，有必要就信息技术与教学的结合问题进行专门进行讨论。

（一）进一步完善信息技术的基础设施、基本制度建设

实现信息技术与教学的深度融合离不开一定的基础建设，离开必要的物质条件，信息技术与教学的融合就如同空中楼阁，无法真正实现。以信息化促进教学发展，首先应当做好基本的物质设施建设，以踏踏实实落实好"三通两平台"建设作为基本任务。在做好这一基本任务的基础上，才有可能进一步实现信息技术与教学的深度融合。新时代中国教育信息化的发展应当基础建设与理念更新并重，"信息化建设驱动发展"与"融合创新、智能引领"兼顾，① 在进一步完善好信息化基本设施、基本制度建设的基础上，推进信息技术与教学的深度融合。

（二）以高效能为抓手推进信息技术与教学的融合

乔布斯曾提出著名的"乔布斯之问"，即"为什么计算机改变了几乎所有领域，却唯独对学校教育的影响小得令人吃惊？"② 其关键就在于仅仅靠物质层面的信息化建设无法对学校教育产生真正具有变革性的影响，简单地将某一种教育信息化模式引入到教育中"一刀切"地予以推行更是无法真正解答"乔布斯之问"。教育是一项复杂的育人活动，只有当信息技术有助于实现教育的育人性目的时，信息技术才真正意义上对教育产生了深刻的影响。不真正以信息技术触动教学理念的变革，不真正以信息化的观念引领教育、教学观念的变革，在传统教学理念下引入信息化无异于旧瓶装新酒，只能导致黄荣怀教授批判的"更为严重的'照本宣科'，由过去的'人灌'变成了现在的'机灌'"③。因而解答"乔布斯之问"关键在于以信息化的观念带动教育观念的变革，在于使信息技术的引入真正有利于促进教育目标的实现。而正如本文所述，"效能"是一种实现目标的能力，只有当信息技术与教学的融合真正有利于教学效能

---

① 任友群等：《融合创新，智能引领，迎接教育信息化新时代》，《中国电化教育》2018年第1期。

② 桑新民等：《"乔布斯之问"的文化战略解读——在线课程新潮流的深层思考》，《开放教育研究》2013年第3期。

③ 黄荣怀：《教育信息化助力当前教育变革：机遇与挑战》，《中国电化教育》2011年第1期。

的改进，才能真正对教育产生深刻影响，因而建设性后现代教学的发展需要以高效能为抓手推动信息技术与教学的深度融合。

以效能为抓手推进信息技术与教学的深度融合绝不是将信息化当成硬性的指标任务，为了信息化而信息化，也不是不考虑具体的教学实际盲目地将所谓先进的教育信息化模式引入课堂，更不能以某种先进教育信息化模式对教学改革采取"一刀切"式的推行，比如统一要求学校采用"项目学习"的学习模式，或是要求学校都进行"翻转课堂"。而应当以上文所讨论的教学效能提升的几个方面作为根本依据，以提升教学效能为目的，根据不同学校特点、不同课堂的实际情况引入适合具体学校、具体课堂风格的教育信息化模式。尤其是应当充分尊重不同教师的讲授风格，比如当一个数学教师更善于以粉笔板书的方式对数学推导过程进行讲解时，应当允许这位教师适当地减少信息技术在他的课堂中的比重，而不能以信息化作为硬性指标限制教师的教学风格，更不能机械、教条地将在多大程度上运用了信息化手段作为评价教学质量好坏的重要指标。

应当以高效能为指向，允许教师根据自身的特点灵活地在课堂中运用信息技术。何克抗教授提出"把传统教与学方式的优势和 E-learning 的优势结合起来"[1] 的 B-learning 模式是更适合当代中国的教育信息化发展模式。而问题的关键在于以何种标准实现两种教学的结合。以高效能为抓手为信息技术与传统教学的结合提供了一个重要的可行思路，即以是否有利于教学"既对又快、既好又省、既全又久"的发展为标准，灵活安排信息技术与教学的结合方式，并以效能的改进为导向不断探索信息技术与教学更好的组合方式，为教学改革指明方向，实现信息技术与教学的深度融合。

（三）以高效能为指向引导学生的发展

简单地对西方教育信息化发展的历程进行历时态的考察，我们可以看出西方教育信息化的每次变革都与学生观的改变有着深刻的联系。最初阶段的教育信息化是以"教师是传道授业解惑者、学生是知识接受者"的传统学生观为基础的，相应地教育信息化也以计算机辅助教学为主要

---

[1] 何克抗：《论教育信息化发展新阶段》，北京师范大学出版社 2016 年版，第 91 页。

模式。随后建构主义批判了传统的学生观，认为"学生能够自己主动建构知识，因此，学生应该成为教授和学习过程中的主角"。[1] 受这种观念影响相应诞生了"Web Quest""PBL""翻转课堂"等重视学生对知识的自我建构的教育信息化模式。2006 年美国爆发了关于建构主义是否合理的辩论，引发了学界对建构主义学生观的反思，[2] 受此影响美国对教育信息化的模式进行进一步调整，出现了"TPACK""B-Learning"等新的教育信息化模式，"这种新型教学观念强调'有意义的传递和教师主导下的自主探究相结合'"，[3] 以适应对建构主义学生观的批判。根据上述西方教育信息化发展的历程不难看出西方教育信息化变革的基本逻辑是：根据对学生观理解的变化调整教育信息化的模式，教学模式围绕对学生观的理解变革，强调教育信息化模式应当适应对学生观的理解。

正如上文所述，信息化是当代社会发展的重要新趋势，这一发展趋势给世界各国的发展带来新的契机，谁更好地把握这一趋势谁就更好地把握住了未来，因而抓住信息化的新趋势必然成为新时代推进教育现代化发展、深化教学改革的重要着力点，成为实现中国在新时代教育发展"弯道超车"的重要机遇。在此背景下定位中国的教育信息化发展必须思考如下几个问题：从中国教育角度看，国外"教育信息化模式围绕学生观变化"的逻辑是否是教育信息化变革的唯一逻辑？中国教育信息化发展是否一定要遵照西方尤其是美国的逻辑？要抓住新现代化趋势给中国教育发展化带来的新机遇实现中国教育发展的"弯道超车"，那么中国教育发展的逻辑是否还应当尊重西方的逻辑亦步亦趋？还是应当对上述逻辑关系有新的理解？又应当从何种理论出发去寻求对教育发展逻辑的新的理解？尤为关键的是在新时代背景下，如何讲好教育信息化发展的"中国故事"？

毫无疑问"教育信息化模式围绕学生观变化"的逻辑是充分尊重学生主体性的表现，符合教育现代化发展的趋势，但一味地尊重学生的主

---

[1] 张桂春：《激进建构主义教学思想研究》，辽宁师范大学出版社 2002 年版，第 184 页。
[2] 何克抗：《对美国"建构主义教学：成功还是失败"大辩论的评述》，《电化教育研究》2010 年第 10 期。
[3] 何克抗：《TPACK——美国"信息技术与课程整合"途径与方法研究的新发展（下）》，《电化教育研究》2012 年第 6 期。

体性是否真正有利于教育的发展。教育史上新教育运动、进步主义教育运动过于强调学生主体性而导致衰落的经验教学值得我们深思。

　　黄荣怀教授指出"'学生主体—教师主导'的教学模式是中国教育技术学者的独创，是具有中国特色的课程整合的方法"，[①]　"主体—主导"的模式正是超越西方教育信息化变革逻辑的中国式教育信息化发展的可行模式。按照孙绵涛教授的观点，主体性教育观念应当以"人的本质的相对自由"为基础，[②] 基于这一论断尊重学生的主体性并非要赋予学生绝对的选择自由，而应当是相对的选择自由，在课堂教学中而言这种"相对的自由"应当主要表现为在教师引导下的自由。因而教育信息化模式的变革不仅应当充分尊重学生的主体性，也不能轻易放弃教师的主导作用，不能一味地赋予学生绝对的选择自由，一味地按照学生的要求设计教学。基础教育中作为教育对象的学生还不够成熟，离开必要的指引一味地遵照学生的需求去设计教育，容易造成教育的浅层化、娱乐化，甚至使课堂沦为取悦学生的表演。以信息化促进教学的发展应当发挥教师的引领作用，帮助学生正确理解他们的学习需求，不要将宝贵的青春、有限的精力耗费在对课堂的"段子"、容易学的知识或是互联网的无意义的信息上。因而建设性后现代教育应当以师生之间"学生主体—教师主导"的关系去展开教育信息化的发展，既要思考怎样使教育信息化适应学生的特点，充分尊重学生的主体性，使教育信息化的模式能够满足学生的实际需要；也要思考为适应教育信息化的发展需要培养什么样的学生，以"人的信息化"推进教育的信息化，引领学生对教育信息化发展有正确的、积极的需求。

　　这里同样存在如何引领学生的问题，即发挥教师的主导作用应当将学生"导"向何方，以及怎样在发挥教师主导作用的同时给学生的主体性的发挥留出余地或者说教师主导作用的"度"在哪里。以教学效能的改进为导向同样是这一问题的可能解答。以高效能为导向发挥教师的引

[①] 黄荣怀：《教育信息化助力当前教育变革：机遇与挑战》，《中国电化教育》2011年第1期。

[②] 孙绵涛、李莎：《人本质的相对自由：主体教育管理观的人学基础》，《教育研究》2018年第7期。

导作用，即教师应当以教学效能的改进为指向引导学生的学习需求，及时纠正学生的错误观念与不良学习观，帮助学生了解学习什么真正有利于他们的成长，并引领学生合理利用信息化资源进行学习，同时通过教师的引导使学生具备信息化理念，以适应信息化发展的需要。而不是一味地按照学生的需要给学生提供学习资源，依照学生的需要设计教学模式，从而通过对学生学习观的引导提升教学效能。

综上所述，建设性后现代教学发展应当在做好教育信息化的基础设施、基础制度建设的基础上，既要以高效能为抓手促进信息技术与教学的深度融合、推进教学的发展，还要以高效能为导向引领学生的学习，这也同时实现了以对高效能的共同追求促进"教"与"学"的融合。因而以高效能为导向，从促进对教的改进和对学的引导两个方面共同着手，是推动信息技术与教学的深度融合的可行方式。

二　深化教学改革聚焦培养学生的创新能力

正如上文所述，高效能的教学是以目标为导向的教学，而培养学生的创造性是建设性后现代教育的重要目标之一，是建设性后现代课程最高层级的目标，因而通过教学培养学生的创新能力是实现高效能的教学的必然要求。同时考虑到创新能力对推动新时代现代化建设的重要性，有必要对如何通过教学培养学生创新能力这一问题进行专门讨论。

正如本书所强调的，建设性后现代教育所关注的创新能力包括一般性的创新能力和在基础科学层面的创新能力，对两个方面创新能力的培养都是以对知识的扎实掌握为基础的，因而建设性后现代教育对创新能力的培养依然需要依托学科教学而展开。

（一）在教学中增加学生自主探究的机会

这里讨论的自主探究并不仅仅指实验性的探究，也包括在教师的引导下学生自主进行的理论性的推演，更包括学生通过独立思考掌握新知识的探究。在基础教育阶段对儿童创新精神的培养，并不在于鼓励学生接触多么前沿的知识，要求学生做出前沿领域的创新，依儿童的知识水平让他们做出这一层面的创新也是不现实的。按照杜威的看法，"一切能考虑到从前没有被认识的事物的思维,都是有创造性的",[①] 杜威举例:如果一个儿童发现了积木的作用或是发现了五分钱加五分钱的结果,"即使世界上人人知道这种事情,他也是个发现者"。[②] 在基础教育阶段,凡是学生主动通过已有的知识,探求未知的知识的过程都是创新精神的体现。培养学生的创新能力的一个重要方面就在于引导学生通过独立思考、自主探究,实现经验的增加、认知的增长、知识的掌握。基础教育阶段对儿童创新精神的培养,不是要彻底放弃讲授法的教学,而应当对传统教学做出一定改变。培养学生的创新能力应当将学生培养成为能够独立探究、主动思考的"思考者",[③] 实行面向思的教育。[④] 因而应当变革以教师讲、学生记为主的课堂教学方式,在课堂中多给儿童留出自主探究的机会,激发学生主动的思考,帮助、引导学生通过自己的推导去得出结论,养成学生通过独立思考掌握知识的学习习惯,使学生在独立思考、自主探究发现知识的过程中锻炼创造思维。

(二)在课堂教学中有意识地发展学生有益于创新的思维(心智模式)

尽管不同研究者对创造性思维包括哪些内容尚未形成共识,但总体而言,研究者认为学生的想象力、批判思维与发散性思维与创造力相关,因而培养学生这三个方面的思维就成为培养学生创造精神的关键问题。这三种思维的一个共同特点就是开放性,以回答一个课堂上的问题为例,想象力即对问题"非常规"的答案;批判思维即对问题给出否定性的答案,甚至置疑问题本身的合理性、对问题的前提进行反思;发散性思维即对问题给出多样性的答案。这些都是思想的开放性的表现,因而培养学生的想象力、批判思维与发散性思维应当进行一种开放性教育。首先,应当建构开放性的师生关系。怀特海提倡大学应当"使青年和老年人融

---

   ① [美]约翰·杜威:《民主主义与教育》,王承绪译,人民教育出版社2010年版,第174页。

   ② [美]约翰·杜威:《民主主义与教育》,王承绪译,人民教育出版社2010年版,第174页。

   ③ 钟启泉:《能动学习:教学范式的转换》,《教育发展研究》2017年第8期。

   ④ [美]马克·莱索:《我们仍然需要面向思的教育——海德格尔论技术时代的教育》,蒋开君译,《教育学报》2011年第1期。

为一体，对学术进行充满想象力的讨论"，① 这一观点对于基础教育阶段培养学生的创新性也是具有启发的。借鉴怀特海的说法，"充满想象力的讨论"是与师生之间"融为一体"密切相关的，在教师绝对权威的笼罩下，学生难以真正按照自己想法与教师就学习的问题进行探讨，更不敢对教师的观点、教科书上的观点进行批判、置疑，会使学生的创新思维受到束缚。因而培养学生创新精神应当建构开放性的师生关系，消除教师在教育中的绝对权威的地位（并不是消除教师的全部权威性），保持师生之间的互相开放，从而营造良好师生氛围。在师生开放、融洽的交往、对话中，学生能够就学习问题大胆发挥自己的想象，勇敢对学业问题提出质疑、给予批判，敢于给出不同于权威、不同于大众的观点，并与老师同学就自己看法进行开放且富于想象力的讨论。只有在这样的师生关系中，学生的想象力才能得到张扬，批判性思维才能得到鼓舞，发散性思维才能得到激发。其次，增加教学过程的开放性。尽管坚持知识的客观性、普遍性有重要意义，但在教学中应当注意不能将知识理解为一成不变的教条、或是不可置疑的"圣经"，更不应以唯一答案的考试、对知识的唯一理解、机械的灌输式教学限制学生的想象力、批判思维与发散思维。

同时就像怀特海所指出的，"训练能产生技巧，但也很容易浇灭想象的热情"，② 不恰当的训练有压抑学生想象力的危险，比如"满堂讲、满堂灌"的教学方式以及过多的课业负担可能会压缩儿童自主探究的机会、扼杀他们对学习的兴趣。因此应当注意告别传统的"满堂讲、满堂灌"式的教学方式，在课堂教学中增加学生自主探究得出知识的机会，使学生体会探究的乐趣，并鼓励学生主动运用自己的理性独立思考，鼓励学生进行置疑，让思维去"飞"，使想象力得到张扬。更要在教学中帮助学生树立终身学习的观念，认识到对知识的追求是不断创新、发展并贯穿人的一生过程，应当以更加开放的态度对待知识的更新，以更加积极、

---

① ［英］怀特海：《教育的目的》，徐汝舟译，生活·读书·新知三联书店2002年版，第10页。

② ［英］怀特海：《过程与实在——宇宙论研究》（修订版），杨富斌译，中国人民大学出版社2013年版，第431页。

乐观的态度对待知识体系受到的挑战，更加主动地进行头脑中的观念的冒险，在进行创造性的知识探寻过程中体验到学习的乐趣。从而消解教学过程对学生创新思维的束缚，激发学生的创造性热情。

（三）呵护学生的好奇心

学生的创造性与学生的好奇心息息相关，然而与其他与创新相关的心智模式不同的是，对很多人来说，最具有好奇心的时期往往是在童年，随着年龄的增长往往会失去对待世界的好奇心。好奇心是学生与生俱来的，对于好奇心的问题关键亦在于呵护而不是培养。呵护学生的好奇心在于不要用日常的思维限制学生对世界的好奇。当学生以充满好奇的眼光审视世界时，能够发现许多在日常生活中注意不到的问题，从而产生许多具有创新性的想法。当学生对某一问题表示惊异时，教师以日常性的思维去否定学生的好奇，就会扼杀学生的好奇心，失去难得的培养学生创新精神的机会。比如学生学习"重力势能"的问题时，对水滴从高空坠落是否会砸坏物体表示好奇，如果教师对这一问题的回答是"难道你没见过下雨吗？"并批评学生的"大惊小怪"，学生的好奇心就会受到一定程度的扼杀。其实通过对比我们可以发现，例子中学生提出问题的思维与牛顿通过观察苹果落地发现重力的思维是何其的相似，当教师对学生的"大惊小怪"进行批评，并以日常的现象终结学生的问题时，就失去了宝贵的激发学生创新思维的机会。很多创新正是来源于生活的契机，教师们不要以日常思维抹杀了孩子们对生活的惊异，不要以日常生活的琐碎限制了孩子们对世界的好奇，更不要以日常的眼光去看待学生的疑问，将学生的问题当作"少见多怪""大惊小怪"，而是应当利用好学生提出疑问的契机，鼓励学生的提问精神，并引导学生对这一问题进行自主思考。面对学生对知识的好奇，在不影响教学整体进度前提下，教师可以适当调节教学进程，结合课堂教学对学生进行启发，并鼓励学生在课下利用便利互联网资源对相关问题进行探究。如果教师利用好这一契机引导学生就此问题进行探究，不仅呵护了学生的好奇心，还能够在探究的过程中锻炼学生的创新能力，并有助于提升学生的信息素养。

（四）以合理的方式通过前沿知识丰富学生的视野

正如前文分析的那样，新时代社会主义现代化建设需要培养学生基础科学方面的创新能力，这就应当使学生对前沿知识有一定了解，应当以生动的、学生能够理解且乐于接受的方式把科学发展的动态、前沿介绍给学生，以丰富学生的视野，而不应仅仅将学生的视野局限在课本、考试的范围内。然而正如本书前面所讨论的，基础教育阶段教学应当注重学生知识的体系化、系统化，应当以帮助学生扎实地掌握基础知识为基本任务，并且应当尊重学科的逻辑与儿童的身心特点展开教学。就这一点而言在课堂教学中无疑应先教会学生会求导数才能教学生求积分，随意地打乱教学的顺序将会给教育发展带来危机。怀特海将这一原则成为"必要性优先原则"，如何处理教授前沿知识与"必要性优先原则的"的关系，就成为以何种方式将前沿知识引入课堂教学之中的关键问题。就中国当前基础教育阶段的教育而言，教学的展开应当以"必要性优先原则"为主，在保证学生教育的系统化、体系化的基础上，通过前沿知识丰富学生的视野，激发学生对知识的好奇，培养学生的创新精神。

怀特海对这一问题的看法很有启发，他认为"必要性优先原则"是教学中的一般性原则，也是教学应当遵循的主要原则，但并不能僵硬地固守这一原则。怀特海对此举例没有阅读能力孩子就不能读《荷马史诗》，但儿童们可以在具备阅读能力之前就在妈妈的故事里了解阿喀琉斯等英雄的故事，并为之着迷。怀特海的观点启发我们，尽管在一般性的讲授式教学中引入前沿知识很容易带来问题，但可以通过灵活的方法，在激发学生学习兴趣的同时，使学生了解前沿知识。即当前阶段中国的教学在整体上还是应当按照学科的知识体系展开，但在此基础上可以通过更加生动、鲜活的方式拓宽学生的视野。在课堂引入的前沿知识不应与体系性的知识教育脱离太远，一方面以前沿知识教育激发学生对体系化知识教育的兴趣，促进体系化知识教育的展开；另一方面也通过体系化的知识教育为前沿知识教育奠定基础，不要使前沿知识教育成为前文提到被误解的前沿知识。

就具体教学而言，怀特海提到的讲故事就是一种很值得借鉴的方法，可以在准确理解前沿学科的含义的基础上，以科学家的生平轶事、科学产生的趣事等方式，启发学生对前沿知识的了解（但应保证这些故事的真实性与正确性）。如通过介绍陈景润先生的生平，帮助学生了解哥德巴赫猜想；通过讲解"双生子佯谬"帮助学生理解相对论。此外，怀特海并未预见的是，现代科学技术的发展给学生理解前沿科学提供了更大的便利，尽管通过知识讲解的方式难以使学生通过理性思考真正理解前沿知识，但可以通过利用互联网资源、VR 技术、3D 打印技术以及生动的视频、图画等方式使学生对前沿科学有直观的了解。例如，可以通过 VR 技术模拟宇宙大爆炸的过程，帮助学生身临其境地理解大爆炸理论。因而以先进信息化技术，通过直观、生动的方式促进学生对前沿知识的理解，也是将前沿知识引入课堂的一种重要方式。

第八章

建设性后现代教育治理观

在初步从建构建设性后现代理论出发，立足中国本土文化传统与新时代中国实际国情对教育的课程与教学问题进行考虑后，建构完整的教育理论还应当进一步从建设性后现代理论出发对教育管理问题进行思考。

第一节 现代教育管理模式的弊端正在逐渐显现

正如本书所一直强调的，建设性后现代教育理论的建构以对现代教育有保留的超越为基础，对建设性后现代教育管理理论的思考首先应当建立在对现代管理理论的优点与弊端的思考的基础上。

一 现代教育管理以管理的科学化、民主化、法治化为基本追求

按照褚宏启教授的观点，"人本化、科学化、民主化、法治化、专业化、自主性的教育管理就是现代教育管理。"其中"人们一般把教育管理的科学化、民主化、法治化作为现代教育管理的基本特征"。[1] 习近平总书记也将提高"科学执政、民主执政、依法执政能力"作为"不断提高运用中国特色社会主义制度有效治理国家的能力"的着力点。[2] 教育治理"人本化"需要以民主的方式实现，不能保证各方的民主参与，谈以人为本无异于空中楼阁。教育管理"专业化"的"关键在于教育管理从业者

---

[1] 褚宏启：《教育现代化的路径——现代教育导论》，教育科学出版社2000年版，第254页。

[2]《完善和发展中国特色社会主义制度 推进国家治理体系和治理能力现代化》，《人民日报》2014年2月18日第1版。

即教育管理人员的专业化"① 也是科学化的基本要求和应有之义。因此可以说"科学""民主""法治"是管理现代化的核心特征。②

泰勒认为"最佳的管理是一门实在的科学,"③ 管理的科学化是现代管理与传统管理的重要区别之一。从管理的过程角度看,泰勒强调管理科学化应当超越"单凭经验的方法",④ 以一种科学、客观、具有普遍性、可推广的方式进行管理,并且以可量化、可操作的方式进行评价。从目标追求上看,现代管理认为"存在着目标状态 S1 和一个当前状态 S0,……解决问题的方式就是定义好 S0 和 S1 并选择最好的方式来减少 S0 和 S1 之间的差距"⑤。科学的管理不仅在于一丝不苟地实现既定的管理目标,更在于"培训和发掘企业中每个工人的才干,使每个工人尽他天赋之所能……以最快的速度达到最高的效率,"⑥ 即通过科学的技术、科学的方法、科学的研究、科学的实验以最大效率地实现这一目标。科学管理的思想一经提出就迅速地被教育管理思想所接受、吸纳,正如陈如平教授所指出的,泰勒提出科学的理论后,"几乎同时,科学管理被迅速引进美国教育界,并作为指导教育管理实践、解决当时学校低效问题的一种理论框架。"⑦ 教育管理的科学化主要表现为教育管理研究的科学化与教育管理的科学化。教育管理研究的科学化主要表现为改变过去经验总结式的管理研究与思辨式的管理研究,将社会科学、计量学、统计学、心理学、行为科学等学科的方法引入管理学研究中,重视研究的实

---

① 褚宏启:《教育现代化的路径——现代教育导论》,教育科学出版社 2000 年版,第 258 页。
② 喻聪舟、温恒福:《融合式教育治理现代化——新时代中国特色教育治理现代化的新趋势》,《现代教育管理》2019 年第 7 期。
③ [美] F. W. 泰罗:《科学管理原理》,胡隆昶等译,中国社会科学出版社 1984 年版,第 155 页。
④ [美] F. W. 泰罗:《科学管理原理》,胡隆昶等译,中国社会科学出版社 1984 年版,第 221 页。
⑤ [美] 赫伯特·A. 西蒙:《管理决策新科学》,李柱流等译,中国社会科学出版社 1982 年版,第 37 页。
⑥ [美] F. W. 泰罗:《科学管理原理》,胡隆昶等译,中国社会科学出版社 1984 年版,第 159 页。
⑦ 陈如平:《美国现代教育管理思想的基本特征及其中国化问题》,《教育科学研究》2002 年第 2 期。

证化与实验化。教育管理的科学化主要表现为教育管理过程的规范化、可操作化和制度化,教育管理评价的标准化与量化尤其"强烈地表现为在学校管理人员强调教育管理中的成本分析,并把成本和效率作为判断学校进步的首要标准"。[1]

民主精神的核心在于多元参与,民主的思想可以溯源到古希腊时期,我们可以借助伯利克里的演讲来理解原初意义上民主的意蕴:

> 我们的政治制度不是从我们邻人的制度中模仿得来的。我们的制度是别人的模范,而不是我们模仿任何其他人。我们的制度之所以被称为民主政治,因为政权是在全体公民手中,而不是在少数人手中。解决私人争执的时候,每个人在法律上都是平等的;让一个人担负公职优于他人的时候,所考虑的不是某一个特殊阶级的成员,而是他们有的真正才能。任何人,只要他能够对国家有所贡献,绝对不会因为贫穷而在政治上湮没无闻。[2]

从伯利克里的这段话我们可以看出,原初意义上民主是以将城邦中的每一个人都视为平等的人为出发点,以作为共同体的城邦的共同福祉为出发点,即以实现"善治"为目的,通过取消出身的限制给每个公民平等参与治理的机会从而使真正有才能的人更好地参与到国家治理中来,而"绝对不会因为贫穷而在政治上湮没无闻"。民主化的管理方式在形式上主要表现为在人人平等的基础上,按照少数服从多数的原则进行管理的一种方法,最常见的方式如我们生活中的民主投票。正如托克维尔所指出的,民主的"优势在于可以犯错误,犯了错之后能够及时纠正。"[3] 多元参与的民主治理既能使不同利益群体的诉求得到充分尊重,也能使不同建议观点之间形成均衡,避免了走极端,增强了治理的容错性。还能广纳言路听取各方意见,避免了"朕即国家"式的集权、专断。因而在某种意义上民主被视为是当今管理模式中"弊端最少的

---

[1] 陈如平:《美国现代教育管理思想的基本特征及其中国化问题》,《教育科学研究》2002年第2期。

[2] [古希腊]修昔底德:《伯罗奔尼撒战争史》,谢德风译,商务印书馆2017年版,第147页。

[3] [法]托克维尔:《论美国的民主》,曹冬雪译,译林出版社2012年版,第112页。

一种"①。正因为民主化具备的优点，因此民主化成为现代学校管理的重要维度。具体表现为使教育中各方群体广泛地参与到教育管理中来，同时民主投票制也在很大程度上成为实现教育民主化的主要机制。正因为民主化管理的优点以及重要性，使民主化在很大程度上成为"善治"本身。

"法律是由国家制定或认可并以国家强制力保证实施的，反映由特定物质生活条件所决定的统治阶级意志的规范体系"，也就是法律是约束个体的社会行为、作为社会行为准则基础的规范体系。所谓法治就是依靠法律进行治理，这种治理方式具有如下特点：法治是一种理性的治理方式。孟德斯鸠曾言"法就是这个根本理性同各种存在物之间的关系"，②它"恰恰正是免除一切情欲影响的神祇和理智的体现"③。因而教育管理的法治化就是强调按照理性的原则与合理的制度、法规去实现教育管理，并且在处理教育问题时依照制度或法规进行管理，"即使在法条没有明文规定时，也会通过准用、类推适用等方式套用法条，而选择不去诉诸'习惯'或'法理，'"④ 从而消除教育管理的任意性。

二 现代管理以科层制管理为主要模式

正如本书所讨论的，现代性以理性精神为核心，现代管理模式也应当以理性管理为核心，理性科层制的出现正是适应了现代管理对理性化的追求，因而有论者指出"行政管理中现代性确立的标志是科层化的理性管理取代了传统的经验管理"⑤。同时以理性精神为核心的科层制管理体系也成为现代学校管理的主要模式。

理性科层制是马克斯·韦伯所提出的概念，它又被译为官僚制，但理性科层制完全不同于一般意义上的官僚统治，甚至在某种意义上讲科

---

① 俞可平：《民主是个好东西》，《民主》2007 年第 1 期。
② [法] 孟德斯鸠：《论法的精神（上册）》，张雁深译，商务印书馆 1978 年版，第 1 页。
③ [法] 孟德斯鸠：《论法的精神（上册）》，张雁深译，商务印书馆 1978 年版，第 169 页。
④ 王文宇：《彭宇案讨论：法官信奉的既非教义，也非社科，而是"后现代法学"》，《北大法律评论》2016 年第 2 期。
⑤ 衣俊卿：《现代性的维度及其当代命运》，《中国社会科学》2004 年第 4 期。

层制作为一种现代管理模式其批判的主要对象正是封建式的官僚统治，因而将韦伯所提倡的这种管理模式称为"科层制"是更为合适的。科层制意指"一种由训练有素的专业人员依照既定规则持续运作的行政（管理）体制。"①

马克斯·韦伯科层制理念的提出基于他对三种类型的权威的划分。第一种为传统权威，这种权威的依据是对传统、祖先的崇拜，以封建宗族式的"长老统治"为代表。第二种为"卡里斯玛"权威，这种权威诉诸管理者的个人魅力，表现为英雄领袖对群众的管理。韦伯认为前两种管理方式都是与现代精神所不符的，他认为现代社会管理的理想类型应当被称为"合理—合法"权威，"合理—合法"权威正是科层制所提倡的，韦伯认为宗族式的长老统治或是英雄人物式的领导都具有任意性，这种管理模式难以适应工业社会发展的需要。"合理化是指组织内一切行为均应合乎理性，并为组织目标的实现服务"，② 这显然是与作为现代性精神核心的理性精神相契合。为了实现"合理化"的要求，韦伯提出科层管理"它越是'脱离人性'，发展就越充分"③。其实无论任何意义上的管理最终都要通过人来实现，任何治理理念下最终的管理者都是人，在这个意义上讲任何治理都是一种"人治"，不同的治理模式只是基于对人的不同理解而已，科层制强调的"脱离人性"并不是要求摆脱全部的人性，而是要求"排除爱、憎一切纯粹个人的，从根据上说，一切非理性的，不可预计的感觉因素"，④ 即摆脱人类理性之外情感的、欲望的、信仰的其他因素干扰，依照作为一个"大写的人""一般性的人"所具有的理性进行管理，其根本追求是一种理性化的管理模式。

实现这种理性化或者基于"合理—合法"的权威的管理关键在于摆

---

① 王春娟：《科层制的涵义及结构特征分析——兼评韦伯的科层制理论》，《学术交流》2006年第5期。
② 张新平：《对学校科层制的批判与反思》，《教育探索》2003年第8期。
③ [德]马克斯·韦伯：《经济与社会（下）》，林荣远译，商务印书馆1997年版，第293页。
④ [德]马克斯·韦伯：《经济与社会（下）》，林荣远译，商务印书馆1997年版，第298页。

脱管理者个人的喜好对于管理的影响，为实现这一诉求韦伯认为应当赋予抽象性的职位而非处于职位上的人拥有管理的权力，因而按照科层制的管理"每个职位都有相应的权力规定，"并且权力"来自这个职位本身",[①] 职位、职务本身而非管理者的年龄、辈分、资历或是个人魅力赋予管理者管理的权威、权力与职责，这样才能使管理体系"不'因人而异'，形式上对'人人'都一样，也就是说，理想的官员根据其职务，管辖着处于相同实际地位中的每一个有关人员",[②] 消解了体系中每个成员的个体差异性，一切遵照一般性的"职务"赋予管理者以进行管理的权力。科层制管理体系按照管理者职务高低赋予不同职务以不同的权力，并且"由一个机构的上下级安排固定有序的体系，上级监督下级,"[③] 在这种管理体系中每一职务的管理者都受命于更高的职务的管理者，并且对低一级的管理者进行管理，从人员构成上看整个管理组织呈现为自上而下的金字塔型结构，从权力大小上看，则呈现为自上而下权力从大到小的倒金字塔型结构，依照职务的高低使科层制管理呈现为一种自上而下的"层级式管理"体系。同时为了使这一治理模式彻底地摆脱任意性的人为因素的干扰，科层制管理模式强调法规和制度的重要性，以固定的制度为依托，强调整个管理体系是由"一些固定不变的抽象规则体系来控制的，这个体系包括了在各种特定情形中对规则的应用",[④] 即通过细致入微的制度、规约、章程来约束管理行为，从而保障管理的理性化。

科层制是管理现代化追求的重要载体，对现代世界的发展具有重大的影响，它主要表现为以管理的理性化为核心追求，依据职务赋予管理者权力、按照职务的高低进行自上而下的层级式管理、并依托不以人意为转移的制度、法规来保障、约束管理行为的一种管理模式。这种管理

---

① 彭新武：《西方管理名著赏析》，高等教育出版社2008年版，第160页。
② ［德］马克斯·韦伯：《经济与社会（上）》，林荣远译，商务印书馆1997年版，第250—251页。
③ ［德］马克斯·韦伯：《经济与社会（下）》，林荣远译，商务印书馆1997年版，第279页。
④ ［德］马克斯·韦伯：《韦伯作品集——支配社会学》，康乐、简惠美译，广西师范大学出版社2004年版，第22页。

方式因为符合理性化的追求、并且能够有效避免个人因素带来的任意性，因而成为现代管理的重要模式，有论证认为科层制"成了现代世界的命运"①。

科层制的管理模式具体在教育系统中表现为从中央到地方再到学校自上而下的管理体系，在学校中则表现为将"全部职位分成校长、副校长、处长、科室主任、教师、学生等若干等级；所有职位都由具备相应学历或通过能力考核获得相应资格的人承担；每一级职位赋予其承担者对下属进行合法控制的权力"②。

第二节 解构性后现代思想对现代管理的批判性反思

现代管理在强调科学化、民主化、法治化的同时也存在一系列管理危机，因而解构性后现代思想家针对现代管理中存在的信奉"元叙事"、对理性的过度推崇等方面的弊端力图以批判性为手段化解这些危机。

一 消解管理理论的"元叙事"

正如利奥塔所言，后现代以"不相信元叙事"为标志，③因而按照后现代思想家看来任何管理理论都不应当成为管理基础的"元叙事"，而应当成为多种管理理论之中的一种。解构性后现代思想家对管理理论"元叙事"的消解表现在如下几个方面：

首先，拒斥元叙事的后现代教育管理理论表现为对现代管理提倡的普遍性的质疑。按照后现代的观点任何存在都是"按照那个理论有何物存在的""理论性的承诺"，任何一种管理理论都不具备决定意义上的正确性，其正确性都只能是在该理论视角出发才具备正确的意义，因而也

---

① [美] 安东尼·奥罗姆：《政治社会学——主体政治的社会剖析》，张华青、孙嘉明等译，上海人民出版社1989年版，第71页。

② 张新平：《对学校科层制的批判与反思》，《教育探索》2003年第8期。

③ [法] 利奥塔：《后现代性与公正游戏——利奥塔访谈、书信录》，谈瀛洲译，上海人民出版社1997年版，第169页。

就不存在"放之四海而皆准"的普遍性管理模式。按照解构性后现代的观点"我们栖身在语言游戏的混杂多样性中，且由如此众多的谈话形式所塑造"，① 任何管理理论都只是维特根斯坦所言的"语言的游戏"，都只能是情境性、地方性的，任何管理理论无论是西方的还是东方的都在具体的理论情景下有其合理性，不存在绝对意义上"先进"的管理理论，离开了具体"时间—空间"的情景任何管理理论都不能被视为绝对合理的。从这一立场出发，解构性后现代思想家强调"用唯一的科学理论无法解释和解决复杂多样的教育管理实践问题"，② 因而倡导教育管理理论的多元化，强调不同理论之间的平等地位，重视不同理论之间的对话、协商。

其次，反对科学化的研究范式。20 世纪 40 年代末至 80 年代美国开展了教育管理理论运动，该运动的出发点是针对当时美国教育管理研究中存在的"缺乏规范、视野狭窄、问题浅表、手段粗糙"等问题，③ 专家们提出要按照科学规范的方法建立教育管理学的理论体系，"其占支配的观点是把教育管理学作为一种科学理论"④。通过这场运动教育管理研究科学化、规范化、实证化的理念受到广泛接受，规范化、科学化、体系化成为教育管理理论研究的基本要求。解构性后现代认为这种对待教育管理研究的态度是一种唯科学主义的态度，这种观点将科学视为了一种绝对正确、不证自明的"元叙事"。而按照后现代思想家的观点"解开了自然之谜的人，必定是杀父娶母瓦解了神圣的自然秩序的人。……那靠自己的知识将自然推入深渊的人，自己也要体会自然瓦解的过程"，⑤ 科学给世界带来的并不一定是完善和美好，因而应当消解"科学"在教育管理研究中的元叙事地位。基于这种观点格林菲尔提出"组织不是自然

---

① Richard Shusterman, *Pragmatist Aesthetics: Living Beauty*, Rethinking Art. Boston: Rowman & Littlefield Publishers, 2000, p. 213.
② 黄崴：《后现代主义教育管理思想解析》，《教育理论与实践》2001 年第 7 期。
③ 陈如平：《美国教育管理理论运动及其研究述评》，《河北师范大学学报》（教育科学版）2009 年第 7 期。
④ 黄崴：《20 世纪西方教育管理理论及其模式的发展》，《华东师范大学学报》（教育科学版）2001 年第 1 期。
⑤ ［德］雅斯贝尔斯：《尼采其人其说》，鲁路译，社会科学文献出版社 2001 年版，第 239 页。

实体，不是标准化的，而是人造的"，① 因而对任何组织的管理都不存在客观统一的标准，也同样无法以"数学和定量的方法来研究和分析教育管理问题"。②

最后，正如有论者所指出的，"后现代主义教育管理思想重视教育管理过程的价值性更甚于事实性，强调教育组织的主体性更甚于客体性，强调教育管理知识的多元性和发展性更甚于单面性和静止性，强调教育管理方式方法的多样性更甚于标准化"③，教育管理理论研究中对元叙事的消解还表现为质疑管理理论的客观性。一方面，按照解构性后现代思想家的观点，不存在"纯粹客观""价值中立""文化无涉"的知识，④任何理论的研究者都是带着其自身的理论视角、自身的知识体系去观察世界、理解的世界的，因而任何观察都不可避免地被理论所污染，任何"意见"也不可避免地成为"带着合理前见"的"成见"。受这种"没有事实、只有解释"的"解释学"理念的影响，后现代管理理念认为管理并非解释管理事实、探索管理规律的科学，而是"对组织现实进行解释的艺术"，任何管理理论都不是揭示事实的真理，而是对管理现象的一种解释。另一方面，解构性后现代思想家认为现代教育管理研究为了实现理论的客观性而追求"价值中立""价值无涉"是一种工具理性过剩的表现，而解构性后现代思想家则以对理性（现代性）的批判为直接追求。按照解构性后现代的观点传统教育管理理论对效率的片面关注导致了"效率的幽灵"，⑤教育管理者是人，管理的也是人，教育管理不能"只见效率不见人"，更重要的是教育管理的效率必须最终通过对学生的培养来实现。而人都是有理想有价值的，将价值完全剥离以纯工具理性的方式推行的教育管理是反人性的，更是与教育培养人的目标相违背的。

---

① 陈如平：《美国现代教育管理思想的基本特征及其中国化问题》，《教育科学研究》2002年第2期。
② 黄崴：《西方后现代理论与后现代教育管理思想》，《比较教育研究》2000年第S1期。
③ 黄崴：《20世纪西方教育管理理论及其模式的发展》，《华东师范大学学报》（教育科学版）2001年第1期。
④ 石中英：《知识转型与教育变革》，教育科学出版社2001年版，第80页。
⑤ [美] 坎贝尔：《现代美国教育管理》，袁锐锷译，广州高等教育出版社1991年版，第56页。

二　批判现代教育管理的弊端

正如本书前面所分析的，解构性后现代思想主要表现为对现代性弊端的激进批判与反思。解构性后现代思想"是以不断的否定、摧毁为特征的"，① 从解构性后现代视角出发考虑教育管理问题，其最重要方面在于不断批判、质疑乃至否定、摧毁现代管理存在的合理性与合法性。

首先，批判现代管理中理性的过盛。正如罗珉教授所指出的，"对于后现代管理理论的含义至今没有一个统一的说法，后现代管理理论的基本特征是否定理性主义作为管理理论的基石"。② 正如本书所分析的，现代性精神以理性精神为核心，后现代思想主要表现为对现代性的批判也就是对理性精神过剩的批判，因而解构性后现代对现代管理的批判也就主要表现为对现代管理中理性精神过剩的批判，以及理性精神的主要表现模式——理性科层制的危机的反思。一方面，解构性后现代对理性的批判表现为对理性的过度重视压制了人的情感、意志、爱好、兴趣，"理性对现代管理的塑造实质是以一种压抑性文明将人简单化、机械化，使之成为没有灵魂和欲望的机械个体"。③ 工具理性会造成一种将被管理者——人，当作工具来利用的态度，基于工具理性观为了实现对效率的追求可以放弃伦理、价值，其结果甚至会造成"以牺牲人命并导致多人伤残为代价来追求更低的成本和更高利润的决策"。④ 同样，教育管理对工具理性化的追求压制了个体鲜明的个性，使管理的对象——学生，如同工业化体系中机器中的齿轮，在理性化的规则、要求、制度之中日益失去了年轻人应有的激情与朝气，日益驯化了年轻人应当具备的叛逆与浪漫，失去了对人生的热情与对未来的思考，日益成为按照理性化教育规则、标准化形式主导的"机器人""局外人"。在解构性后现代哲学家福柯看来，现代理性对非理性的压制其结果"不是兽性被压制了，而是

---

① 王治河：《后现代哲学思潮研究》，北京大学出版社2006年版，第8页。
② 罗珉：《后现代管理理论辨析》，《管理科学》2005年第2期。
③ 胡国栋：《非理性解放：后现代管理视域中的人性救赎》，《伦理学研究》2016年第6期。
④ [美]乔治·瑞泽尔：《汉堡统治社会?!——社会的麦当劳化》，姚伟等译，中国人民大学出版社2013年版，第88页。

人本身被消灭了"①。解构性后现代思想的批判促使教育管理开始日益关注非理性因素对教育管理的影响,使组织文化、非正式制度、组织成员以及管理者的情感、精神、意志乃至身体等因素对教育管理的影响日益受到关注。另一方面,解构性后现代思想家"对西方理性发难的另一个弹着点是理性的工具性,"②即批判工具理性的盛行所带来的教育管理领域的价值的剥离。按照马克斯·韦伯的观点现代世界"它的命运便是,那些终极的、高贵的价值,已经从公共生活中销声匿迹"。③出于工具理性的追求,现代管理日益凸显"行动方式倾向于在其手段和程序等方面尽可能地被加以量化,从而使得行动本身以及对行动结束后目的实现程度的预测成为可以被计算的任务"这样的模式,④而按照解构性后现代的观点应当消解工具理性在教育管理领域的盛行,恢复价值理性乃至伦理、审美等维度对教育管理的有益影响。

其次,要求消解现代管理对人性的"规训"。后现代思想对理性进行批判的一个重要原因就在于现代性发展过程中理性的过剩使理性成为一种"无人身的理性",从而导致"对人性的束缚、情感的漠视、身体感官的压抑"。⑤在解构性后现代思想家看来现代社会之中到处弥漫着权力之网,"透过这张无形的权力网,那些控制文化的人决定着讨论什么话题、谁是可信的人以及谁有话语权",⑥现代的管理制度则是典型的权力的表征,福柯通过对精神病与监狱进行"系谱学"的考察告诉我们"理性的标准不是靠自身权威,而是靠社会事件和政治力量建立的",⑦从这个意义上讲,现代管理所"承诺"的基于理性管理的"合理—合法"性权威

---

① [法]米歇尔·福柯:《疯癫与文明》,刘北成、杨远婴译,生活·读书·新知三联书店1999年版,第69页。
② 王治河:《后现代哲学思潮研究》,北京大学出版社2006年版,第108页。
③ [德]马克斯·韦伯:《学术与政治》,冯克利译,生活·读书·新知三联书店2016年版,第48页。
④ 彭新武:《官僚制:批判与辩护》,《福建论坛》(人文社会科学版)2009年第5期。
⑤ 喻聪舟、温恒福:《现代化理论视角下教育现代化问题研究述评》,《现代教育管理》2018年第8期。
⑥ [美]罗伯特·欧文斯:《教育组织行为学——适应型领导与学校改革》(第8版),窦卫霖等译,中国人民大学出版社2007年版,第5页。
⑦ 赵敦华:《现代西方哲学新编》,北京大学出版社2001年版,第294页。

不过是一种话语权力的标准，而并非人类所具有的"先天""先验"的理性的"立法"，现代的管理制度与前现代的管理同样是以某种"知识型"为依托的，传统管理与现代管理之间的差异不过是因为其作为基础的"知识型"不同，两种"知识型"之间既不连续也不可通约，从传统知识型到现代知识型的过渡也并不是一种进步，因而现代教育管理制度与传统管理方式相比并不具备绝对的合理性。

更为重要的是，在福柯看来任何一种知识型都是一种权力的反映，是一个生产、规范、配置、循环、操作力量的有序体系，① 因而任何的管理模式——现代的或是传统的——其本质都是一种权力话语的体现。福柯进一步通过对监狱的分析指出，现代社会的管理其本质是一种对身体的"规训"。福柯通过对西方惩罚制度进行"知识考古学"的分析，认为在古代社会的惩罚往往是一种"作为公共景观"、一种"令人作呕的场面"的酷刑（如凌迟、分尸），就其目的而言"公开处决的目的是以儆效尤，"② 通过仪式化甚至戏剧化的惩罚场面渲染对罪犯惩罚的恐怖感，使民众意识到任何犯罪的行为都将会受到严厉的惩罚，从而产生威慑作用。而在文艺复兴时期"肉体惩罚的大场面消失了，对肉体的酷刑也停止使用了，"这种变化的产生是源于惩罚目的——"惩罚应该打击肉体而非灵魂"③——的转变。而现代惩罚制度则是基于边沁设计的"全景敞式建筑"④ 展开的，它是一种中心可以环顾监控四周的监控系统。这种新的惩罚方式"埋头于一种强制制度、即'教养所'的封闭空间"，⑤ 福柯通过他的"知识考古"敏锐地意识到在现代社会中的惩罚是一种完全不同于古典时期或是文艺复兴时期的惩罚方式，福柯将之称为"规训"，"规训权力主要的功能是训练"，"规训"是"一种关于肉体的政策，一种使人

---

① 赵敦华：《现代西方哲学新编》，北京大学出版社 2001 年版，第 302 页。
② [法] 米歇尔·福柯：《规训与惩罚：监狱的诞生》，刘北成、杨远婴译，生活·读书·新知三联书店 1999 年版，第 53 页。
③ [法] 米歇尔·福柯：《规训与惩罚：监狱的诞生》，刘北成、杨远婴译，生活·读书·新知三联书店 1999 年版，第 15 页。
④ [法] 米歇尔·福柯：《规训与惩罚：监狱的诞生》，刘北成、杨远婴译，生活·读书·新知三联书店 1999 年版，第 224 页。
⑤ [法] 米歇尔·福柯：《规训与惩罚：监狱的诞生》，刘北成、杨远婴译，生活·读书·新知三联书店 1999 年版，第 146 页。

的群体变得驯顺而有用的方法"①。从古典时期到文艺复兴时期再到现代社会对人的惩罚经历了"受折磨的肉体"到"具有被操纵的表象的灵魂",再到"被训练的个体"的转变。②并且通过进一步的分析,福柯认为在现代社会中对人的规训不仅仅存在于对罪犯的惩罚语境下,局限于监狱的场景之中,现代监督场景无处不在,对人的规训充斥着整个社会,"我们生活在一个教师—法官、医生—法官、教育家—法官、'社会工作者'—法官的社会里",凡举教师、医生、教育家都在扮演着法官、审判者、规训者的角色,"规范性之无所不在的统治就是以他们为基础的。"③因而解构性后现代思想家对现代教育管理、现代学校制度对人的规训提出了警示,首先,福柯通过分析发现现代学校与现代监狱具有相似的建筑结构,其次,福柯认为现代学校的考试制度也日益成为一种重要的规训的力量,因为"规训权力主要是通过整理编排对象来显示自己的权势。考试可以说是这种客体化的仪式"④。最后,现代学校通过详细、细致的个人档案技术把每一个人变成一个个案,这一"把现实生活变成文字的做法不再是把人英雄化,而是一种客体化和征服"⑤。福柯所讨论的学校建筑的布局、学校的考试评价制度以及档案管理制度正是现代学校管理模式中司空见惯的手段。同时福柯指出规训是"通过在习惯、行为中留下的痕迹,施展训练肉体的方法",⑥通过习惯化的行为对肉体展开训练是现代规训的主要方法,从这一观点来看,现代学校中整齐划一、准时准点的上下课时间,甚至为了取得高分而对学生作息进行整齐的、按部就班的规划,从而使学生养成习惯,正是规训的表现。

---

① [法]米歇尔·福柯:《规训与惩罚:监狱的诞生》,刘北成、杨远婴译,生活·读书·新知三联书店1999年版,第350页。
② [法]米歇尔·福柯:《规训与惩罚:监狱的诞生》,刘北成、杨远婴译,生活·读书·新知三联书店1999年版,第147页。
③ [法]米歇尔·福柯:《规训与惩罚:监狱的诞生》,刘北成、杨远婴译,生活·读书·新知三联书店1999年版,第349页。
④ [法]米歇尔·福柯:《规训与惩罚:监狱的诞生》,刘北成、杨远婴译,生活·读书·新知三联书店1999年版,第221页。
⑤ [法]米歇尔·福柯:《规训与惩罚:监狱的诞生》,刘北成、杨远婴译,生活·读书·新知三联书店1999年版,第215页。
⑥ [法]米歇尔·福柯:《规训与惩罚:监狱的诞生》,刘北成、杨远婴译,生活·读书·新知三联书店1999年版,第146页。

最后，倡导管理的"去中心化"。解构性后现代思想家德里达强调"非中心化构成了我们时代的一部分",① 正如上文分析，解构性后现代思想家认为任何管理都以一定的"知识型"为基础，因此其必然的追求就是要求消解任何"权力"的独断，这一消解、解构权力的过程也就是一个不断地"去中心"的过程。解构性后现代思想家批判传统西方哲学是"在场的形而上学""逻各斯中心主义""声音中心论"，强调用"缺席"（不在场）"补增""分延""游戏""游牧"等思想取代传统的哲学理念。德留兹认为传统西方思想是以"树喻"为基础的，笛卡尔正是这一理念的典型代表，这种"树喻"反映的是一种典型的"枝干思维"，按照这种思维人类对世界的理解是以某一牢不可破的"前提"为"基础"，在此基础上建立起"庞大的、中心的、统一的、等级制的概念体系",② 这种理念对现代教育管理模式同样具有重要影响。以德留兹为代表的解构性后现代思想家认为后现代思想对现代思想的超越是以"茎块思维"超越"枝干思维"的过程。按照德留兹的观点"茎块是非等级制的体系，线与线之间的联系是不规则的，随机的，这些联系在一个'光滑的'空间中形成,"③ 与"枝干"相比"茎块"是无边界、无结构、无体系的，它没有固定的起点也没有明确的终点，不断向四面八方蔓延，不断拓宽自己的边界体系，不断地在"流浪"中拓宽自己的边界，丰富自己的内容。在"茎块"结构中没有绝对的核心、中心，整个世界表现为相互联系、不断延拓的网状结构。

按照这一分析，走向后现代的教育管理首先应当对现代教育管理的中的"枝干思维"进行批判，而现代教育管理中的科层制管理模式就是最典型的"枝干结构"，这种以理性观念为基础建立起的"庞大的、中心的、统一的、等级制"的管理体系正是科层结构的典型代表。因而按照解构性后现代思想家的观点，首先应当解构科层制管理模式在教育管理中的盛行，转而追求"非中心"的教育管理模式，这就要求解构作为科层制理念基础的理性精神在教育管理中的基础性地位，消解科层制"庞

---

① 王治河、樊美筠：《第二次启蒙》，北京大学出版社2011年版，第70页。
② 王治河、樊美筠：《第二次启蒙》，北京大学出版社2011年版，第41页。
③ 王治河、樊美筠：《第二次启蒙》，北京大学出版社2011年版，第41页。

大的、中心化的、统一的、等级制"的管理结构,以"碎片的、非中心的(网状的)、分权的(分散的)、扁平的"管理结构取而代之。

为了实现这一诉求,一方面"按照后现代主义的权力观,管理的任务就是要为他人发表意见提供和创造一定的社会政治条件",[①]应当关注教育中不同的利益相关者,让所有观点表达自己的声音,尤其是对女性群体、少数群体等的声音表示关注。因而按照解构性后现代的观点,教育管理中每个成员的"声音"都是重要的,学校目标的达成不是为了"大多数"而牺牲"少数",而是尽量让全体满意。[②]

另一方面应当去除任何权威的中心地位,追求教育管理的"去权威化",倡导将层级式的教育管理转变为网状的、扁平的教育管理。甚至一些激进的解构性后现代思想家由"去中心化"走向了"去管理化"。比如让—吕克·南希通过对共通体的考证认为"共通体并未发生",[③]并大胆预言这个时代"没有共通体的共通体到来着",[④]彻底解构了共通体存在的意义。诺齐克、费耶阿本德等激进的解构性后现代思想家提倡"最小化的国家""最低限度的国家"其意在解构任何作为权力中心的实体,这一理念在教育管理中就意味着要实行最小限度的管理以实现被管理者最大限度的自由,即使教育管理处于一种"无政府主义者"所提倡的"缺少一种模式化的统治""各行为体有一种不考虑普遍原则、规范、规章和程序而各行其是的倾向",[⑤]即提倡教育管理应当走向一种没有中心、没有权威、没有英雄、没有偶像,去除规则、去除制度,使每一个人各行其是、各自为政地进行自我管理的"去管理化"管理。

第三节 建设性后现代教育治理的基本原则

从建设性后现代理论出发来思考教育治理问题,首先应当从建设性

[①] 程晋宽:《西方教育管理理论新视野——一种批判性后现代视角》,教育科学出版社2012年版,第360页。

[②] 马燕、王春萍:《教育管理的后现代主义模式分析》,《社会科学辑刊》2009年第6期。

[③] [法]让—吕克·南希:《无用的共通体》,郭建玲等译,河南大学出版社2015年版,第24页。

[④] [法]让—吕克·南希:《无用的共通体》,郭建玲等译,河南大学出版社2015年版,第166页。

[⑤] [美]詹姆斯·N.罗西瑙:《没有政府的治理》,张胜军等译,江西人民出版社2001年版,第8页。

后现代教育管理的一般方法、基本追求与基本思维出发探寻建设性后现代教育治理的基本原则，并立足基本原则思考建设性后现代教育治理落地的可能性。

一 以探索"后现代的治理现代化"为基本追求

按照大卫·雷·格里芬的看法，"中国可以通过了解西方所做的错事，避免现代化带来的破坏性影响。这样做的话，中国实际上是'后现代化了'"，[①] 就中国而言，走建构性后现代道路其实质在于，在实现自身的现代化建设的道路上避免西方现代化走过的弯路，建设性后现代理论不过是以理论化的方式对西方现代化的错误提出批判并以理论性的语言提出了可行性的方向。因而从建设性后现代理论视角来思考教育管理问题，并不是不顾时代发展的趋势或是中国发展的政策导向去空中楼阁地探索所谓先进的教育管理的建设性后现代向度，而恰恰是应当以教育管理的时代趋势以及中国的基本政策方针为依据"在其所在"地探寻教育管理发展的建设性后现代的可能。从管理向治理的转变是当代管理发展的重要趋势同时也是党和政府提出的重要要求，建设性后现代教育管理应当在积极顺应这一趋势的基础上，借鉴建设性后现代的思路、观点来探寻新时代中国教育治理超越西方路径的新可能。

按照俞可平教授的观点，"从统治走向治理，是人类政治发展的普遍趋势"[②]。治理对应英文"governance"一词，是1989年世界银行在描述非洲面临的可持续发展危机时提出的，提出后便成为政治和管理领域使用频率极高的语词，[③] 成为现代管理发展的重要趋势。同时推进国家治理现代化还是中国重要政策方针。党的十八届三中全会正式提出"推进国家治理体系和治理能力现代化"的要求，党的十九届三中全会进一步明确提出"坚持和完善中国特色社会主义制度、推

[①] ［美］大卫·雷·格里芬：《后现代科学——科学魅力的再现》，马季方译，中央编译出版社1995年版，序第13页。

[②] 俞可平：《推进国家治理体系和治理能力现代化》，《前线》2014年第1期。

[③] 王晓辉：《关于教育治理的理论构思》，《北京师范大学学报》（社会科学版）2007年第4期。

进国家治理体系和治理能力现代化"的要求。① 借鉴建设性后现代理论来思考教育管理问题，并不是不顾当前从管理向治理转变的全球性趋势以及党和国家对"坚持和完善中国特色社会主义制度推进国家治理体系和治理能力现代化"的要求，而恰恰是顺应时代的趋势和国家的要求，通过借鉴建设性后现代的方法、理论、思维以"了解西方所做的错事，避免现代化带来的破坏性影响"，从而推进中国教育治理现代化的实现。在这个意义上，从建设性后现代角度思考教育治理问题，并不是要背离中国教育治理现代化的整体要求，而恰恰是通过借鉴建设性后现代的观点、理论、思路从而在实现中国教育治理现代化的同时避免现代性过盛带来的危机。借鉴建设性后现代的思路实现的治理现代化应当是一种超越了西方模式的治理现代化，是一种"转型升级"的现代化，即一种基于沃尔夫冈·韦尔施所言的"后现代的现代"，② 也只有这样才能真正成为"中国的现代化"。

按照上文分析，从建设性后现代角度思考教育管理关键在于借鉴建设性后现代理论推进教育治理现代化的"转型升级"，因而有必要对教育治理的核心理念进行简要概述，从而思考如何借鉴建设性后现代理论推进教育治理的发展。按照褚宏启教授的观点，"教育治理是指国家机关、社会组织、利益群体和公民个体，通过一定的制度安排进行合作互动，共同管理公共事物的过程"。③ 从管理到治理思路的转变在于使"游戏规则也不再是自上而下地由掌权者确定，而是每个社会主体都有自己的牌，都有出牌的机会"。④ 因而借鉴建设性后现代理论来思考中国教育治理问题，其关键就在于如何立足中国当前实际思考通过教育中多元主体共同参与实现教育中"公共利益的最大化"。

---

① 《中共中央关于坚持和完善中国特色社会主义制度　推进国家治理体系和治理能力现代化若干重大问题的决定》，人民出版社2019年版，第1页。
② [美] 沃尔夫冈·韦尔施：《我们的后现代的现代》，洪天富译，商务印书馆2004年版，第1页。
③ 褚宏启：《教育治理：以共治求善治》，《教育研究》2014年第10期。
④ 王晓辉：《关于教育治理的理论构思》，《北京师范大学学报》（社会科学版）2007年第4期。

二　寻求现代管理与解构性后现代管理之间的"第三种可能"

正如本书在讨论建设性后现代思想的一般性方法论所强调的，建设性后现代思想家强调以"积极的中庸"的态度去探求在现代与解构性后现代之间的"第三种可能"，这也正是思考建设性后现代教育治理的基本原则。

建设性后现代作为后现代思想的一种，首先表达了对现代性的批判。在建设性后现代思想家看来，现代教育管理中"科学化、民主化、法治化"的追求并非完美无缺的，这种追求本身更不能成为"不证自明"的"元叙事"。后现代思想家认为现代教育管理所追求的科学是一种"霸道科学"，[1] 现代教育管理中的民主存在"把民主简化为选票制度的""形式民主"的倾向，[2] 现代教育管理语境下讨论的"法治"是以"个人主义"和"极端的人类中心主义"为基础的"理性法"。[3] 按照建设性后现代思想家的观点现代教育管理所追求的"科学、民主、法治"是"第一次启蒙"的思想遗产，建设性后现代教育管理应当超越现代教育管理中"第一次启蒙的追求"去寻求以"第二次启蒙"精神为基础的教育管理的新的发展可能。

并且从现实情况来看，以科层制为核心的教育管理模式的危害正在逐渐显现，就实际情况看，随着组织规模的扩大，科层制的层级结构日渐复杂，在很多情境下科层制的管理模式不仅没有带来现代管理学家所承诺的高效，反而使组织成员日渐陷入在繁杂的审批程序中，以至于对一些管理人员来说"我们在这儿就是写报告和传递那些堆积如山的无用文件，"而产品本身则"只是一种副产品"。[4] 同时随着信息化时代的来临，复杂化的层级也延缓了组织之间信息传递的速度与适应外界变化的速度，以及过于复杂的层级会造成组织中"了解组织情况的人掌握不了组织的决定权，掌握决定权的人不能了解组织的真

---

[1]　王治河、樊美筠：《第二次启蒙》，北京大学出版社 2011 年版，第 293 页。
[2]　王治河、樊美筠：《第二次启蒙》，北京大学出版社 2011 年版，第 250 页。
[3]　王治河、樊美筠：《第二次启蒙》，北京大学出版社 2011 年版，第 362—374 页。
[4]　［法］米歇尔·克罗齐埃：《科层现象》，刘汉全译，上海人民出版社 2002 年版，第 51 页。

实情况"①的尴尬处境。社会学家莫顿更是直言,当代科层制出现了"组织臃肿""与公众对立""行为的僵化"和"对新环境的反应迟钝"等一系列"功能障碍",而这种"功能障碍"单凭理性自身的功能已经无法解决。②这些仅是科层制存在的部分弊端,无论如何已经说明在现代社会中科层制的管理模式的弊端已经开始显现。正如本书反复强调的,建设性后现代思想以避免西方现代化的弊端为重要追求,因而从实际状况来讲,建设性后现代教育管理也必须超越现代教育管理的基本模式,尤其是科层制的模式。

尽管建设性后现代教育管理要求超越现代教育管理的基本理念、基本模式,但建设性后现代思想家并不完全同意解构性后现代对待现代教育管理的态度。按照建设性后现代思想家的观点,解构性后现代理论对现代性的弊端做出了深刻、敏锐的批判,这种批判非常具有借鉴性,能够帮助我们更好地认识、理解现代性存在的问题,为实现对现代性的"负向超越"提供有益借鉴。③同时也承认解构性后现代思想家提出的拒斥宏大叙事、消解元叙事的理念以及对教育管理理论运动的解构性反思,客观性地促成了"大家都以一种相互理解和尊重的态度对待分歧,在求同存异的宽容理性下,研究者的理论视野也将逐渐开阔。"④从建设性后现代思想角度看,解构性后现代对现代教育管理的批判有值得借鉴之处,但其对现代性过于激进的否定态度却并不合理。在建设性后现代思想家看来,解构性后现代思想家过于重视消解、怀疑、批判,以至于"后现代的怀疑主义连自己也不放过,这样,脚下最后一块赖以立足之地也被怀疑的大浪冲塌了。遁入悲观主义的大海便成了最后的选择。"⑤而解构性后现代所提倡的"反基础""去中心"的治理更是难以适应当代中国的

---

① [法]米歇尔·克罗齐埃:《科层现象》,刘汉全译,上海人民出版社2002年版,第51页。
② 李培林:《生活和文本中的社会学》,生活·读书·新知三联书店2013年版,第7页。
③ 喻聪舟、温恒福:《中国教育现代化的融合式发展研究》,《中国教育学刊》2018年第6期。
④ 程晋宽:《西方教育管理理论新视野——一种批判的后现代视角》,教育科学出版社2012年版,第262页。
⑤ 王治河、樊美筠:《第二次启蒙》,北京大学出版社2011年版,第29页。

实际，因此建设性后现代教育管理需要吸纳解构性后现代对现代管理弊端的敏锐批判，但不能因此完全摒弃现代教育管理的基本追求、基本模式，更不能因而完全地陷入无政府、去管理的泥潭。

建设性后现代管理要求超越现代教育管理的基本追求、基本模式中的弊端，同时还要求对现代教育管理中的合理因素予以保留。因而建设性后现代思想家在批判、反省"第一次启蒙"中"科学、民主、法治"理念存在的问题的同时，并没有激进地要完全地解构"科学、民主、法治"等理念，而是倡导以"厚道科学""道义民主""有情法"等"第二次启蒙"的理念推动现代教育管理的"转型升级"。并且以更加温和的态度对待现代理性，倡导通过"有边界的理性""审慎的理性"[①]"将理性去中心化而非放弃理性，从而将理性与激情、爱、希望和直觉并举。"

因而建设性后现代教育管理既要继承现代教育管理中的有益因素，也要借鉴解构性后现代对现代管理的批判，通过有机融合两者优点来探寻教育管理发展的"第三种可能"，即"建设性后现代维度"的可能。

第四节 实现建设性后现代教育治理的基本路径

在分析了建设性教育管理的基本原则之后，需要进一步结合新时代中国的实际国情与教育管理的具体问题进一步思考实现建设性后现代教育治理的基本路径，从而使建设性后现代的教育治理理念真正落地。

一 有中心的开放网状治理结构

就教育治理的结构而言，如上文，现代教育管理与解构性后现代思想给出了不同的看法。现代教育管理认为教育治理应当呈现为自上而下的、等级森严的科层管理体系，而解构性后现代思想家则出于消解权力的"规训"的追求，提倡一种反基础、非中心的网状"茎块"式的治理结构。如前文所述，当代教育管理中科层制的"功能障碍"已经开始有所显现，超越这种"枝干型"的治理结构是实现当代中国教育治理的善

---

① 喻聪舟、温恒福：《融合式教育现代化——新时代中国特色社会主义教育现代化的新趋势》，《教育学报》2018年第1期。

治亟待解决的问题,但按照建设性后现代的观点,解决的出路并不在于完全解构治理体系的"中心",彻底消解教育治理中的层级性结构,使教育治理结构彻底的网状化。

按照俞可平教授的观点,"治理与统治最基本的,甚至可以说是本质性的区别就是,治理虽然需要权威,但这个权威并非一定是政府机关。"[1] 治理是需要权威的,问题仅在于如何理解新时代中国治理结构中的权威、中心问题,借助建设性后现代思想对这一问题进行思考,能够为解决这一问题提供有益借鉴。

就对层级式管理的超越而言,其一,正如前文所谈到的,建设性后现代思想家倡导一种"谦逊的终极事实",正如怀特海所强调的,"关于终极性陈述即使对其确定性有丝毫武断式的确信,都是一种愚蠢的表现",[2] 因此教育治理如果由绝对不变的中心来把握就难免犯错。同时按照建设性后现代的观点,整个世界存在的本真状态就并非实体性的,整个世界处在相互联系、相互生成的状态之中,因而理解教育治理的结构也应当呈现为一种相互联系的扁平化的网状结构。其二,现代教育管理的另一个问题在于科层体制存在严重的封闭性,因而难以迅速适应外部环境的变化,而在"信息—生态"文明时代教育的外部环境日新月异,难以迅速进行自我更新的教育管理体制难以适应时代的要求。热力学第二定律更是指出在封闭的系统中系统的熵会无限增大,最终会使系统不可避免地走向消亡,因而为了保持组织的活力,教育组织也应当成为一个不断开放的系统。因此从超越现代教育管理结构上看,后现代所提倡的开放的网状结构是具有积极意义的。

从这一观点出发,应当加强教育系统的联系性,既要增强教育系统内部的联系性,加强教育组织之间的沟通,促进教育组织之间的信息交互、资源共享,还要加强教育系统与其他外部系统之间的沟通交流,既要使教育系统对外部系统的信息保持通畅,适应时代的需要与政治、经济、文化等其他社会子系统携手并进,还要加强教育与其他子系统的互

---

[1] 俞可平:《治理和善治:一种新的政治分析框架》,《南京社会科学》2001年第9期。
[2] [英]怀特海:《过程与实在——宇宙论研究》,杨富斌译,中国人民大学出版社2013年版,第5页。

动，以调动更多的积极因素获取更多的发展资源，同时也发挥教育的优先引领作用，推动社会的整体发展。从而不断增进教育系统的开放性，使教育系统的结构真正成为边界不断开放、要素相互关联的生成性网状结构。

但在建设性后现代思想家看来，解构性后现代所倡导的"去中心"过于激进，并不能促进教育治理的善治。应当清醒地认识到过于强调"祛除中心""消解本质""解构标准""反对基础"会使教育理论建构过程中面临"无标准的选择""无本质的意义""无中心的体系"的困境。[1] 就中国当代教育的实际情况而言，教育治理结构中完全的消解中心会造成教育治理"怎么都行""没有对错"的混乱局面，使教育改革陷入方向性迷茫；造成各方面声音混杂难以达成一致，使达成教育共识的成本过高；造成教育的发展陷入概念的丛林，使教育实践者面对众多的理论、概念感到迷茫，甚至不知所云。因此新时代中国的教育治理首先强调教育治理结构中存在中心的同时，也应当关注各要素间的"对他者开放"。其次，就治理结构的中心而言，既要反对现代性的绝对中心论，也要反对解构性后现代的消解中心论。应当用建设性后现代的"过程性"的观点去理解教育治理结构中的中心，即在承认教育治理中存在中心的前提下，认识到这一中心并非"一成不变"的，而应当以"具体问题具体分析"的原则，以"过程性的观点"基于具体的"时间—空间"尤其根据具体的教育治理的时间问题去动态地理解教育治理的"中心"，更重要的是要理解这一中心是在开放的网状结构中的中心，在这一结构中"中心"与"非中心"是相对，同时"中心"与"非中心"是内在联系、相互成就的，因此在动态理解"中心"的同时，还应该关注"中心"与"非中心"之间的沟通、对话。

教育治理中存在着动态的中心，意味着建设性后现代教育治理存在着中心，中心在具体治理问题中就会居于领导地位。因此建设性后现代教育治理并不将"领导""治理""管理"几个观念截然对立起来，认为追求"善治"就必须摒弃教育治理体系中"领导""管理"的因素。更

---

[1] 喻聪舟、温恒福：《融合式教育现代化——新时代中国特色社会主义教育现代化的新趋势》，《教育学报》2018年第1期。

不是像解构性后现代一样要求彻底的"去管理""去领导"化。而是强调在以"治理"为主要追求的前提下，基于"治理"的基本特点、基本理念以实现善治为整体目标，使"领导""管理""治理"的理念在中国的教育治理体系中有机融合。

第一，具体而言，中国建设性后现代教育治理应当强调全局意义上以党的领导为中心，"坚持党的领导、人民当家做主、依法治国有机统一"①的总体原则，基于建设性后现代的教育治理观，新时代教育治理首先应当强调党的中心地位，在教育治理中坚持党的全面领导。"国家治理体系是一个制度系统，包括政治、经济、社会、文化、生态各个领域"，②教育治理要定位在国家治理体系中进行整体规划，做好顶层设计，而任何个人、地方机构、教育组织都难以从整体视角立足国家治理体系的整体设计对教育治理做出规划。在教育整体规划的层面上，必须坚持党的领导，遵循党的教育方针，按照党和国家做出的整体规划进行教育治理。党的十九届三中全会强调要"确保党在各种组织中发挥领导作用"，③"教育领导是指明教育方向，提出教育愿景，确定目标，选人用人，影响人趋向愿景、实现目标，使人取得更好业绩、获得更好发展和回报的活动"④，因此确保党在教育组织中的领导作用就是确保党在"指明方向、提出愿景、确定目标、选人用人"等方面的中心作用，尤其是在教育治理中的重大领导问题上要坚持以党的领导为中心，在教育领域"把方向、谋大局、定政策、促改革"⑤的方面确保党的领导的中心指导地位。并且通过完善教育治理体系中从政府到学校到班级各个层级的党组织建设，从而真正实现党的全面性、全局性领导。

第二，在坚持党的领导整体性、全局性的中心地位的同时，也应当

---

① 《中共中央关于坚持和完善中国特色社会主义制度　推进国家治理体系和治理能力现代化若干重大问题的决定》，人民出版社2019年版，第5页。

② 俞可平：《走向善治：国家治理现代化的中国方案》，中国文史出版社2016年版，第4页。

③ 《中共中央关于坚持和完善中国特色社会主义制度　推进国家治理体系和治理能力现代化若干重大问题的决定》，人民出版社2019年版，第7页。

④ 温恒福：《教育领导学》，中国人民大学出版社2011年版，第7页。

⑤ 《中共中央关于坚持和完善中国特色社会主义制度　推进国家治理体系和治理能力现代化若干重大问题的决定》，人民出版社2019年版，第8页。

尊重教育的逻辑，有限度地放宽学校办学自主权。

一方面，正如褚宏启教授所言"教育治理有其自身特性"，① 而教育治理自身的特点很大程度上源于教育有着不同于其他社会系统的自身逻辑，比如要尊重人的身心特点、要依照学科逻辑进行教学关注教育中的"必要性优先原则"，尊重教育自身的逻辑对实现教育的"善治"具有重要意义。学者在讨论社会治理问题强调实现善治的关键在于促进政府与市场的均衡，而具体到教育问题中就应当变成政府与教育自身逻辑的均衡。在教育的"方向、大局、政策、改革"方面无疑应当以党的领导为中心，而在具体的课堂教学、如何促进学生的发展的问题上，应当更加尊重教育的逻辑，按教育规律办事，即在党的教育方针对培养什么人的整体定位下，按照教育规律落实如何培养人的问题，只有这样才能更好地实现党的教育方针促进学生的全面发展。

另一方面，黑格尔认为西方社会权力结构中"最高层是政权，中层是行政管理机构，基层是世俗社会"，② 在当前中国教育治理中存在着从政府层面上中央到地方的政策治理，学校内部从校长、教导主任到教师的学校行政治理，班级中又存在着具体教师与学生之间的班级治理。其中党的领导居于最高层次，教育自身的治理逻辑居于基层，从党的领导到基于教育逻辑的治理体现的是从培训什么人的顶层设计到怎样培养人的具体落实，而学校的行政权力居于二者之间，起到中介作用。也就是说，学校的行政权力存在的合法性根基在于其能够起到在怎样培养人的教育逻辑与培养什么人的党的领导之间的双向调节作用，这也意味着学校中从校长到教师的现代科层制管理体系依然有存在的合理性。其一，学校层级性行政体系应当促进党的教育方针在具体教育教学中展开，在具体指导、安排、规划日常教育教学过程中，应当对学校管理体系适当的放权，在与党的领导保持一致的前提下，适当扩大学校在办学方面的自主权，使学校能够对党的教育方针在教育教学中的具体落实起到应有的作用。其二，学校行政存在的意义在于促进"怎样培养人"的工作的展开，学校真正的核心意义在于教育教学而不是行政工作，需牢记行政

---

① 褚宏启：《教育治理：以共治求善治》，《教育研究》2014 年第 10 期。
② 李培林：《生活和文本中的社会学》，生活·读书·新知三联书店 2013 年版，第 4 页。

管理的初衷是更好地为了实现教育的"善治",即更好地为育人为实现学生的全面发展、培养社会主义的建设者和接班人服务,而不是相反。[①] 因此学校行政管理在扩大办学自主权,不断增加自身权力的同时,也应当做好对教育教学的放权,应当主要通过划定底线指标与物质、荣誉激励等间接方式参与教学事物的管理,尽量避免以行政强制的方式管理学术事物,减少学校行政对具体教育教学工作的过多干涉,不能使过多的行政工作干扰日常的教学秩序,使行政人员权力过度膨胀到学校日常的教学工作中。

二 积极应对教育中的"美丽风险"

按照西蒙的观点,现代管理其实质是"存在着目标状态 S1 和一个当前状态 S0,并且有各种方式从 S0 到达 S1,于是解决问题的方式就是定义好 S0 和 S1 并选择最好的方式来减少 S0 和 S1 之间的差距"。[②] 因而现代教育管理强调管理对既定目标的忠实执行,管理的结果以既定目标的达成为最佳。然而建设性后现代教育治理却认为这种强调一成不变的教育治理理念扼杀了教育中的"美丽风险",限制了教育创新的可能性。

恩格斯曾言"随着自然科学领域中每一个划时代的发现,唯物主义也必然要改变自己的形式"。[③] 即自然科学的重大突破往往会相应带来整个人类思想领域的更新,每当科学领域做出新的突破,其结果往往激起"各个学科响起回音终于汇成时代观念的大潮。"[④] 20 世纪科学领域的突破对人类观念带来的重大影响是使不确定性受到广泛接受,使偶然性成为各个学科关注的重点。相对论使人们认识到了物体运动带来的物体自身时空的相对性。而量子力学中不确定性原理进一步提示我们,即使不考虑运动所带来的相对性,同一物体自身的时间与位置也不能同时准确测得,量子力学的"态叠加原理"衍生出的"方生方死"的"薛定谔的

[①] 喻聪舟:《面向 2035 的高等教育治理现代化——新时代我国高等教育治理现代化的审思》,《当代教育论坛》2018 年第 5 期。

[②] [美]赫伯特·A. 西蒙:《管理决策新科学》,李柱流、杨俊澄等译,中国社会科学出版社 1982 年版,第 37 页。

[③] 《马克思恩格斯文集》第 4 卷,人民出版社 2009 年版,第 281 页。

[④] 李培林:《整体观时代的到来——巴黎读书札记》,《读书》1989 年第 6 期。

猫"的问题，更是引起了学界的广泛争论。而以耗散论、协同论、突变论为代表的"复杂性科学"更进一步地强调了混沌、不确定的重要意义。按照传统大数定律的观点，在大量重复的随机事件中，事物出现的频率将无限接近于它的期望值，微小的误差造成的影响可以忽略不计。而在复杂科学看来，微小的扰动在"长程关联"中对事物的结果具有重大影响，"系统中所产生的某个微小的涨落，经过放大的作用，在比较遥远的时间和空间范围内，最终能够成为决定系统命运的基本力量。"① 按照这种观点，在世界复杂生成、演化过程中，任何一个微小的变化都将有可能给系统带来不可预测的影响，在复杂性科学/新科学的世界观中世界的不确定性进一步得到强调。

复杂性科学的重要影响使对不确定的重视更加得到加强，"不确定性""复杂性""高风险扰动""系统失败"成为受到学界关注的热点。"结构主义""现象学""存在主义"等哲学思潮无不给偶然性留下了重要的位置。

建设性后现代思想更是与复杂性科学有着紧密的联系。一方面，复杂性科学家与建设性后现代思想家之间有着一定的联系。贝塔朗菲的有机系统观与有机哲学具有一致性，普利高津更是承认怀特海的思想对他的耗散理论具有重要影响。另一方面，苗东升教授认为复杂性科学是立足"信息—生态文明"的科学。② 从研究内容看，信息论、控制论是与信息化相关的科学，系统论、涌现论是与信息学、生态学相关的科学。从研究团体看，复杂性科学的研究者贝塔朗菲、圣菲研究所、罗尔斯顿等研究者是生态学的专家。建设性后现代思想家强调立足"信息—生态文明"引领教育的发展，因此建设性后现代教育治理应当合理借鉴复杂性科学的理论启发。因而建设性后现代治理要求超越僵化、固定的现代管理观念，为教育中的偶然留有余地，推崇教育治理的冒险精神，增强管理者应对风险的能力，积极应对教育中的美丽风险。

首先，建设性后现代思想家非常重视冒险精神，甚至将冒险视为一种情怀，按照建设性后现代思想家的观点，"要提高和保持文明，冒险是

---

① 乔瑞金：《非线性科学思维的后现代诠释》，山西科学技术出版社2003年版，第4页。
② 苗东升：《复杂性科学研究》，中国书籍出版社2012年版，第10页。

很重要的"。① 怀特海甚至称"未来的作用就在于有危险，而科学的好处就在于能使未来具有危险"②，不断给未来带来挑战才是科学最大的价值。因而按照建设性后现代思想家的观点，冒险对实现教育治理的"善治"是必不可少的，按照这种观点，审思教育治理问题也应当带有一定的"冒险情怀"，教育治理绝不能因取得一些成绩就夜郎自大、故步自封，认为某种治理模式在一定时期内取得成果就将这一治理模式当成"真理"，更不能安于现状满足于一定的稳定的"秩序"的达成。按照建设性后现代思想，教育治理当然应当追求和谐的秩序，但应当以过程性的观点去理解这一过程。怀特海在讨论作为文明形态的"美"时谈到，"对美的追求应当关注达到和谐"，但并不能满足于对和谐的追求，"更高级的不和谐比低级的和谐更有价值"。因此文明的进步应当追求和谐，但也应当通过不断地冒险去突破已经达成的和谐，从而追求更高级的和谐。因而建设性后现代治理追求的不是固定目标的达成，更不是某种"稳定"的和谐秩序，教育治理过程应当是"稳定—不稳定—新的稳定""秩序—混沌—新的秩序""和谐—不谐—更高级的和谐"螺旋上升的过程。并且应当树立远大的组织愿景来引导教育治理的冒险，缺乏长远目标的引导会使冒险陷入迷茫。目标太过容易实现，缺乏"理想性"目标作为引导，文明的冒险就会失去动力、故步自封。③ 因此过程哲学强调树立远大理想作为文明发展方向的指引，从而使"这种历险不断进步，永无止境。然而，这种历险即使部分地取得成功，也具有重要意义"④。

其次，增强教育管理者应对风险的能力。"在吉登斯看来，生活在高度现代性世界里，便是生活在一种机遇与风险的世界中。"⑤ 当代社会中风险是不可避免的，随着信息时代的来临尤其如此。其很大原因在于随着科学技术发展的复杂化、专业化，使人类全方位的了解各种科学日益成为不可能。尤其是现代社会充满吉登斯所言的"专家系统"，使人类通

---

① [英] A. N. 怀特海：《观念的冒险》，周邦宪译，译林出版社2012年版，第31页。
② [英] A. N. 怀特海：《科学与近代世界》，何钦译，商务印书馆2012年版，第228页。
③ 喻聪舟、刘锦诺：《"一带一路"倡议的过程哲学审视》，《唐都学刊》2019年第1期。
④ [英] 怀特海：《过程与实在——宇宙论研究》，杨富斌译，中国人民大学出版社2013年版，第11页。
⑤ 杨雪冬：《风险社会理论述评》，《国家行政学院学报》2005年第1期。

过"专家系统"的帮助能够在不了解专业技术的情况下享受便利。比如出门乘车时我们并不需要了解汽车驾驶、交通符号等复杂的专家系统知识就可以直接享受乘车的便利。但由于科学的飞速发展"没有任何一种专家系统能够称为全能的专家",① 因此风险在社会中不可避免地存在着。同时信息化社会的来临,各种先进的技术在给人们带来极大的便利的同时也给人们应对风险的能力带来更大的挑战。比如在智能手机出现之前,手机突然的损坏或丢失对个体而言仅仅意味着与外界联系的便利性暂时受到一定影响,而随着手机功能越来越强大,手机突然的损坏、丢失将使我们支付、社交、学习、娱乐方方面面的生活受到影响,因此同样是面对手机损坏或丢失的问题,信息化社会给我们带来的挑战更大。在教育中同样如此,面对学校突然的停电或是信息化社会出现问题,传统教育中主要依靠板书进行教学的老师可能能够从容应对,而习惯了运用 PPT 乃至"雨课堂""VR""AR"技术的教师可能就会面对更大的挑战。因此应当加强教育治理应对风险的能力,加强风险意识、做好风险防范,更重要的还是要提高教育系统中的人的素质,尤其是提高教育管理者与教师应对教育中风险的能力。

最后,要积极对待教育中的"美丽风险"。教育治理不仅要不断冒险突破自身,更要以积极的态度认识、理解教育中的不确定性,并利用好教育中的"美丽风险"促成教育治理的创新。正如格特·比斯塔所言,"在教育中风险总会存在,是因为教育不是机器人之间的互动,而是人与人之间的相遇。"② 从某种意义上讲,教育治理中风险的不可避免就在于教育治理中的主体是活生生的人,任何活生生的人都要受到情感、身体的驱动、都有"非理性"的一面,也因此不可避免地会犯错误。如果一味地强调去除教育中犯错误的可能,也就是将教育中的人"机器人化"了。正因此比斯塔告诉我们"教育中输入输出之间永远不会有完美配合的事实","而这正是教育之所以可能的条件"。③ "如果我们除去教育风

---

① [英]吉登斯:《现代性的后果》,田禾译,译林出版社 2000 年版,第 109 页。
② [荷]格特·比斯塔:《教育的美丽风险》,赵康译,北京师范大学出版社 2018 年版,第 1 页。
③ [荷]格特·比斯塔:《教育的美丽风险》,赵康译,北京师范大学出版社 2018 年版,第 18 页。

险，那也就意味着我们真有机会去除整个教育了"。① 因此面对教育中的不确定性、风险的不可避免，应当以积极的态度对待教育的"美丽风险"。第一，这意味着应当以一种宽容的态度对待教育中的"美丽风险"。要宽容对待教育中的"风险""错误""不确定"，并不意味着要放弃教育治理对错误的避免。教育治理当然要尽力避免风险的发生，尤其是要尽力戒除低级的、常识性的错误，同时也要尽力避免会给学生带来不良影响的风险。同时并不因为错误的发生而彻底否定教育的意义。教育治理最终目标应落实到对学生的培养上，因而对教育风险的宽容最终应当落实为对教育中的学生的宽容，不应以学生完全的规训为教育治理的最终追求，也不应将培养"听话"的孩子作为教育的理想，学生是有血有肉的鲜活个体，不能把完全不可犯错的"好学生"作为管理学生的目标。② 第二，积极地对待教育中的"美丽风险"更在于利用好教育中风险带来的契机。一方面，做好风险解决后的反思机制，利用好风险的教育意义，使管理者通过经验总结获得成长。另一方面，正如海德格尔所言，"危机存在之处，拯救也在生长"，教育治理中的"风险""意外"也是其"拯救"的契机，教育治理应积极地对待教育中"偶然""扰动""涨落"产生的突发事件，将之视为丰富教育发展的可能机遇，创造性地利用好随机出现的风险带来教育治理的创新。

三 追求可持续性的教育治理效能

正如坎贝尔所指出的，现代教育管理追求的是一种"效率的幽灵"，③从建设性后现代的观点看这种追求一方面过于关注教育目的标实现程度，忽略了对管理目标合理性的反思，是一种工具理性过盛价值理性被忽视的表现；另一方面过于关注投入与产出之间的数值性比率，忽视了教育过程的可持续性，是一种典型的工业化思维。以"积极的中庸"的方式

---

① [荷]格特·比斯塔：《教育的美丽风险》，赵康译，北京师范大学出版社2018年版，第1页。
② 喻聪舟、温恒福：《融合式教育治理现代化——新时代中国特色教育治理现代化的新趋势》，《现代教育管理》2019年第7期。
③ [美]坎贝尔：《现代美国教育管理》，袁锐锷译，广州高等教育出版社1991年版，第56页。

超越教育管理"效率的幽灵"关键在于将对教育治理目标合理性以及过程的可持续性的关注纳入到对教育治理的考虑中来，并且继承现代教育管理对效率的关注，这要求从对治理的效率的关注转向对治理的可持续效能的关注。同时，党的十九届三中全会报告中强调要"把我国制度优势更好转化为国家治理效能"，[1] 关注治理效能也是新时代教育治理的重要问题。因而从建设性后现代角度来考虑如何理解教育效能以及怎样促进教育效能的提升是建设性后现代教育治理的重要问题。

考虑教育效能问题首先应阐明基于建设性后现代的视角如何理解教育效能问题，效能是与效率、效果、效益、质量有着紧密联系但也有着重要区别的概念。在效率、效果、效益和质量等概念早已存在，边界清晰内涵比较明确，并被广泛接受的背景下，之所以还要进一步研究效能问题，就是因为效能具有这些概念都不具备的特殊品质。这个特殊的品质即"合目的有效性整体，或称之为合目的的整体有效性，表现为合目的有效性程度、广度和持久度"。"合目的有效性"是指在实现预设目的过程中取得符合目的要求的可感可见可测的实际效果；"合目的的有效性程度"是指符合目的的实际效果的水平，整体水平越高效能越高；"合目的有效性广度"是指合目的有效性的多面性与全面性，不仅要提高学业发展水平，还要保证学生的健康与幸福、培育高效能积极人格，促进德智体美劳全面发展，不仅要达成促进学生成长与教师发展等内部需求，也要满足家长、社会、国家的需求与期待；"合目的有效性的持久度"是指合目的有效性是可以持久保持的，既要重视今天的成绩与感受，也要满足未来的要求，为未来的发展打下应有的知识、方法、能力与人格基础，要保障学生和教师身心健康与学校持续地蓬勃发展，这三者构成的有机整体才是效能的真实反映。对学校效能从研究开始重视内部效能，到强调外部效能，再到追求未来效能的历史的发展脉络[2]也证明了只有这三个方面都能得到提升，才是真正的高效能教育。据此，效能可以界定为主体全面有效地实现目的，保障自身健康，及其可持续发展的能量与

---

[1] 《中共中央关于坚持和完善中国特色社会主义制度 推进国家治理体系和治理能力现代化若干重大的决定》，人民出版社2019年版，第5页。

[2] 郑燕祥：《教育范式转变：效能保证》，上海教育出版社2007年版，第15—40页。

能力。教育效能是教育主体全面有效实现教育目的，保障师生健康幸福与可持续发展的能量与能力。学校效能是学校全面有效地达成教育工作目标，保障学生、教师健康幸福，与学校一起可持续发展的能量与能力。教师的教育效能是教师全面有效地完成教书育人任务，促进学生和自身健康幸福与可持续发展的能量与能力。任何一项教学活动的效能都可以界定为教师和学生全面有效实现教学目标，保障自身健康幸福与可持续发展的能量。例如，课堂教学效能就是教师和学生一起全面有效地完成教书育人目标，保障学生和教师身心健康幸福与可持续发展的能量。

效率是指单位时间完成的工作量，或者是产出与投入之比，高效率就是快和省，其有效性表现为速度快节省时间、精力、财产、经费投入等；质量是满足需求的程度，高质量就是品质好，其有效性表现为让客户满意；效果是行动后的结果与影响，其有效性表现为可见可感可测的业绩与各种影响；效益是活动发挥的积极作用，其有效性表现为给客体带来了一定的好处。而高效能不仅是节省时间、精力与经济投入，行动快，还要保证品质，有高质量；还要合目的，对利益相关人都有高效益；并且，不是某一次偶然行动如此，或者毕其功于一役的行为才能达到这样的程度，而是能够持续不断地高效率、高质量、相关人员同时获得高效益。也就是说效能是比效率、质量、效果和效益都更加全面更加科学的表达人类活动合目的有效性的概念。据此，教育效能也可以理解为教育主体在教育活动中展示出来的教育效率、教育质量、教育效益、师生身心健康与可持续发展水平提高等积极作用的整体能量。如果把合目的简称为"对"，把教育效率简化为"快"和"省"，把教育质量简化为"好"，把"师生健康幸福""人格培养"等"教育质量"没有包括进来的教育效益作为"合目的有效性的广度"的内容，简称为"全"，把"师生和学校可持续性发展"等简化为"久"，那么，高效能教育就是既对又快、既好又省、既全又久地实现教育目的的活动。如果进一步抽象提炼，把"全"和"久"概括为"强"，那么从建设性后现代角度看，高效能教育可以简要地理解为既快又好又强的教育。对于学校和教育教学组织与活动来讲，教育效能就是教育主体生成和创造教育效率、教育质量、教育组织与活动的能动性与稳定性、师生健康程度和持续发展水平的内在品质的有机融合而成的整体能量；高效能学校就是教育效率、教育质量、师生健康幸福程度与师生和学校可持续发展的整体水平高的学校，高效能教师就是能够既对又快、既省又好、既全又久地完成教育任务，实现教书育人目的的教师。最简要地还可以说，能够既"快"又"好"又"强"地开展教育的教师就是高效能的教师。这一个"强"凸显了教育效能的本质特征，也是教育效能超越教育效率与教育质量的必然所在，更与建设教育强国具有内在的本质上的一致性。

效能就像是天气，是个抽象的人造概念，温度、湿度、风级、风向、火险等级等都是反映天气的指标，而不是天气。效率、质量、效果、效益、自身健康与幸福感、可持续发展程度等都是反映和衡量效能的指标，但都不是效能本身，效能是这些要素融合生成的整体涌现性的内在依据。教育效率、教育质量、教育的其他有效作用、教师和学生的健康与幸福感、教师和学生以及学校的持续发展水平等都可以作为评价教育效能的可见可感可测量的指标，但都不是教育效能本身。高效能教育就是教育主体高效率、高质量地完成教育任务，全面实现办学目的，并保障师生健康幸福与持续发展的教育活动。

如果说，追求效率与质量是工业文明的内在要求，那么，这种对教育效能的理解则是信息—生态文明建设的必然要求。在人类知识与经验成几何级数快速增长，教育成为知识经济火车头与现代文明进步先锋队，人才成为第一资源，人的健康幸福和持续发展已经成为生存与发展的重要价值追求，建设教育强国已成为民族复兴与人民幸福重要支撑的当代中国，教育仍然还留在效率与质量的追求上面明显不够了，应该尽快地牢固地树立起教育效能理念，以每天每所学校每一个班级的高效能教育促进新时代教育的改革与发展，高效能地实现教育强国梦想。

高效能的教育效能改进需要从教育效能的特点出发，依据教育效能的核心特征，以"整体结构优化方法论"为指导，从生态、目标、结构、过程、特色和整体涌现等方面制定方案，并实施改进。

第一，以提升"合目的整体有效性"为核心的整体结构优化方法论。首先，教育效能改进是以提高教育效能为目标的教育改革与创新，需要紧盯教育效能的本质，始终以提高教育活动的"合目的的整体有效性"为核心，开展各种教育系统的结构优化，以增进教育系统整体的教育能量。其次，要坚持聚焦整体有效性、具有针对性和可行性、相容性和有重点的优化重构准则。再次，要坚持有利于教育系统整体功能最大化原则，充分发挥各要素与相互作用的功能与作用。也就是要聚焦"合目的整体有效性的程度、广度和持久度"这一效能的本质，统筹兼顾时间、空间、设备等资源与学生、教师与组织领导的能力，以及其他各方面因素，设计和选择各个要素的水平、各种相互作用关系的状态，以及整体结构，只要能达到合目的整体功能最大化的结构就是最佳结构。最后，教育主体要始终坚持理性反思、持续改进和日臻完善。任何教育效能改进都是一个在不断获得反馈信息过程中的持续反思与改进的自生成过程，教师和学生的反思精神与反思能力，以及不断总结提炼、改进完善的能力是教育效能改进能否取得最后成功的后期考验。

第二，在提高素质的基础上，完善人格，优化教育目标。教育的根本目的是立德树人、教书育人，是帮助学生在遗传的基础上，成长为最好的自己，成为德智体美劳全面发展的社会主义建设者与接班人，拥有幸福的人生。为了实现这样的教育目的，需要在加强各类素质培养的基础上，将各类素质进一步优化成充满正能量的积极人格，以高效能积极人格为民族复兴与学生的终身幸福提供人格保障[①]。

第三，做好教育保健，优化教育教学生态。教育效能是一所学校的生命力，增进学校教育效能一方面需要增加营养，保障学校自身的健康与强壮，需要更多更先进的教育设备、场地和网络平台，需要更多的高水平的教师，需要进一步提高教师的社会地位和报酬。另一方面需要有良好的生态环境，其核心是坚定不移地贯彻执行党中央提出的教育优先发展战略，为教育教学提供需要的帮助。

第四，优化师生关系，创建师生高效能教学共同体。师生关系是最重要的教育关系，对教育效能的影响力最大。素质与人格都是不能给予和传授的，都需要学生自己在历练中慢慢生成，而让学生学习什么知识、经历怎样的历练基本上是由教师决定的，所以，过于强调一方而忽视另一方都是不科学的，历史的经验早已证明传统的过于强调教师作用"教师中心"和进步主义放任学生的"学生中心"都不能取得高效能的发展，

---

① 温恒福：《为民族复兴和人民幸福提供人格保障》，《中国教育报》2017年12月14日第6版。

不能在二者间非此即彼地浪费时间与精力，要超越这种走极端的二元对立思维方式，努力寻求在各尽其责的协作中创建高效能教学共同体。

第五，学习先进，科学增效，创造性艺术性地优化教育教学方法。高效能教育既需要科学设计，也需要艺术化操作；既要跟上时代步伐积极学习应用世界上的先进教育经验和教育教学规律，科学增效，也要具体问题具体分析富有针对性地提高各种方式方法与手段的整合与融合艺术。

第六，创造更先进的富有中国特色与时代风格的教育文明。追求高效能教育是超越工业时代的效率文明和质量文明，建设信息与生态教育文明的具体体现与要求，是保证中国教育既对又快、既好又省、既全又久地实现教育目的，建设教育强国的有效措施。需要站在创造更先进的富有中国特色与时代风格的现代教育文明的高度来认识和推进教育效能的改进。要在继承优秀教育传统的基础上，进一步解放思想，充分开发与利用现代科学技术的教育价值，以信息与生态文明建设为引领，积极推进教育系统整体结构的优化与重构，以更积极的态度、更高的境界、更大气魄、更科学高效的行动与更坚定的意志，创造性地推进中国的教育效能研究与教育效能改进事业。

四 实现治理方式从征服到说服的转变

建设性后现代思想家认为"世界——即具有文明制度的世界——的创立，是说服对征服的胜利。"[①] 从这一观点出发，建设性后现代思想家倡导采取说服、沟通的方式而非零和博弈式的竞争来实现对善治的追求。

正如怀特海所言，"整个观念的历史主要由两种因素组成"，任何文明的演进都要"在征服与说服之间作一选择"。[②] 现代西方观念体系中非常重视"征服"的理念，这种征服的理念直接表现为西方现代世界对"竞争"的重视，并且这种重视深刻地渗透到了现代西方的政治、科学、经济等方方面面的理论之中。在政治学领域，霍布斯在《利维坦》中冷峻地指出，在自然状态下人与人之间处于相互战争、相互争夺的野蛮状

---

① ［英］A. N. 怀特海：《观念的冒险》，周邦宪译，译林出版社2012年版，第31页。
② ［英］A. N. 怀特海：《观念的冒险》，周邦宪译，译林出版社2012年版，第92页。

态。马尔萨斯在《人口原理》中悲观的预见,若听任地球人口呈几何级数式的增长,战争、饥荒、紧缺状态的出现将不可避免,直至"较强的人口增殖力,为贫困和罪恶所抑制"。① 在科学领域,达尔文的进化论学说影响了整个西方世界,而如恩格斯所言"达尔文的全部生存斗争学说,不过是把霍布斯一切人反对一切人的战争的学说和资产阶级经济学的竞争学说以及马尔萨斯的人口论从社会搬到生物界而已",② 进化论"物竞天择,适者生存"的核心理念,无疑是在强调物种之间优胜劣汰的"竞争"对物种进化的重要性。在经济学领域亚当·斯密意识到"只有在完全竞争成立时,市场机制的优点才能充分体现出来"③,经济的运行应当遵从市场规律这只"看不见的手"的引领,通过竞争实现资源的优化配置,因此在古典经济学理论中"完全竞争市场"一直代表着一种"理想状态"。上述都是西方文明推崇"竞争"理念的表现,因此怀特海曾言,在西方现代世界中"无论往什么地方望去,每一件事物的上面无一不写有'竞争'一词。"④

建设性后现代思想家看到了这种推崇竞争的文明的危机,并且对上述理念做出批判,怀特海强调"理智的世界已经在思考以自由竞争为基础的政治经济",并将马尔萨斯的人口理论称为"人口吞食有限世界资源的铁的法则",将达尔文的进化论称为"无情动物学法则",⑤ 并且认为这些"穷则图变的社会学理论实则是一大错"。"总体而言,这类争斗都是对文明的摧折,会造成什么结果,实难预料。"⑥ 基于此他进一步反问到"我们必须承认有斗争。但问题是:谁将被消灭。"⑦ 怀特海敏锐地意识到机体间"零和竞争"总会有输家产生,在"赢家通吃"的零和竞争模式下没有任何一方希望成为输家。基于此怀特海提倡应当超越现代文明对竞争的片面强调,以"说服"的理念替代"征服"的理念推进文明

---

① [英]马尔萨斯:《人口原理》,朱泱等译,商务印书馆1992年版,第55页。
② 《自然辩证法》,人民出版社1971年版,第284页。
③ [美]萨缪尔森:《经济学》,萧琛译,人民邮电出版社2008年版,第30—31页。
④ [美]A. N. 怀特海:《观念的冒险》,周邦宪译,译林出版社2012年版,第38页。
⑤ [美]A. N. 怀特海:《观念的冒险》,周邦宪译,译林出版社2012年版,第34页。
⑥ [美]A. N. 怀特海:《观念的冒险》,周邦宪译,译林出版社2012年版,第85页。
⑦ [美]A. N. 怀特海:《科学与近代世界》,何钦译,商务印书馆2012年版,第226页。

的发展。

因而按照建设性后现代思想家的观点,建设性后现代教育治理应当对教育治理中过度重视竞争的趋势有所警醒,在保持治理体系中机体间、要素间的适度竞争以激发各要素的活力的同时,更加注重通过说服的方式实现"善治"的追求。具体而言,应当使教育治理体系中的机体之间、要素之间相互间处于"我—你"关系而非"我—它"关系,使教育中的各机体组织、各治理要素之间处于平等、开放的对话关系之中。同时正如上文分析的那样,建设性后现代教育治理应当是治理、领导、管理并存的"融合式"治理,因此建设性后现代教育治理应当关注教育系统内部、外部中机体、要素之间的交往、沟通,重视教育系统内外部的关系、结构,通过教育治理体系中多方治理主体间、领导与被领导者之间、管理者与被管理者之间"交互式的、值得信赖的以及启发式的'对话'"来推动教育治理的发展。[1]

最后需要指出的是教育治理从征服到说服的转变其最终目标是要实现教育的"善治"。"善治""意味着教育领域公共利益最大化",[2] 而建设性后现代思想是一种"将人和所有生命的福祉作为首要的考量对象"[3]的思想,因而从建设性后现代观点看,"公共利益的最大化"即意味着人与自然共同福祉的实现。因此教育治理从征服到说服的转变应当以是否有利于共同福祉的实现为根本判别标准,教育治理中竞争与交往之间的"度"要以是否与实现共同福祉追求相一致来划分。

另外,当代社会共同体思想受到广泛推崇,习近平总书记指出当代社会"国际社会日益成为你中有我、我中有你的命运共同体",[4] 联合国教科文组织指出"鉴于可持续发展问题在相互依存日益加深的世界中备受关切,应将教育和知识视为全球共同利益。"[5] 共同体理念越来越成为

---

[1] 程晋宽:《西方教育管理理论新视野——一种批判的后现代视角》,教育科学出版社2012年版,第315页。

[2] 褚宏启:《教育治理:以共治求善治》,《教育研究》2014年第10期。

[3] 王治河、樊美筠:《第二次启蒙》,北京大学出版社2011年版,第4页。

[4] 习近平:《弘扬和平共处五项原则 建设合作共赢美好世界——在和平共处五项原则发表60周年纪念大会上的讲话》,《人民日报》2014年6月4日第1版。

[5] 联合国教科文组织:《反思教育:向"全球共同利益"的理念转变?》,教育科学出版社2017年版,第72页。

新时代的重要观念。而建设性后现代思想强调的"共同体思维"、对"共同福祉"的追求是以其内在联系的机体哲学观为基础的。从这个意义上讲，建设性后现代所倡导的共同福祉只有在个体认识到人类真正存在的方式是通过内在关联与他人共在，认识到"整个宇宙中的全部要素都是通过内在联系的方式而共生共荣的，任何要素的价值都通过他者而得到彰显、得到实现，任何要素都是与"我"紧密相连的"情况下才能更好地实现建设性后现代所提倡的共同福祉。[①] 因而这一共同福祉的实现不仅依靠为了共同体的治理，更需要为了共同体的教育，通过对教育治理体系中的个体进行教育，使他们真正认识到人与世界的内在联系，才能更好地实现教育治理中的善治。

---

① 喻聪舟、张淑婷:《刍议怀特海过程哲学的生态意蕴及其启示》,《科学技术哲学研究》2017年第3期。

结　语

以建设性后现代教育探寻实现中华民族伟大复兴的新可能

教育对社会发展具有"全局性、基础性、先导性"作用，因而新时代人民幸福、民族复兴的历史任务的实现离不开新时代教育的助力。建设性后现代教育作为现代教育与解构性后现代教育之间的"第三种可能"，为探索超越现代教育的弊端的同时避免解构性后现代教育的过分极端提出了一种可能的路径，对思考新时代中国教育发展提出了一种新的思路。

建设性后现代教育提倡应当借鉴建设性后现代思想提出的"倡导内在联系""重视对他者开放""提倡积极中庸"等基本方法、按照建设性后现代教育的基本追求立足新时代的时代先进性厘清新时代中国教育发展的基本思路。以"信息—生态"文明的理念引领中国教育的发展，立足"信息—生态"文明的时代特点定位中国教育发展的时代先进性，并将建设性后现代教育的基本理念、基本特征落实到具体的课程、教学观念之中去，从而真正地使建设性后现代教育观念落地，有助于推动中国教育的发展。

但同时建设性后现代教育理论也有需进一步完善之处，在文章的最后有必要简要地指出。首先，建设性后现代思想尽管与怀特海有机哲学一脉相承，以怀特海有机哲学为理论基础，但真正意义上理论的建构时间并不长久，其理论自身也在不断生成发展中。就理论发展的程度而言，有机哲学与建设性后现代理论自身尚有许多问题需要进一步明确，有许多问题尚待进一步解决。建设性后现代理论自身尚在不断完善、建设中，以建设性后现代思想为理论资源建构的建设性后现代教育必然应当对建设性后现代理论的发展保持必要的敏感性，并不断地更新、发展自身，因而建设性后现代教育理论是需要不断发展、完善的理论。

其次，作为一种当代西方先进的理论，建设性后现代思想对待现代性问题的态度值得借鉴，但具体的观点则需谨慎地加以鉴别，尤其对其话语的中国式转换务必谨慎，将其观点在中国的教育中落地则更需慎之又慎，从建设性后现代教育理论的初步建构到建设性后现代教育的真正落地尚有很长的路要求。

再次，建设性后现代理论存在"理想主义色彩有些浓厚，发展到极端，会有走向空想主义的危险"的问题。[①] 作为极富原创性的哲学家，怀特海建构了一套极具意义的有机哲学体系，这套哲学体系在与现代哲学划清界限的同时，又避免了陷入解构性后现代式的彻底的虚无主义与相对主义，因而作为一种超越现代性的方法论无疑有机哲学的方法是具有先进意义的。从存在论意义上而言，有机哲学的观点尽管提供了使人与自身、人与自然、人与他人能够更加和谐相处的观点，但过高的立意追求也使其具有过于理想化的色彩。比如按照过程哲学内在联系的观点，任何的"我"都是通过与整个宇宙的联系生成的，对自我的过度强调是"具体性误置谬误"的表现。从整个哲学史的角度看，这种观点无疑具有创新性，但就具体生活、具体教育情境而言，承认必要的实体性自我存在，是教育得以可能的根基，如果消解了实体性的自我，天地万物都是处于不可分割的共在，那么对单个学生的教育将没有意义。同样建设性后现代思想家非常反对学科之间的划分，强调不同学科之间的携手并进共同推进人类共同的福祉，因而与解构性后现代思想家主要集中于哲学的研究相比，建设性后现代思想家更重视全领域携手并进，对文化、政治、社会、经济问题都有所涉猎，还对神学与科学问题非常关注。然而多领域的并进也影响了建设性后现代理论在一些领域的深刻性。比如建设性后现代思想家在《后现代科学》一书中对自然科学问题的探讨还主要是从科学哲学层面的探讨，更多在使用的是哲学范式的话语讨论科学问题，并没有真正以数学推导、科学实验的方式展开深入的研究。再比

---

① 王治河：《后现代哲学思潮》，北京大学出版社2006年版，第297—298页。

如建设性后现代思想家强调建设性后现代思想是以量子力学的科学观为基础的，但缺乏明确地就量子力学与建设性后现代哲学之间关系展开的学理性的讨论（尤其是深入量子力学学理层面上的讨论）。建设性后现代思想家富于远见的眼界与博大的胸怀能够为未来的发展提供建设性的指向，能够为中国乃至世界的未来发展指明可行的出路，但也正因为该理论的理想性特点，建设性后现代思想家提倡一些思想，更多表现为一种理想性的追求，这种追求所指明的方向更适合成为一种理想性愿景，作为引导中国教育发展的可能方向，但是否真正适合当前中国教育发展实际需要谨慎的考量，在借鉴建设性后现代思想思考中国教育问题时，应当对其过于理想性的一面保持谨慎的态度。

最后，需要指出的是，对建设性后现代教育理论的探索，是为了探求在新时代的背景下、面临中国当代社会发展的复杂性状况，超越现代教育与解构性后现代教育的一种新的可能，这一探求的根本目的是能够为新时代中国教育强国的建设提供新的思路与新的可能，最根本的意义上讲建设性后现代教育理论的探索是以实现中国的教育强国建设为根本目的与根本旨趣。2019年中国发布了《教育现代化2035》，文件中将总体实现教育现代化作为当前阶段中国教育发展的总体目标，在这个语境中的"教育现代化2035"并不是简单地照搬照抄西方的教育现代化路线，而是以实现中国人民幸福与中华民族伟大复兴为根本指向的体现中国话语的教育现代化。因此建设性后现代教育理论对现代性的批判反思不仅不是对"教育现代化2035"的批判反思，而恰恰是立足教育现代化2035的整体目标与总体要求而进行的一种理论探求。在新时代语境下建设性后现代教育理论的探求恰恰应当建立在《中国教育现代化2035》的基本要求基础上思考中国教育发展的可能路径。

综上所述，建设性后现代教育的发展应当充分发挥建设性后现代教育的理论优点，并且对其自身的不足有清醒的认识，以实现教育强国的根本目标为指引不断地完善发展自身，从而真正使建设性后现代教育理论为中国的教育发展提供有益的资源。

参考文献

一 中文类

（一）中文著作

陈桂生：《人的全面发展与现时代》，华东师范大学出版社2012年版。

陈嘉明：《现代性与后现代性十五讲》，北京大学出版社2006年版。

陈奎德：《怀特海哲学演化概论》，上海人民出版社1988年版。

陈先达：《马克思主义基础理论若干重大问题研究》，经济科学出版社2009年版。

成有信：《现代教育引论》，河南教育出版社1992年版。

褚宏启：《教育现代化的路径——现代教育导论》，教育科学出版社2000年版。

费孝通：《乡土中国》，人民出版社2008年版。

冯增俊等：《教育现代化进程》，广东高等教育出版社2014年版。

高书国：《教育强国：中国教育发展战略选择》，广州高等教育出版社2018年版。

顾明远、石中英：《学无止境　学习型社会研究》，北京师范大学出版社2010年版。

顾明远：《民族文化传统与教育现代化》，北京师范大学出版社1998年版。

顾明远：《中国教育的文化基础》，山西教育出版社2004年版。

何传启：《第二次现代化：人类文明进程的启示》，高等教育出版社1999年版。

何传启：《东方复兴：现代化的三条道路》，商务印书馆2003年版。

何传启:《现代化科学:国家发达的科学原理》,科学出版社2010年版。

何克抗:《论教育信息化发展的新阶段》,北京师范大学出版社2016年版。

贺麟:《现代西方哲学讲演集》,上海人民出版社2012年版。

胡金木:《启蒙与教育:中国教育现代化进程中的启蒙问题研究》,教育科学出版社2015年版。

胡卫、唐晓杰:《中国教育现代化进程研究》,教育科学出版社2010年版。

江海燕:《全球化与教育现代化》,社会科学出版社2014年版。

金耀基:《中国文明的现代转型》,广东人民出版社2016年版。

李泽厚:《中国现代思想史论》,生活·读书·新知三联书店2008年版。

梁启超:《儒家哲学》,岳麓书社2010年版。

梁漱溟:《东西文化及其哲学》,商务印书馆1999年版。

梁漱溟:《乡村建设理论》,上海人民出版社2011年版。

鲁洁、冯建军:《教育转型——理论、机制与建构》,教育科学出版社2013年版。

罗荣渠:《现代化新论》,北京大学出版社1993年版。

钱乘旦、刘成、刘金源:《世界现代化历程》总论卷,江苏人民出版社2016年版。

钱穆:《国史大纲》,商务印书馆2012年版。

钱穆:《国史新论》,生活·读书·新知三联书店2001年版。

石中英:《教育哲学》,北京师范大学出版社2007年版。

石中英:《知识转型与教育改革》,教育科学出版社2001年版。

孙正聿:《崇高的位置》,人民出版社2010年版。

孙正聿:《马克思主义哲学智慧》,现代出版社2016年版。

孙正聿:《哲学通论》,复旦大学出版社2012年版。

陶行知:《中国教育改造》,商务印书馆2014年版。

王策三:《恢复全面发展教育权威:王策三新世纪教育文存》,人民教育出版社2018年版。

王䶮:《启蒙传统与教育现代性》,人民教育出版社2014年版。

王治河、樊美君:《第二次启蒙》,北京大学出版社2011年版。

王治河:《后现代哲学思潮》增补本,北京大学出版社 2006 年版。

叶澜:《回归突破"生命·实践"教育学论纲》,华东师范大学出版社 2015 年版。

于伟:《现代性与教育》,北京师范大学出版社 2006 年版。

余懿娴:《怀特海自然哲学——机体哲学初探》,北京大学出版社 2011 年版。

张世英:《哲学导论》,北京大学出版社 2008 年版。

赵汀阳:《论可能生活》第二版,中国人民大学出版社 2010 年版。

中国教育科学研究院:《教育强国之道:改革开放以来重大教育决策研究》,教育科学出版社 2018 年版。

(二)中文译著

[德] 恩斯特·卡西尔:《语言与神话》,于晓等译,生活·读书·新知三联书店 1988 年版。

[德] 海德格尔:《存在与时间》,陈嘉映译,生活·读书·新知三联书店 2017 年版。

[德] 海德格尔:《形而上学导论》,熊伟、王庆节译,商务印书馆 2014 年版。

[德] 赫尔巴特:《普通教育学·教育学讲授纲要》,李其龙译,人民教育版社 1989 年版。

[德] 黑格尔:《小逻辑》,贺麟译,商务印书馆 2012 年版。

[德] 黑格尔:《哲学史讲演录》,贺麟译,商务印书馆 2017 年版。

[德] 卡尔·雅斯贝尔斯:《时代的精神状况》,王德峰译,上海译文出版社 2013 年版。

[德] 康德:《纯粹理性批判》,邓晓芒译,人民出版社 2017 年版。

[德] 康德:《历史理性批判文集》,何兆武译,商务印书馆 2015 年版。

[德] 马克斯·韦伯:《新教伦理与资本主义精神》马奇炎、陈婧译,北京大学出版社 2000 年版。

[德] 马克斯·韦伯:《学术与政治》,冯克利译,生活·读书·新知三联书店 2016 年版。

[德] 斯宾格勒:《西方的没落》,韩炯译,北京出版社 2008 年版。

[德] 乌尔里希·贝克、[英] 安东尼·吉登斯等:《自反性现代化 现

代社会秩序中的政治、传统与美学》，商务印书馆 2014 年版。

［德］尤尔根·哈贝马斯：《现代性的哲学话语》，曹卫东译，译林出版社 2011 年版。

［法］福柯：《疯癫与文明：理性时代的疯癫史》，刘北成、杨远婴译，生活·读书·新知三联书店 2018 年版。

［法］福柯：《规训与惩罚》，刘北成、杨远婴译，生活·读书·新知三联书店 2018 年版。

［法］加缪：《西西弗神话》，杜小真译，人民文学出版社 2012 年版。

［法］利奥塔：《后现代的状况——关于知识的报告》，车槿山译，生活·读书·新知三联书店 1997 年版。

［法］卢梭：《爱弥儿》，李平沤译，商务印书馆 2001 年版。

［法］让·波德里亚：《消费社会》，刘成富译，南京大学出版社 2014 年版。

［法］萨特：《存在主义是一种人道主义》，周煦良、汤永宽译，上海译文出版社 1988 年版。

［法］涂尔干：《教育思想的演进》，李康译，商务印书馆 2016 年版。

［古希腊］柏拉图：《理想国》，郭斌和、张竹明译，商务印书馆 1986 年版。

［古希腊］亚里士多德：《形而上学》，吴寿彭译，商务印书馆 1995 年版。

［加］大卫·杰弗里·史密斯：《全球化与后现代教育学》，郭洋生译，教育科学出版社 2000 年版。

［捷克］夸美纽斯：《大教学论》，傅任敢译，人民教育出版社 1984 年版。

［美］麦金泰尔：《追寻美德　伦理理论研究》，宋继杰译，译林出版社 2003 年版。

［美］J. S. 布鲁纳：《布鲁纳教育论著选》，邵瑞珍等译，人民教育出版社 2018 年版。

［美］爱因斯坦：《爱因斯坦文集》第 3 卷，许良英等译，商务印书馆 2016 年版。

［美］彼得·德鲁克：《21 世纪的管理挑战》，朱雁斌译，机械工业出版社 2017 年版。

［美］彼得·德鲁克：《已经发生的未来》，汪建雄、任永坤译，机械工业

出版社 2016 年版。

［美］彼得·圣吉：《第五项修炼——提升组织的学习力》，郭进隆译，上海三联书店 1998 年版。

［美］大卫·雷·格里芬：《后现代精神》，王成兵译，中央编译出版社 1998 年版。

［美］大卫·雷·格里芬：《后现代科学——科学魅力的再现》，马季方译，中央编译出版社 1995 年版。

［美］大卫·雷·格里芬：《怀特海的另类后现代哲学》，周邦宪译，北京大学出版社 2013 年版。

［美］丹尼尔·贝尔：《后工业社会来临——对社会预测的一项探索》，高铦译，新华出版社 1997 年版。

［美］杜威：《民主主义与教育》，王承绪译，人民教育出版社 1990 年版。

［美］菲利浦·罗斯：《怀特海》，李超杰译，中华书局 2014 年版。

［美］罗伯特·皮平：《作为哲学问题的现代主义——论对欧洲高雅文化的不满》，阎嘉译，商务印书馆 2007 年版。

［美］罗尔斯：《正义论》，何怀宏译，中国社会科学出版社 1988 年版。

［美］马泰·卡林内斯库：《现代性的五副面孔——现代主义、先锋派、颓废、媚俗主义、后现代主义》，顾爱彬、李瑞华译，商务印书馆 2004 年版。

［美］马歇尔·伯曼：《一切坚固的东西都烟消云散了》，徐大建、张辑译，商务印书馆 2013 年版。

［美］尼尔·波兹曼：《娱乐至死》，章艳译，广西师范大学出版社 2004 年版。

［美］乔治·瑞泽尔：《汉堡统治社会?! ——社会的麦当劳化》，姚伟等译，中国人民大学出版社 2013 年版。

［美］塞缪尔·亨廷顿：《文明的冲突与世界秩序的重建》，周琪等译，新华出版社 1997 年版。

［美］托夫勒：《第三次浪潮》，朱志焱等译，生活·读书·新知三联书店 1983 年版。

［美］威廉·巴雷特：《非理性的人》，段德智译，上海译文出版社 2012 年版。

［美］小威廉姆·E. 多尔：《后现代课程观》，王红宇译，教育科学出版社 2000 年版。

［美］英格尔斯：《人的现代化》，殷陆君译，四川人民出版社 1985 年版。

［美］詹姆逊：《晚期资本主义的文化逻辑》，陈清侨等译，生活·读书·新知三联书店 1997 年版。

［日］田中裕：《怀特海——有机哲学》，包国光译，河北教育出版社 2001 年版。

［英］A. N. 怀特海：《观念的冒险》，周邦宪译，译林出版社 2012 年版。

［英］A. N. 怀特海：《怀特海文录》，陈养正等译，浙江文艺出版社 1999 年版。

［英］A. N. 怀特海：《教育与科学理性的功能》，黄铭译，河南教育出版社 2010 年版。

［英］A. N. 怀特海：《科学与近代世界》，何钦译，商务印书馆 2012 年版。

［英］A. N. 怀特海：《思维方式》，刘放桐译，商务印书馆 2011 年版。

［英］A. N. 怀特海：《宗教的形成　符号的意义及效果》，周邦宪译，译林出版社 2012 年版。

［英］阿尔弗雷德·诺思·怀特海：《教育的目的》，徐汝舟译，生活·读书·新知三联书店 2002 年版。

［英］阿诺德·汤因比：《历史研究》，郭小凌等译，上海人民出版社 2010 年版。

［英］安东尼·吉登斯：《现代性的后果》，田禾译，译林出版社 2011 年版。

［英］怀特海：《过程与实在——宇宙论研究》修订版，杨富斌译，中国人民大学出版社 2013 年版。

［英］齐格蒙·鲍曼：《现代性与大屠杀》，杨渝东、史建华译，译林出版社 2011 年版。

［英］特里·伊格尔顿：《后现代主义的幻象》，华明译，商务印书馆 2000 年版。

（三）中文期刊和报纸

褚宏启：《教育现代化的本质与评价：我们需要什么样的教育现代化》，

《教育研究》2013 年第 1 期。

褚宏启：《教育现代化的灵魂是现代精神》，《中国教育学刊》2018 年第 6 期。

褚宏启：《中国教育现代化的 2.0 版本》，《教育研究》2018 年第 12 期。

丛小平：《关于教育现代化的一点思考》，《读书》1998 年第 11 期。

冯建军：《教育现代性的反思与批判》，《南京师大学报》（社会科学版）2004 年第 7 期。

冯建军：《类主体：生态文明教育的人性假设》，《教育研究》2019 年第 2 期。

冯增俊：《论教育现代化的基本概念》，《教育研究》1999 年第 3 期。

冯增俊：《试论我国教育现代化的基本任务及主要特征》，《中国教育学刊》1995 年第 4 期。

顾明远：《关于教育现代化的几个问题》，《中国教育学刊》1997 年第 3 期。

顾明远：《试论教育现代化的基本特征》，《教育研究》2012 年第 9 期。

顾明远：《中国教育科学走向现代化之路纪实——纪念共和国建国 60 周年》，《北京师范大学学报》（社会科学版）2009 年第 4 期。

何传启：《世界教育现代化的历史事实和理论假设》，《学术月刊》2013 年第 8 期。

核心素养研究课题组：《中国学生发展核心素养》，《中国教育学刊》2016 年第 10 期。

刘铁芳：《从苏格拉底到杜威：教育的生活转向与现代教育的完成》，《北京大学教育评论》2010 年第 2 期。

裴娣娜：《我国基础教育现代化发展的根本转化》，《北京大学教育评论》2004 年第 2 期。

裴娣娜：《现代教学论生成发展之思—怀特海过程哲学的方法论启示》，《教育学报》2005 年第 3 期。

石中英：《本质主义、反本质主义与中国教育学研究》，《教育研究》2004 年第 1 期。

石中英：《关于贯彻落实教育方针问题的几点思考》，《中国教育学刊》2017 年第 10 期。

谈松华：《教育现代化的区域发展模式及机制》，《教育发展研究》2006年第7期。

童世骏：《教育现代化离不开教育决策及其研究的现代化》，《教育发展研究》2015年第1期。

王策三：《认真对待"轻视知识"的教育思潮——再评由"应试教育"向素质教育转轨的讨论》，《北京大学教育评论》2004年第3期。

温恒福、杨丽：《中国教育现代的操作定义探索》，《教育理论与实践》1999年第4期。

温恒福：《建设性后现代教育论》，《教育研究》2012年第10期。

温恒福：《推进教育转型升级的建设性后现代观点》，《当代教育科学》2015年第4期。

邬志辉：《教育现代化的代价意识与合理选择》，《教育发展研究》2000年第12期。

邬志辉：《三种反教育现代化思潮评析》，《华东师范大学学报》（教育科学版）2001年第3期。

项贤明：《创新人才培养是教育现代化的战略核心》，《中国教育学刊》2017年第9期。

杨丽、温恒福：《怀特海的认识论及其对中国教育学发展的启示》，《教育研究》2013年第8期。

杨丽：《我国现代教学理论建构应有的五个追求》，《教育研究》2010年第2期。

杨小微、孙阳、张权力：《教育现代化：从梦想走向现实》，《教育科学研究》2013年第11期。

杨小微：《在教育现代化进程中反思"现代性"》，《基础教育》2014年第1期。

叶澜：《让课堂焕发生命的活力——论中小学教学改革的深化》，《教育研究》1997年第9期。

于伟：《教育观的现代性危机与新路径初探》，《教育研究》2005年第3期。

袁振国、刘世清：《改革开放40年中国基础教育发展的历史经验》，《中国教育学刊》2018年第12期。

曾天山：《教育现代化是引领教育事业科学发展的先导旗帜》，《中国高等教育》2013年第8期。

郑金洲：《教育现代化与教育本土化》，《华东师范大学学报》（教育科学版）1997年第3期。

二 外文类

Charles Hartshorne, *Whitehead's Philosophy*, Lincoln: University of Nebraska Press, 1967.

Tobias S., Duffy T. M., *Constructive Instruction: Success or Failure?"* New York: Routledge, 2009.